高职高专旅游类专业系列教材

旅行社经营管理

主　编：张文瑞

副主编：孙江虹

编　者：史慧俊　孙江虹　陈保霞

　　　　张文瑞　金　虹

南开大学出版社

天　津

图书在版编目(CIP)数据

旅行社经营管理 / 张文瑞主编. —天津:南开大学出版社,2013.10(2020.8重印)
高职高专旅游类专业系列教材
ISBN 978-7-310-04318-7

Ⅰ.①旅… Ⅱ.①张… Ⅲ.①旅行社－企业经营管理－高等职业教育－教材 Ⅳ.①F590.63

中国版本图书馆 CIP 数据核字(2013)第 229723 号

版权所有　侵权必究

旅行社经营管理
LÜXINGSHE JINGYING GUANLI

南开大学出版社出版发行
出版人:陈　敬
地址:天津市南开区卫津路 94 号　邮政编码:300071
营销部电话:(022)23508339　营销部传真:(022)23508542
http://www.nkup.com.cn

北京建宏印刷有限公司印刷　全国各地新华书店经销
2013 年 10 月第 1 版　2020 年 8 月第 2 次印刷
260×185 毫米　16 开本　10.375 印张　261 千字
定价:24.00 元

如遇图书印装质量问题,请与本社营销部联系调换,电话:(022)23507125

前　言

1978年以来，我国旅游业得到了迅速的发展，作为旅游业三大支柱之一的旅行社，行业规模已经基本形成。国家旅游局《关于促进旅行社业持续健康发展的意见》开宗明义地指出："旅行社是旅游业的龙头，是促进旅游产业发展的重要生产力，也是连接旅游生产服务各个环节的纽带和沟通旅游生产、消费的桥梁。""龙头"是对一个事物或系统发挥先导带动、指挥协调等作用，对事物存在与发展、系统运行的效果和效率发挥关键甚至决定性作用的形象概括。将旅行社定义为旅游业的"龙头"，是传统和权威意见。

2013年5月22日，国家旅游局发布了《关于2013年第一季度全国旅行社统计调查情况的公报》。数据显示，第一季度全国旅行社总数为25474家。作为迅速发展的行业，中国旅行社业人才需求旺盛。旅游业是一个综合性、跨学科的行业，未来旅游业人才发展的一个大趋势是人才的多样化，对从业人员的综合素质要求相当严格。

《旅行社经营管理》是一本针对当前旅游业一线从业人员需求、着眼于应用型教学、具有鲜明职业导向性的高职高专教材。本教材的编写者均来自高校旅游管理专业的资深教师，长年身处教学第一线，拥有丰富的授课和教材编写经验，其中不乏在旅游行业有过兼职经验的老师。因此，本教材的内容，在以往注重理论研究的基础上，补充了大量实例，强调"教、学、做"一体化，使学生阅读起来相对轻松，不那么枯燥。

本教材由中州大学管理学院张文瑞老师任主编，负责课程框架的设定以及全书的统稿工作。中州大学团委书记孙江虹老师任副主编。编写团队的分工如下：河南农业职业学院旅游系史慧俊编写第一章、第二章；中州大学孙江虹编写第三章、第五章；鹤壁职业技术学院陈保霞编写第四章；中州大学张文瑞编写第六章、第八章；河南职业技术学院金虹编写第七章。

在本书的编写过程中，参考和借鉴了不少旅游专家学者的著作和研究成果，以及大量旅游企业的经典案例，得到了南开大学出版社的大力支持，在此一并表示感谢。

由于编者水平有限，书中纰漏之处在所难免，恳请广大读者不吝赐教，多加批评指正。

编者　张文瑞
2013年6月

目 录

第一章 旅行社概述 1
    第一节 旅行社的产生与发展 1
    第二节 旅行社的性质与职能 7
    第三节 旅行社的基本业务 10

第二章 旅行社的设立 14
    第一节 旅行社设立的影响因素 16
    第二节 设立旅行社的条件及程序 17
    第三节 旅行社组织结构 22
    第四节 旅行社的行业组织 28

第三章 旅行社产品管理 32
    第一节 旅行社产品的内涵与形态 32
    第二节 旅游线路设计 39
    第三节 旅行社产品设计开发的流程 47

第四章 旅行社营销管理 53
    第一节 旅行社产品的定价 54
    第二节 旅行社产品的销售渠道 59
    第四节 旅行社产品的促销 65
    第五节 旅行社产品品牌化建设 72

第五章 旅行社的计调管理 77
    第一节 旅行社计调业务 77
    第二节 旅行社计调的工作内容与操作程序 83
    第三节 计调采购业务 89

第六章 旅行社接待管理 98
    第一节 团体旅游接待服务的管理 100
    第二节 散客旅游接待服务的管理 104
    第三节 大型和特种旅游团接待服务管理 108

第七章 旅行社财务管理 ... 112

第一节 旅行社的财务管理工作 ... 112

第二节 旅行社会计核算的内容与方法 ... 115

第三节 旅行社成本费用管理 ... 120

第四节 旅行社收入管理与利润管理 ... 123

第五节 旅行社资产管理 ... 126

第六节 旅行社财务报表与财务分析 ... 131

第八章 旅行社的综合管理 ... 134

第一节 旅行社人力资源管理 ... 134

第二节 旅行社的客户管理和售后服务 ... 140

第三节 旅行社服务质量管理 ... 145

第四节 旅行社安全管理 ... 151

参考文献 ... 159

第一章　旅行社概述

本章提要

本章主要介绍国内外旅行社的产生背景及其发展概况；探讨旅行社的概念、性质及其职能，分析旅行社业的基本特点；介绍旅行社的类型及其基本业务内容。

【导入案例】

世界最大旅行社——美国运通公司发展史

美国运通公司于1850年在美国的纽约州包法罗市成立，最早是由三间不同的快递公司股份合并组成，起初经营货物、贵重物品和现金的快递业务，主要通过其三大分支机构营运：美国运通旅游有关服务、美国运通财务顾问及美国运通银行。

1891年，美国运通公司推出第一张旅行支票。美国运通公司以其良好的信誉为其所发行的旅行支票作担保，并且保证接受这种支票的人不会蒙受任何损失。假如支票被盗或支票上的签名被人仿冒，美国运通公司保证承担损失。同年，美国运通公司建立欧洲部，并于1895年在巴黎建立了第一家分公司。随后又先后在伦敦、利物浦、南开普敦、汉堡、不来梅等城市建立了分公司。很快，美国运通公司的办事处和分公司遍布整个欧洲。

美国运通公司于1915年设立了旅行部。1916年，旅行部组织了很大的旅游团，其中包括分别前往远东地区和阿拉斯加的旅游客轮以及前往尼亚加拉大瀑布和加拿大的包价旅游团。1922年，美国运通公司开始经营通过巴拿马运河的环球客轮旅游。

在整个20世纪30年代，美国运通公司开始实施大规模的国内旅游业务计划。公司创办著名的乘火车前往美国西部地区旅游的"旗帜旅行团"，项目包括交通、住宿、游览观光、餐饮等内容。

第二次世界大战结束后，美国运通公司获得了巨大发展，现已成为世界上最大的旅行和金融集团，在全球设有1700多个旅游办事处。

旅行社是为满足人们旅行需求、为旅游者提供专业服务的机构，旅游活动的发展是旅行社得以产生和发展的前提条件。在我国，旅行社是指以营利为目的、从事旅游业务的企业。随着世界范围内旅游事业的发展与繁荣，旅行社已经发展成为世界旅游业的三大支柱之一。

第一节　旅行社的产生与发展

社会生产力与生产关系的变革发展是社会一切行业发展的根本动力，而科学技术的进步、经济水平的提高和社会分工日益细化是新型行业产生与发展的基础和直接动能，旅行社业的发展也是如此。同时，旅行社的产生是旅行活动长期发展和旅游需求日益增长的必然结果。

一、旅行社产生的历史背景

从18世纪80年代开始,到19世纪中期基本结束的英国工业革命,使全世界的经济和社会结构发生了巨大的改变。英国的工业革命波及法国、德国等欧洲国家和北美地区,并取得了重大进展,促使其经济结构和社会结构发生了巨大变化,这为旅行社行业的出现提供了各种有利条件。主要表现在以下三方面:

第一,工业革命提高了社会生产力,社会经济迅速发展,这为旅行社的诞生奠定了物质基础;

第二,工业革命促进了科学技术的发展,尤其是交通领域的进步,为旅行社的产生提供了交通保障;

第三,社会结构的变化、城市的发展和人们生活状态的改变,为未来的旅行社孕育了潜在市场。

工业革命中,欧美各国的经济都取得了空前的繁荣,交通的便利与廉价,生活方式的改变,极大地刺激了人们外出旅游的需求。但是大多数人缺少旅行经验,不了解外面的世界,不知道如何办理旅行手续,加上语言不通、货币兑换等问题的困扰,人们的实际出行在较大程度上受到了限制,许多人急切希望有一个专业化的旅游服务机构为其提供便利。面对这种情况,富有经营头脑的英国人托马斯·库克意识到当时正是大规模团体旅行的开始,而社会上却没有一家专门为旅游者提供旅游服务的机构,在此背景下,他开始创办旅行代理业务。

二、世界旅行社的产生与发展

(一)世界第一家旅行社——托马斯·库克旅行社

旅行游览活动在历史上一直是以个人为单位的个体消费活动。世界上第一次以一个组织的形式出现,并与运输业直接挂钩而开旅游业先河的人是英国的托马斯·库克。1841年7月5日,身为传教士的托马斯·库克以参加禁酒大会为号召,创造性地组织了世界上第一次团体包价旅游,包租了一列往返列车,运载570人从莱斯特到拉夫伯勒参加禁酒大会。这项活动首次采用了集体折扣付费的方式,每人先交1先令,包括交通费用、乐队演奏赞歌、一次野外午餐和午后茶点。虽然这次团体旅行是非商业性的"业余活动",但却面向公众,增加了库克对组织旅游活动的兴趣和信心,为他在以后创办旅行社奠定了基础并提供了经验。这次活动具有后来旅行社经营活动的若干重要特征:其一,采用了集体折扣付费的方式;其二,具有团体包价的雏形;其三,将吃、行、娱等要素集中在旅游活动中;其四,初步体现了旅行社全陪的导游功能。这些特征对于后来的旅行社经营都具有重要的借鉴作用与影响。这次活动在旅游史上被认为是近代旅游活动的开端,具有重要的意义。

1845年,托马斯·库克在英国的莱斯特创办了世界上第一家商业性旅行社——托马斯·库克旅行社,"为一切旅游公众服务"是它的服务宗旨。同年夏,出于营利目的,开始专门从事旅行代理业务,这标志着近代旅游业的开始。托马斯·库克成为世界上第一位专职的旅行代理商,被尊称为"世界旅行社之父"。

19世纪下半叶,在托马斯·库克本人的倡导和其成功的旅游业务的鼓舞下,旅行社为适应人们不断增长的旅游需求,进而在世界各地迅速发展起来。首先在欧洲成立了一些类似于旅行社的组织,使旅游业成为世界上一项较为广泛的经济活动。后来,北美诸国和日本纷纷仿效库克组织旅游活动的成功模式，先后组织了旅行社或类似的旅游组织，招募陪同或导游，带团在国内参观游览。在欧洲，英国于1857年成立登山俱乐部，1885年成立帐篷俱乐部。德国和法国则于1890成立了观光俱乐部。在北美，美国运通公司于1850年从事旅行代理业务，并在1891年发售了第一张旅行支票，打破了国际币制不同的障碍，大受旅游者的欢迎而通行至今。1915年，该公司正式设立了旅行部。1893年，日本则相继成立了"喜宾会"，1912年，日本又成立了交通公社。1939年，托马斯父子公司（即通济隆旅游公司）在世界各地设立了350余处分社。到了20世纪初，英国托马斯·库克旅游公司、美国运通公司、比利时铁路卧车公司，被称为世界旅行代理业的三大公司，国外的旅行社行业进一步发展。

（二）二战后世界旅行社业的发展情况

第二次世界大战以后，世界局势相对稳定，加之第三次工业革命的推动，世界经济、政治、文化、人口、教育、医疗、信息技术水平以及包括旅游业等在内的很多领域都有了长足的发展和进步。世界范围内旅游业的发展与繁荣为旅行社行业的发展提供了前所未有的机遇，旅行社行业进入了高速发展时期。

20世纪八九十年代后期以来，以欧美地区经济发达国家的旅行社行业为代表的国外旅行社行业开始从成长阶段向成熟阶段过渡。首先是旅行社产业的集中化趋势不断加强。根据中国旅行社发展现状与发展对策研究课题组的研究结果，发达国家的旅行社行业正在从过去以私人企业为主体、以国家为界限的分散化市场运营，逐步向以少数大企业集团为主体的国际化大市场发展，并通过价值链进行纵向整合。同时，以美国、德国、英国等国家的大型旅行社为主导的企业兼并、收购与战略联盟，使得发达国家旅行社的所有制结构发生了极大的变化，形成了一批能够对整个市场产生重要影响的旅行社行业巨头。其次是信息技术的迅速发展对旅行社行业的分工、运营和组织方式产生了重大影响。由最初以机票代理为主要业务的旅行代理商受到航空公司电子客票直接分销的影响，业务量迅速下滑；到后来，旅行社的传统旅游业务也开始受到基于互联网技术的虚拟旅行社分销商的严峻挑战。传统的旅行社为适应市场变化，也在经营中大力开始搭建和应用电子商务系统。

三、中国旅行社的产生与发展

【导入案例】

中国国际旅行社

1954年4月15日，在周恩来总理的亲自关怀下，中国国际旅行社（简称国旅）在北京正式成立。同年，在上海、天津、广州等12个城市成立了分支社。成立之初，国旅总社是隶属国务院的外事接待单位。当时，全国还没有专门管理旅游业的行政机构，国旅总社实际上代行了政府管理职能。

1957年底，国旅在全国各主要大中城市设立19个分支社，国旅的接待业务网络初步形成。在这一时期主要以政治接待为主。1958年1月，国旅各地分支社一律划归当地省（市）人民政府直接领导，国旅总社由原来垂直领导关系，变为业务指导关系。为了满足各国旅行者的要求，国旅在对外宾开放城市增设了分支机构，增加了旅游线路，扩大旅游者的游览范围，到1958年底发展到35个分支社。

1964年7月，中国旅行游览事业管理局（中国国家旅游局前身）成立，中国旅游业的管理体制进入了一个新的时期。这个时期实行的是政企合一的体制，国家旅游局和国旅总社是

"两块牌子，一套人马"。对外招徕用国旅总社的牌子，对内管理行使国家旅游局的职能。这种局社合一的体制，在当时使中国的旅游业有了较快的发展，至1966年，国旅发展到46个分支社。

1979年中国实行改革开放，旅游体制的改革，给国旅总社带来了新的发展机遇。1982年国旅总社与国家旅游局开始按"政企分开"的原则，分署办公。1984年，国家旅游局批准国旅总社为企业单位。从此，国旅总社从原来归口外事工作转为独立经营、自负盈亏的大型旅游企业。

1989年国家旅游局批准成立国旅集团，1992年国务院生产办公室正式批准成立国旅集团。1998年底国旅总社与国家旅游局脱钩，进入中央直接管理的企业。2008年经国家工商行政管理总局核准，国旅总社改制更名为中国国际旅行社总社有限公司。

目前国旅总社与世界上100多个国家和地区的1000多家旅行商社建立了业务合作关系，并在美国、日本、澳大利亚、法国、瑞典、丹麦、中国香港、中国澳门等国家和地区设立了14家境外公司，有1400余家稳定的客户；在国内有150多家子公司、联号经营企业，形成了稳定的销售网络和完整的接待网络。国旅总社是中国520家国家重点企业之一，是中国旅行社业的龙头企业，也是中国非贸易创汇的主要企业，带动了一批旅游企业和相关行业的发展。

中国旅游业的发展历史，远远晚于欧美；中国旅游业真正走上产业化发展道路，也晚于东盟、日本、韩国等亚洲国家。

（一）20世纪中期以前我国旅行社的发展情况

1840年鸦片战争后，中国进入半封建半殖民地社会，各领域发生了深刻的变化。帝国主义国家在我国开辟通商口岸，办工厂，建铁路，修马路，客观上为我国近代旅游业的发展和旅行社的产生提供了一定的物质条件。直至20世纪初，中国还没有一家专门从事国内外旅行接待业务的机构。因此，英国通济隆旅行社、美国运通银行上海分行旅行部等外国旅行社在我国设立的办事处，基本上包揽了所有旅行项目，瓜分了中国市场。这些国外旅游代办机构在中国办理旅行业务时，经常对中国人采取歧视性态度，极大地刺激了中国民族资本家，并产生了创办旅行社的想法。

1923年5月20日，在上海银行界、交通界同仁和当时的交通部高级官员的大力支持下，陈光甫先生在自己的上海商业储蓄银行内部设立专门机构，代售火车客票和办理旅行事宜。同年8月15日，上海商业储蓄银行正式成立旅行部，开始为旅客办理代售车船票、预定旅馆、派遣导游、代管行李和发行旅行支票等业务。这一时期的目标市场是进行旅行游览活动的民众、富有阶层和出国留学生。1924年春，上海商业储蓄银行旅行部组织了首批国内旅行团，由上海赴杭州游览；随后，他们又成功地组织了秋季浙江海宁观潮旅行团。1925年春季，第一次组织出国旅游业务，由20多人组成旅行团赴日本观赏樱花。上海商业储蓄银行旅行部前后在华东、华北、华南等15个城市设立了分（支）社，还创办了《旅行杂志》。1927年6月，上海商业储蓄银行旅行部向交通部申请注册单独挂牌。1928年1月，该旅行部正式更名为"中国旅行社"，其主要职责是"导客以应办之事，助人以必需之便。如舟车舱之代订，旅合铺位之预订，团体旅行之计划，调查研究之人手，以至轮船进出日期，火车来往时间，均在为旅客所急需者"。这就是中国最早的旅行社。抗战期间，该旅行社转移至重庆，后又迁至香港，也就是今天香港中国旅行社股份有限公司（简称港中旅）的前身。

此后，中国又相继出现了一些旅行社及相似的旅游组织，如铁路游历经理处、公路旅游服务社、浙江名胜导游团、中国汽车旅行社、国际旅游协会、友声旅行团、精武体育会旅行部、萍踪旅行团、现代旅行社等。它们是中国旅行社行业处于萌芽期的旅行社，承担了近代中国人旅游活动的组织工作。由于战乱，民生凋敝，旅游业不可能有所发展。因此，新中国成立以前，旅游经济虽然已在中国出现，但未形成应有产业规模。

（二）新中国成立以后中国旅行社的发展情况

从我国旅行社行业的发展过程来看，可以将我国旅行社行业的发展划分为三个阶段。

1. 中国旅行社的初创期（1949~1978年）

新中国成立以后，为方便华侨、侨眷出入境探亲访友和旅行游览，1949年11月9日，在福建厦门成立了新中国第一家旅行社——厦门华侨服务社，此后泉州、福州也先后成立华侨服务社。1956年以后，全国其他城市如天津、沈阳、无锡、大连、长春、哈尔滨、抚顺、汉口、南京、苏州、上海、杭州、昆明等都建立了华侨服务社。1957年4月22日，华侨服务总社在北京成立，1974年更名为中国旅行社（简称中旅），由中央政府和各地的侨务办公室负责。

为进一步加强与世界各国的交流和合作，做好对外接待工作，1954年4月15日在北京成立了中国国际旅行社总社（简称国旅），并在上海、杭州、广州等12个城市建立分支社。它在中央政府及地方政府外事办公室的领导下，主要接待外国自费旅游者，至1965年全国接待的外国旅游者达12877人。这样在我国建立起中旅和国旅两大旅行社系统。

2. 中国旅行社恢复发展期（1978~1989年）

1978年底召开了党的十一届三中全会，在邓小平同志的积极倡导下，发展旅游业得到了党中央、国务院的高度重视。1979年我国实行改革开放，当年来华旅游的入境人数就达180万人次，旅游外汇收入达到2.63亿美元。1979年9月召开的全国旅游会议进一步明确了新时期旅游工作的方针、政策与任务。

为满足急剧增长的国际入境旅游需求，1979年11月16日，全国青联旅游部成立。在此基础上，中国青年旅行社于1980年6月27日成立，归属于中国共产主义青年团中央委员会。根据国家的有关规定，只有中国国际旅行社、中国旅行社和中国青年旅行社三家总社拥有旅游外联的权利，并且它们之间具有相对明确的业务分工：中国国际旅行社主要接待外国来华的旅游者，中国旅行社主要接待来华的港澳台同胞和海外华人，中国青年旅行社主要接待来华的青年旅游者。中国国际旅行社、中国旅行社和中国青年旅行社通过在全国各地建立各自的分支社，形成了三个相互独立的旅行社系统，并形成了当时中国旅行社行业的垄断局面。

我国的旅游业在20世纪80年代相继经历了三个发展高峰：80年代初期以大量进口豪华旅游汽车为代表的旅游交通运输业的发展高峰；80年代中期以众多旅游涉外饭店建设为代表的旅游饭店业的发展高峰；80年代末期以大量旅行社的成立为代表的旅行社行业的发展高峰。这三个发展高峰，在不同程度上缓解了我国旅游供给方面的短缺，为我国旅游业的进一步发展做出了贡献。

我国旅行社如雨后春笋般发展起来，规模逐年扩大，1985年底旅行社总数为450余家，1987年就达到了1245家，而到了1988年底，中国旅行社总数更达到了1573家。随着旅行社数量的增加，国旅、中旅和青旅三家旅行社的垄断地位开始动摇，并在20世纪80年代末宣告结束。

3. 中国旅行社的快速发展期（1990~2002 年）

由于我国旅行社数量在增加，而游客的数量在减少，旅行社业陷入了困境，旅游市场面临严酷的竞争局面，旅游产品的脆弱性和旅行社经营的风险性进一步引起旅行社业经营者的重视和深思。为了适应变化了的旅游市场环境，旅行社经营者们相继调整经营策略，理性地面对供过于求的旅行社市场，并对前 10 年旅行社业的经验教训进行了认真的总结与分析。经过艰苦不懈的努力和摸索，于 1990 年我国旅行社业逐渐走出低谷，进入一个快速发展的新时期，这一时期是中国旅游产业大发展并成长为国民经济新的增长点的阶段。国内旅游业在"八五"期间迅速崛起，呈现出勃勃的发展生机，旅行社业的发展出现较好的势头。中国旅行社行业的发展进入了一个全新的发展阶段。

4. 中国旅行社全面开放期（2003 年至今）

2002 年之后，受"非典"、国际金融危机、汶川大地震等因素影响，给我国旅游业的发展造成了一定的负面影响。特别是 2003 年的"非典"影响，当年我国入境旅游和国内旅游出现 10 多年以来的第一次下降。之后，我国旅游业的发展势头良好，"非典"在给我国旅游业带来负面影响的同时，也提高了我国各类旅游企业的风险意识和抗风险能力。

旅游业的持续增长带动了我国旅行社业的大发展。依据国家旅游局发布的《2011 年中国旅游业统计公报》显示，到 2011 年末，全国纳入统计范围的旅行社共有 23690 家，比上年末增长 4.0%；全国旅行社资产总额为 711.17 亿元，比上年增长 6.8%。2011 年各类旅行社共实现营业收入 2871.77 亿元，比上年增长 8.4%；全国旅行社共招徕入境游客 1454.96 万人次，比上年增长 7.6%；经旅行社接待的入境游客为 2280.81 万人次，比 2010 年下降了 5.3%，但总计接待人天数增长 27.7%。我国目前正处于一个全民大众化出游、爆发式增长阶段，2012 年全年国内出游人数近 30 亿人次，直接就业人员 1300 万，关联就业人员 5000 多万，国内旅游收入超过 2 万亿元。我国已成为全球最大的国内旅游市场和出境旅游购买力第一的国家，也将成为国际上第一旅游目的地国。

根据《旅游业"十二五"规划》显示，到 2015 年，国内旅游人数将达 33 亿人次，年均增长 10%；旅游业总收入年均增长 12%以上，旅游业增加值占全国 GDP 的比重提高到 4.5%，占服务业增加值的比重达到 12%。这意味着，在接下来的 3 年中，旅游业的发展速度将远远快于其他行业。

《中华人民共和国旅游法》经 2013 年 4 月 25 日十二届全国人大常委会第二次会议通过，2013 年 4 月 25 日中华人民共和国主席令第 3 号公布。《旅游法》分总则、旅游者、旅游规划和促进、旅游经营、旅游服务合同、旅游安全、旅游监督管理、旅游纠纷处理、法律责任、附则共 10 章 112 条，自 2013 年 10 月 1 日起施行。《旅游法》采取综合立法模式，突出保障旅游者和旅游经营者的合法权益，坚持以人为本，安全第一。《旅游法》的出台是中国旅游发展的里程碑，是众望所归，也是中国经济发展转型和旅游产业发展的趋势，可促进旅游业全面协调可持续发展。

第二节 旅行社的性质与职能

一、旅行社的性质

(一) 旅行社的概念

旅行社是为人们旅行提供服务的专门机构,它在不同国家和地区有不尽相同的含义,而且不同国家和地区的法律对旅行社的性质也有不同的规定。

1. 欧洲关于旅行社的定义

欧洲国家认为,旅行社是一个以持久营利为目标、为旅客和游客提供有关旅行及居留服务的企业。这些服务主要是:出售和发放运输票证;租用公共车辆,如出租车、公共汽车;办理行李托运和车辆托运;提供旅馆服务、预定房间、发放旅馆凭证或牌证;组织参观游览,提供导游、翻译和陪同服务以及提供邮递服务。它还提供租用剧场、影院服务,出售体育盛会、商业集会、艺术表演等活动的入场券;提供旅客在旅行逗留期间的保险服务;代表其他驻国外旅行社或为旅游组织者提供服务。

世界旅游组织(WTO)对旅行社的定义为"零售代理机构向公众提供关于可能的旅行、居住和相关服务,包括服务酬金和条件的信息。旅行组织者或制作批发商或批发商在旅游需求提出前,以组织交通运输、预订不同的住宿和提出所有其他服务为旅行和旅居做准备"的行业机构。

2. 日本关于旅行社的定义

在日本,旅行社被称为旅行业,根据日本《旅行业法》第二条规定:"旅行业是指收取报酬、经营下列事业之一者"(专门提供运输服务,即对旅客提供运输服务,而代理签约者除外):

(1) 为旅客提供运输或住宿服务,代理签约、媒介或介绍的行为;

(2) 代理提供运输或住宿的服务业,为旅客签约提供服务或从事媒介的行为;

(3) 利用他人经营的运输机构或住宿设备,为旅客提供运输或住宿服务;

(4) 附随于前三款行为,为旅客提供运输及住宿以外的旅行有关服务,代理签约、媒介或介绍的行为;

(5) 附随于第(1)款至第(3)款的行为,代理提供运输及住宿以外的有关服务业,为旅客提供服务而代理签约或媒介的行为;

(6) 附随于第(1)款至第(3)款的行为,引导旅客,代办申领护照及其他手续,以及其他为旅客提供服务的行为;

(7) 有关旅行的一切咨询行为;

(8) 对于第(1)款至第(6)款所列的行为代理签约的行为。

3. 中国关于旅行社的定义

我国国务院 2009 年 5 月颁布的《旅行社条例》规定:"旅行社是指从事招徕、组织、接待旅游者等活动,为旅游者提供相关旅游服务,开展国内旅游业务、入境旅游业务或者出境旅游业务的企业法人。"由以上可以看出,虽然对旅行社的定义不同,但都包含了共同的特征:提供与旅行有关的服务是旅行社的主要职能。

《中华人民共和国旅游法》第 4 章第 29 条规定:"旅行社可以经营下列业务:(一)境内

旅游；（二）出境旅游；（三）边境旅游；（四）入境旅游；（五）其他旅游业务。"

境内旅游业务，是指旅行社招徕、组织和接待中国居民在境内旅游的业务。

出境旅游业务，是指旅行社招徕、组织、接待中国居民出国旅游，赴香港特别行政区、澳门特别行政区和台湾地区旅游，以及招徕、组织、接待在中国的外国人、在香港特别行政区、澳门特别行政区居民和在大陆的台湾地区居民出境旅游的业务。

边境旅游业务，是指经批准的旅行社组织和接待我国及毗邻国家的公民，集体从指定的边境口岸出入境，在双方政府商定的区域和期限内进行的旅游活动。

入境旅游业务，是指旅行社招徕、组织、接待外国旅游者来我国旅游，香港特别行政区、澳门特别行政区旅游者来内地旅游，台湾地区居民来大陆旅游，以及招徕、组织、接待在中国的外国人、在内地的香港特别行政区、澳门特别行政区居民和在大陆的台湾地区居民在境内旅游的业务。

其他旅游业务包括代办保险、出境、签证手续等服务，应当由具备出境旅游业务经营权的旅行社代办。

（二）旅行社的性质

对旅行社的概念进行进一步分解与深化，可以总结出一些有关旅行社的基本特性。

1. 服务性

从行业性质来讲，旅行社属于服务业，其主要业务是为旅游者提供服务，包括吃、住、行、游、购、娱六个方面，全方位地为旅游者服务。旅行社可以为旅游者提供单项服务，也可以将各项服务组合成包价旅游产品提供给旅游者。旅行社的服务性是经济效益和社会效益的双重体现，是一个国家、一个地区形象的代表之一，因而旅行社行业被称为"窗口行业"。

2. 营利性

这一点是所有企业的共性，也是旅行社的根本性质。从旅行社的定义中我们可以看出："旅行社是以营利为目的，从事旅游业务的企业。"旅行社的最终目的是追求利润最大化，它是一个独立自主、自负盈亏的企业，具有营利性的特点。

3. 中介性

旅行社作为一个企业，本身并没有更多的生产资料，要完成其生产经营过程，主要依托各类旅游目的地的吸引物和各个旅游企业及相关服务企业提供的各种接待服务设施。所以，旅行社作为一个中介性的服务企业，主要依附于客源市场、供应商和其他协作单位来完成其生产销售职能。也就是说，旅行社是旅游消费者与旅游服务供应商之间的桥梁与纽带，所以它具有中介性。

（三）旅行社业的特点

1. 旅行社是劳动密集型企业

劳动密集型产业是指企业因生产投入的生产要素中，劳动投入的比例高于其他生产要素比例的产业。由于旅行社的产品是以提供劳务为主的旅游服务，营业中原材料成本很少，从而使得工资成本在全部营业成本和费用中占了较高的比例。因此，学者一致认为旅行社是劳动密集型企业。随着社会生产力的发展和科学技术在生产中的广泛应用，劳动密集型产业将逐步向资本密集型产业或知识密集型产业转化。

2. 旅行社属于知识密集型企业

旅行社提供的产品主要是以劳务形式表现的服务。虽然旅游产品中包含了某些物质因素，但就一次完整的旅游经历或旅游体验而言，旅游者从中获得的是对某种心理或精神需要的满足。简而言之，旅游者追求的是文化体验和精神上的满足。这就决定了旅行社经营管理人员和一线的服务人员需要具备历史、地理、文学、美学、心理学、管理学、营销学等多方面的知识，在很大程度上，旅行社员工的素质决定着其经营的成败。

3. 旅行社是依附性、脆弱性很强的企业

旅行社的中介性质决定了它一方面要依附于旅游资源和众多的旅游服务要素生产企业与部门，与相关行业和部门的密切协作是旅行社成功经营的基础；另一方面旅行社又要依附于旅游消费者，客源是旅行社的生命线。高度的依附性导致旅行社的经营随时会受到多种因素的影响。从行业内部来看，各相关企业和部门中任何环节的脱节或滞后，都会直接导致旅行社经营困难，从而影响旅行社经济效益的实现。从旅行社经营的外部环境来看，各种自然的、政治的、经济的和社会的因素一旦出现不利变化，都可能直接使旅行社蒙受损失。比如，1994年的"千岛湖事件"、1998年的亚洲金融危机、2003年的"非典"、2008年的汶川大地震均给我国旅行社行业造成了不同程度的损失。这些都充分地反映了旅行社的脆弱性的特点。

4. 旅行社业务的季节性强

一般情况下，旅行社产品必然依托一定的旅游吸引物，无论是自然的吸引物还是人文的吸引物，其自身的吸引力均会因为季节所带来的环境条件的改变而发生变化。此外，世界各地的人们在长期生活中所养成的出游时机选择也有一定的季节性习惯，双重因素导致旅行社业务具有较强的季节性。

5. 旅行社行业产品的易仿制性

旅行社产品是各种旅游服务要素的组合，由于产品中所涉及的大多数服务要素并非旅行社自己生产，又难以通过有效手段对相关服务要素进行控制，使得旅行产品比较容易被仿制甚至直接被复制。

二、旅行社的职能

（一）生产和组合职能

旅行社的生产职能是指旅行社设计、开发和组合旅游产品的职能。旅行社根据其对旅游市场需求的判断或者根据旅游者及其他希望购买旅游产品的企业、单位的要求，设计和开发出各种包价旅游产品和组合旅游产品，向相关的企业或部门购买各种服务，并将这些服务按照产品设计要求组合成具有不同特色和功能的旅游产品。旅行社出售的是一件完整的旅游产品，其他相关部门提供的服务只是旅行社产品中的"生产原料"，而非产品本身。因此，旅行社具有生产职能。

（二）销售职能

旅行社不仅是其自身产品的主要销售渠道，而且是许多其他旅游企业及相关企业的重要销售渠道。旅行社在满足旅游者需求，拓宽各种旅游产品销售渠道和增加旅行社及其他旅游企业、单位的产品销售量方面发挥着重要作用：一方面能够满足旅游者的需求；另一方面能够使旅游产品更顺利地进入消费领域。所以，旅行社具有销售职能。

（三）协调职能

旅游活动涉及吃、住、行、游、购、娱六个方面，旅游社产品的质量对其他旅游企业及相关企业、部门产品质量的依赖程度很高。所以，旅行社必须协调同有关企业和部门的关系，在确保各方利益的前提下，衔接和落实整个旅游活动过程中的各个环节。旅行社的产品质量和旅游者对旅行社及其产品是否满意，在很大程度上取决于旅行社的协调能力。

（四）分配职能

目前，许多地方的旅游服务企业、部门及相关的企业、部门所提供的旅游设施水平和服务的质量及价格差别较小，特别是同档次的旅游设施之间的差别更是微乎其微，从而给出行经验较少的旅游者造成一定的选择困难。旅行社根据对旅游服务设施的了解以及旅游者的旅游需求，合理地配置旅游资源，给旅游者充分的选择余地。同时，在为旅游者提供服务时，帮助旅游者合理地分配支出。实际上，旅行社对旅游资源的配置在很大程度上会影响到旅游者的选择。所以，旅行社合理配置旅游资源非常重要，既要考虑旅游者的需求，也要兼顾旅行社、相关旅游企业和部门以及其他企业和部门各方面的利益。

（五）提供信息的职能

旅行社提供信息的职能主要体现在两个方面：一方面，旅行社作为旅游产品最重要的销售渠道，始终处于旅游市场的最前沿，熟知旅游者的需求变化与市场动态，所以，旅行社可以及时地向各相关部门反馈市场信息；另一方面，旅行社可以将各相关协作部门的最新信息及时、准确、全面地反映到旅游消费中去，以促进旅游产品的销售与购买。

第三节 旅行社的基本业务

一、旅行社的类型

由于不同国家和地区旅行社行业的发展水平与经营环境不同，世界各国和各地区在旅行社的分类上有很大的区别。旅行社分工体系是指不同类型的旅行社在各个市场区域或旅游产品流通环节中所扮演的角色及其相互之间的关系。旅行社分工体系基本上分为垂直分工体系与水平分工体系两种：前者是旅行社依据在业务流程中所扮演的不同角色而自然形成的旅游批发商、经营商和旅游零售商的纵向金字塔排列，是在市场机制主导下形成的；后者则是指在同一操作层次上，针对操作的不同特点而进行的分工，一般由政府强制力推动形成。

（一）欧美国家旅行社的分类

欧美国家旅行社采用水平分工体系，主要分为以下三种类型的旅行社：

1. 旅游批发商

旅游批发商是一种从事旅游产品的生产、组织、宣传和推销旅行团业务的旅行社组织。根据旅游者的需求和相关部门的实际情况设计旅游产品，交给零售商去推销，一般不直接向公众出售旅游产品。

2. 旅游经营商

旅游经营商是指以编排、组合旅游产品为主，也兼营一部分零售业务的旅行社。他们的旅游产品大部分由零售商出售，有时也代售其他旅游经营商的产品。

3. 旅游零售商

旅游零售商（或旅游代理商）是指直接向个人或社会团体宣传和推销旅游产品，具体招徕旅游者，有的也负责当地接待的旅行社。旅游零售商是联系旅游经营商和旅游批发商与旅游者之间的桥梁与纽带,其收入全部来自销售佣金。

旅游批发商与旅游经营商之间的区别在于:旅游批发商一般不从事零售,而旅游经营商则经常通过其零售机构销售旅游产品;旅游批发商通常通过购买并组合现成的服务形成新的包价,而旅游经营商通常设计新产品并提供自己的服务;旅游批发商一般不从事实地接待业务,而旅游经营商则相反。

(二)日本旅行社的分类

在1996年以前,日本旅行社采取的是一般旅行社、国内旅行社和旅行社代理店的混合分工体系。1996年4月1日起实施新的《旅行业法》,以旅行社是否从事主催旅行业务为主要标准,将日本的旅行社重新划分为第Ⅰ种旅行社、第Ⅱ种旅行社和第Ⅲ种旅行社三种。

根据日本的界定,主催旅行相当于我们所说的包价旅游,它是指"旅行业者事先确定旅游目的地及日程、旅游者能够获得的运送及住宿服务内容、旅游者应对旅行业者支付的代价等有关事项的旅游计划,通过广告或其他方法募集旅游者而实施的旅行"。

1. 第Ⅰ种旅行社

这类旅行社可从事国际旅行、国内旅行和出国旅行三种业务,主要是开展对外旅行业务。这类旅行社的规模都比较大。

2. 第Ⅱ种旅行社

这类旅行社可从事国内旅行(包括接待部分到日本国内旅行的外国人)业务。

3. 第Ⅲ种旅行社

这类旅行社可作为一般旅行社的代理店,从事与其相同的业务。

(三)我国旅行社的分类

在2009年国务院颁布的《旅行社条例》中,我国旅行社具体分为三种类型的旅行社。

1. 国际旅行社

国际是指经营入境旅游业务、出境旅游业务和国内旅游业务的旅行社。但并不是说所有的国际旅行社均可经营出境旅游业务。未经国家旅游局批准,任何旅行社不得经营中国境内居民出境旅游业务和边境旅游业务。

2. 国内旅行社

国内旅行社是指专门经营国内旅游业务的旅行社。经国家旅游局批准,地处边远地区的国内旅行社可以接待前往该地区的海外旅游者。

3. 外商投资旅行社

外商投资旅行社,包括外国经营者同中国投资者依法共同投资设立的中外合资经营旅行社、中外合作经营旅行社和外资旅行社。我国政府规定:外商投资旅行社的经营范围包括入境旅游业务和国内旅游业务;外商投资旅行社不得经营中国公民出国旅游业务以及中国其他地区居民赴香港特别行政区、澳门特别行政区和台湾地区旅游的业务;外商投资旅行社不得设立分支机构。

除此之外,根据旅行社业务的不同,还可分为两类:"组团社,是指与旅游者订立包价旅游合同的旅行社。地接社,是指接受组团社委托,在目的地接待旅游者的旅行社。"(《中华人民共和国旅游法》第10章第111条)

随着现代信息技术的应用,我国旅行社行业分工体系的演变逐渐呈现出新的趋势,新型分工体系正在加速实现。新型的旅游电子商务公司开始涉足旅行社业务,从市场主体发育来看,以春秋旅游网、华夏旅游网、携程网、艺龙网、驴妈妈、途牛等在线旅游运营商发展迅猛,百度、淘宝、腾讯,乃至Expedia等国内外企业也都通过各种途径进军国内在线旅游市场。这些电子商务营运商发展之初,大多将业务的重点集中在商务游客户和散客需求量较大的酒店预订业务、机票预订业务等。之后不断扩大自身业务范围,并对自身业务资源进行整合,丰富和创新旅游产品与服务的内涵。如携程网目前的旅游业务已延伸到为客户提供全方位的商务及休闲旅行服务,包括酒店预订、机票预订、休闲度假、旅游信息和特约商户等。这无疑将对我国旅行社行业的分工体系乃至行业管理变革产生重要影响。

二、旅行社的业务

各旅行社在类别、业务规模和目标市场等各方面的不同,决定了其业务的差异。但是,如果仔细剖析旅游者从产生旅游动机到旅游活动结束的旅游决策和消费的全过程,我们不难发现,旅行社可以有效地作用和服务于旅游者旅游决策与消费的全过程,旅行社的业务范围也就由此形成。

旅行社通过市场调研及时了解旅游者的旅游动机,从而有针对性地设计旅游产品。而在旅游者搜集信息时,旅行社应适时地开展旅游促销活动,提供优质的咨询服务,使旅游者方便地获得旅行社产品信息,以质优价廉的旅游产品吸引旅游者购买。旅行社在销售产品后,向相关部门购买各种旅游服务,落实各个旅游环节,并在旅游者到来时进行周到细致的接待服务,解决旅游者需要服务的所有问题。最后,旅游者结束旅游活动时,旅行社还应提供售后服务,解决遗留问题,并保持与旅游者的联系。

上述分析使我们对旅行社的业务范围有了大致的了解,它涉及市场调研与产品设计、产品促销、旅游咨询服务、产品销售、旅游服务采购、旅游接待和售后服务等,由此我们可以归纳出旅行社的基本业务。

(一)产品开发业务

旅行社的产品就是旅行社出售的能满足旅游者一次旅游活动所需的各项服务或服务组合。产品是旅行社赖以生存的基础,没有产品,旅行社的经营就无从谈起。在旅行社开发的产品中,旅游线路的设计是最关键的。旅行社通过对旅游者消费需求的了解,在结合旅游资源与旅游设施配置的基础上,合理地对资源进行配置与整合,这就是旅游产品的开发过程。

(二)产品促销业务

在旅行社对旅游产品进行开发以后,基于旅游产品的无形性所导致的不可转移性和不可储存性的特点,决定了旅游产品不可能以实物的方式进入市场,也决定了消费者不可能预先知道旅游产品的质量,所以对于旅行社来说,旅游产品的促销活动非常重要。要使旅游消费者知晓、熟悉、认同、购买本企业的产品,旅行社需要开展各种形式的宣传促销活动,从而影响旅游者的购买行为。同时,在日益激烈的旅游市场竞争中,旅行社也需要通过促销活动来提高产品的知名度,在市场上获得商机。

(三)产品销售业务

产品只有在销售后才能实现其价值并给企业带来利润,所以,产品的销售对于企业来说是至关重要的。没有销售,企业的存在就等于零。旅行社在选择目标市场以后,要根据目标市场的特点和自身的经营实力选择适当的销售渠道,并采取灵活的价格策略把产品推向市场,促使旅游者购买。特别是由于旅游产品本身的特点,其销售环节就显得更为重要,所以旅行社对销售渠道的依赖性是非常明显的。

（四）旅游服务采购业务

在旅行社把旅游产品销售出去以后，旅行社就需要向各相关部门购买各种旅游服务。旅行社的采购业务是旅行社为组合旅游产品而以一定的价格向其他旅游企业及相关部门购买旅游服务项目的行为。采购业务会直接影响旅游产品的成本与质量，旅行社如何协调好与有关各方的关系是非常重要的。

（五）服务接待业务

旅行社的服务接待过程是最终使产品销售得以完成的过程，也就是旅行社的直接生产过程。由于旅行社产品的特殊性，即生产与消费的同步性，旅行社提供服务的过程，也就是旅游者消费旅游产品的过程。在这一过程中，导游所提供的服务直接影响到旅游者对旅游产品的认识与评价，因此，服务接待过程是非常重要的。这一过程不仅在旅游者参与旅游活动的过程中，而且会一直持续到旅游活动结束后。所以，旅行社还应该做好售后服务工作，解决遗留问题，消除不良影响，保持与旅游者的联系。旅行社接待业务的水平决定着旅游者对旅游产品的整体印象，也决定了旅行社的总体水平，是旅行社最有代表性的基本业务。

思考与练习

1. 旅行社产生的主要背景有哪些？
2. 为什么说托马斯·库克是旅游业的"鼻祖"？
3. 中国旅行社的发展可以分为哪几个阶段？
4. 简述旅行社行业的特点和基本职能。
5. 旅行社主要分为哪几方面的业务类型？

第二章 旅行社的设立

本章提要

本章第一部分主要分析旅行社设立的内、外部影响因素;第二部分主要介绍了中国旅行社设立的条件和程序,以及旅行社变更、终止及设立分支机构的注意事项;第三部分介绍了组织机构设计的原则和旅行社组织结构设计的三种基本模式,中国旅行社常用组织管理类型和旅行社产权结构类型;第四部分介绍了旅行社的行业组织的性质、功能及影响力比较大的一些旅行社行业组织。

【导入案例】

设立旅行社可行性研究报告

上海世博会引领出的"世博经济潮",再一次向世人展示了现代服务业特有的深度专业化与整合创新性。加速成长的服务业经济正成为新经济增长点涌现的重要力量。

现代旅游业作为现代服务业重要的组成部分,在服务消费者、带动消费性支出、拉动内需的同时,其服务工商业的功能也逐步显现出来。最直接的表现是旅游业的客户群体从个体消费者扩大到了企业,列入员工福利的企业旅游支出已成为企业激励员工的重要手段。因此,旅游业不再仅是民生产业,还是动力产业,促进中国经济增长的作用将更加显著。

上海旅游业具有天然的优越性。国际化都市上海作为商业中心的同时,自有崇明岛等一系列旅游资源,邻有江浙水乡的胜景。商业与旅游业的相互促进作用在上海将更加凸显。在此宏观条件下,我们决定成立上海××国际旅行社有限公司,为上海旅游业贡献自己的力量。

一、设立旅行社的市场条件

(一)上海旅游资源丰富,大体分为三个层面:

第一,以"都市风光"、"都市文化"、"都市商业"为代名词的人民广场、浦江两岸外滩的城市观光、商务的购物旅游圈;第二,以公共活动和社区为中心的环城都市文化旅游圈;第三,以佘山、淀山湖、深水港、崇明岛等为重点的远郊休闲度假旅游圈。

(二)上海旅游产业产能增速快,分别体现在:

2008年,上海旅游外汇收入47.4亿美元,同比增长19.6%,名列全国第二位;实现旅游产业增加值858.1亿元人民币,占全市GDP的7.2%;接待入境旅游者约665.6万人次,同比增长9.9%,其中在沪过夜的入境旅游者达520.1万人次,同比增长11.9%,接待入境旅游者人次名列全国第二位;接待国内旅游者达1.02亿人次,同比增长5.4%。

2009年,上海接待港、澳、台旅游者132.97万人次,同比增长3.2%;在沪过夜的入境旅游人数达526.47万人次,同比增长1.2%;接待国内旅游者11005.67万人次,同比增长7.8%,其中外省市来沪旅游者7842.05万人次,同比增长1%。

2010年,上海旅游官方计划实现目标:旅游总收入超过3100亿元,旅游外汇收入超过80亿美元,过夜入境旅游者人均消费超过1000美元,国内旅游收入超过2450亿元;入境旅游过夜人次超过800万，国内旅游人次超过1.2亿；旅游业提升的就业率超过5.2%；旅游业占全市GDP超过9%。

另外，随着2010年上海世博会的关注度逐步增加，上海迎来一轮又一轮的观光与商业会展的热潮。与此同时，上海旅游产业也迎来了前所未有的机遇。因此，设立上海××国际旅行社有限公司具有适合的市场条件。

二、设立旅行社的资金条件

上海××国际旅行社有限公司系经营国内旅游业务和入境旅游业务的旅行社，注册资金×××万元人民币，全部货币出资，已经上海××会计师事务所验资，符合《旅行社条例》第六条第三项关于申请设立国内旅游业务和入境旅游业务旅行社应当具备的资金条件。

三、设立旅行社的人员条件

上海××国际旅行社有限公司股东、法定代表人×××女士具有丰富的旅行社管理经验，资信良好，深受客户乃至同行业的好评。公司设总经理一名、副总经理两名，均持有国家旅游局颁发的《旅行社经理资格证书》，均具有多年的旅行社管理经验。公司具有专职财务人员两名，其中一名有中级会计师职称。公司有导游人员三名，均持有国家旅游局颁发的导游证。除以上人员外，公司还有××名员工，分别在计调、销售、设计等岗位为公司的设立与发展勤奋地工作。

四、其他条件

（一）上海××国际旅行社有限公司具有固定的经营场所。

上海××国际旅行社有限公司的经营场所位于上海市静安区××路××号××大厦××室。该办公间为公司股东×××女士于2010年×月×日自业主×××处承租的营业用房，租期为××年，建筑面积为××平米。该办公间地处商业区，交通便利，室内格局宽敞、装修平整、采光明亮，满足申请人业务经营的需要，符合《旅行社条例》第六条第一项、《旅行社条例实施细则》第六条规定的设立旅行社所须的经营场所的条件。

（二）上海××国际旅行社有限公司具有必要的营业设施。

上海××国际旅行社有限公司具有××辆业务用车、××部直线固定电话、××部传真机、××台复印机、××台电脑，其中任何一台电脑均具备与上海市旅游局、上海市静安区旅游局及其他旅行社联网的软、硬件条件，符合《旅行社条例》第六条第二项、《旅行社条例实施细则》第七条规定的设立旅行社所须的营业设施的条件。

五、设立旅行社可行性研究结论：可行

综上所述，设立上海××国际旅行社有限公司具有良好的市场条件、足以胜任的人员条件以及符合法律要求的经营场所条件、营业设施条件与资金条件，同时又具有促进上海旅游业进一步发展、给社会提供更多的就业机会等积极作用，因此设立上海××旅行社有限公司是可行的。

申请人：上海××国际旅行社有限公司（筹建）

代表人：

年　月　日

（资料来源：上海富石律师刘文广《设立旅行社可行性研究报告——上海申请旅行社经营许可》）

第一节　旅行社设立的影响因素

旅行社的设立过程会受到很多因素的影响和制约,诸如宏观经济环境、行业环境、市场条件、法律法规、资金、营业场所等因素,主要可以分为外部和内部两大方面。

一、外部因素

外部因素是指旅行社自身无法控制而又必须受其约束的那些因素。影响旅行社设立的外部客观因素主要有以下两种:

(一)宏观行业环境

世界旅游业的发展水平和发展趋势,以及与之密切相关的某个地区旅游业的发展水平和发展趋势,会对该地区旅行社的设立产生至关重要的影响,与此同时,为旅游者提供服务的各部门、各行业也会得到发展,这就为旅行社建立旅游服务协作网络提供了方便的条件。相反,如果旅游业发展水平低,或者有不断衰退的趋势,那么设立旅行社的外部环境便极为不利,即使勉强设立,也会因客源、协作网络等因素限制而无利可图,从而丧失了在其他行业投资的机会,增大经营旅行社的机会成本。

(二)国家有关政策和法律规定

企业发展必须建立在一定社会环境中,它要受到国家和地方有关法律规定的限制,任何超越国家和地方政策与法律规定的行为都将受到制裁。因此,任何人或任何单位在设立旅行社之前,都要认真研究与旅行社的设立密切相关的政策与法律规定,并根据相应管理制度来筹划设立旅行社。各国对旅行社的设立都有不同的规定,综合起来,主要包括申办者的从业经验、法定的注册资本、营业保证金和旅行社业务经营许可制度等方面。我国的《旅行社条例》和《中华人民共和国旅游法》对旅行社的设立进行了详细的规定。

二、内部因素

相对外部因素而言,影响旅行社设立的内部因素是旅行社自身可以控制的因素,如旅行社的设立资金、场所等因素。影响旅行社设立的内部因素有以下几个方面:

(一)资金的筹措

资金的筹措是旅行社可以自身控制的最主要和关键的内部因素。在外部条件许可的前提下,要开设一家旅行社,面临的首要问题就是资金问题,没有足够的资金,开设旅行社便成为一纸空谈。《旅行社条例》对旅行社的注册资本数额提出了具体要求,这是国家对旅行社注册资本的最低限额,在许多情况下,这一数额未必能满足旅行社业务发展的需要,这就要求各旅行社根据自己的实际情况确定自己的资金需要量,并通过多种渠道筹措资金。资金筹措的渠道主要有自有资金、合股资金和银行贷款三种。

(二)经营场所

这是旅行社可以自我控制的另一个因素。营业场所作为可控因素,主要是指旅行社的创办者是否拥有合乎法律规定的营业场所,或者能都以合适的租金租到理想的营业场所。旅行社的营业场所必须符合旅行社业务经营的要求。

【课外阅读】

国外旅行社选址的有关规定

美国空中交通协会（ATC）就旅行社的选址做了如下规定：

（1）旅行社不能设在家中，必须设在公众出入方便的商业区并保证正常的营业时间；

（2）旅行社不能与其他业务部门合用办公室，而且必须有独立的出口；

（3）如果没有直接通向街道的通道，那么旅行社就不能设在饭店内。

美国旅游学者帕梅拉·弗里蒙特（Pamela Fremont）根据自己的实践经验，就旅行社的选址问题提出如下见解：

（1）旅行社应该设在繁华的商业区，以便吸引过往行人；

（2）旅行社营业场所应该有足够的停车场地，便于公众停留；

（3）尽量避免选择旅行社林立的地区，以减少竞争压力；

（4）旅行社应该选择中等收入家庭相对集中的地区，且附近有较大规模的企业，以便吸引人们参加旅游；

（5）旅行社营业场所以底楼为好，以方便顾客。

对旅行社来说，具备区位条件良好的经营地点是构成旅行社市场经营优势的一个重要因素。一位旅行社经理曾经说过："只要具备三样重要的东西，即地点、地点、地点，就可开办一家旅行社。"此话虽然不够全面，但也能反映出旅行社选址的重要性。首先，对顾客来讲，地点方便是他们选择旅行社的一个主要标准；其次，对旅行社而言，经营地点的优劣是业务成功的重要前提条件。因此，旅行社通常会选择在城市或城镇中心建立自己的营业场所，而较少选择郊区和偏僻的小镇。

（三）客源渠道

在申办旅行社的可行性研究报告中，旅行社必须对未来客源市场进行研究论证，对企业经营前景做出分析预测。客源是旅行社的生命线，客源组织情况将最终决定旅行社的经营状况，关系到企业的生死存亡。

第二节　设立旅行社的条件及程序

【导入案例】

设立旅行社申请书

_____旅游局：

兹有_____

申请在_____

设立一家

经营国内旅游业务和入境旅游业务的旅行社

经营出境旅游业务的旅行社

外商投资旅行社

旅行社中文名称为：_____，

英文名称及缩写为：_____，

该旅行社采取_____方式设立，主要出资人及其出资额、出资方式为：

1.
2.
3.
4.
5.

总出资额为_____万人民币。

特此申请，请予审批。

申请人签章：

年　　月　　日

说明：

1. 抬头请填写接受申请的旅游局名称，其中经营国内旅游业务和入境旅游业务为省旅游局或其委托的地级市旅游局，经营出境旅游业务或外商投资旅行社为国家旅游局或其委托的省旅游局。

2. 开始和结尾的申请人应当一致，多方共同出资的，应当推举一方为申请人。

3. 旅行社名称应当符合旅游和工商部门的有关规定，原则上要有"旅行社"或"旅游公司"字样，应由注册地、旅行社字号和行业名称组成，公司制的还应包括企业组织形式；使用与其他旅行社相同字号的，应附同意其使用的证明材料。

4. 出资人身份证明请附在此页后面。有多位出资人的，不够填写可另加页。

5. 总出资额不包括质量保证金。

6. 申请书所填申请时间应为提交符合规定数量和要求的申请材料的时间。

《中华人民共和国旅游法》第4章第28条对我国旅行社的设立做了如下规定：

"设立旅行社，招徕、组织、接待旅游者，为其提供旅游服务，应当具备下列条件，取得旅游主管部门的许可，依法办理工商登记：

1. 有固定的经营场所；
2. 有必要的营业设施；
3. 有符合规定的注册资本；
4. 有必要的经营管理人员和导游；
5. 法律、行政法规规定的其他条件。"

一、设立旅行社的条件

（一）有固定的经营场所

申请者拥有产权的营业用房，或者申请者租用的、租期不少于1年的营业用房；营业用房应当满足申请者业务经营的需要。

（二）有必要的营业设施

申请者的营业设施包括2部以上的直线固定电话，传真机、复印机，具备与旅游行政管理部门及其他旅游经营者联网条件的计算机。

（三）有不少于 30 万元的注册资本

注册资本可以是属于旅行社所有的不动产（如土地使用权、房产等）和设施设备，也包括旅行社经营所必需的流动资金。

（四）质量保证金

旅行社还应自取得旅行社业务经营许可证之日起 3 个工作日内，在国务院旅游行政主管部门指定的银行开设专门的质量保证金账户，存入质量保证金。或者向作出许可的旅游行政管理部门提交依法取得的担保额度不低于相应经营国内旅游业务和入境质量保证金数额的银行担保。经营国内旅游业务和入境旅游业务的旅行社，应当存入质量保证金 20 万元；经营出境旅游业务的旅行社，应当增存质量保证金 120 万元。旅行社每设立一个经营国内旅游业务和入境旅游业务的分社，应当向其质量保证金账户增存 5 万元；每设立一个经营出境旅游业务的分社，应当向其质量保证金账户增存 30 万元。旅行社自交纳或补足质量保证金之日起 3 年内未因侵害旅游者合法权益受到行政处罚以上处罚的，旅游行政管理部门应当将旅行社质量保证金的交存数额降低 50%，并向社会公告。旅行社可凭省、自治区、直辖市旅游行政管理部门出具的凭证减少其质量保证金。

《中华人民共和国旅游法》第 4 章第 31 条规定："旅行社应当按照规定交纳旅游服务质量保证金，用于旅游者权益损害赔偿和垫付旅游者人身安全遇有危险时紧急救助的费用。"主要是避免发生重大伤亡事故时，能第一时间保障旅游者得到及时的救助、治疗，避免旅行社经营者"跑路"而贻误时机。

二、旅行社设立的程序

（一）申办旅行社的程序

1992 年，国家工商局在《关于改进企业登记管理工作，促进改革和经济发展的若干意见》中，将旅游业列为特许经营的行业。因此，旅游企业申请开业登记，首先要按照国家有关规定报请行业归口部门审批后，才可向工商行政部门办理登记注册。

一般来说，设立旅行社的基本程序可以分为申请营业许可、办理注册登记和办理税务登记三个环节。

1. 申请业务经营许可证

申请经营国内旅游业务和入境旅游业务的，应当向所在地省、自治区、直辖市旅游行政管理部门或者其委托设区的市级旅游行政管理部门提出申请，并提交下列相关证明文件：

（1）设立申请书。其内容包括申请设立旅行社的类别、中英文名称和设立地；企业形式、投资者、投资额和出资方式；申请人、受理申请部门的全称、申请报告名称和呈报申请的时间。

（2）法定代表人履历表及身份证明。旅行社经理、副经理履历表和国家规定的任职资格证书。旅行社可行性研究报告，内容包括设立旅行社的市场条件、资金条件、人员条件以及受理申请的旅游行政管理部门认为需要补充说明的其他问题。

（3）企业章程。该章程应当符合法律、法规的规定，内容包括旅行社的名称、地址和联系方式；经济性质；宗旨和目的；业务经营范围；注册资本及资金来源；组织机构；财务管理制度；对旅游者承担的责任；其他应说明的问题。

（4）依法设立的验资机构出具的验资证明。

(5) 经营场所的证明。
(6) 营业设施、设备的证明或者说明。
(7) 工商行政管理部门出具的《企业名称预先核准通知书》。

《中华人民共和国旅游法》第4章第30条规定:"旅行社不得出租、出借旅行社业务经营许可证,或者以其他形式非法转让旅行社业务经营许可。"

2. 办理法人注册登记

申请人经旅游行政管理部门批准之后,应当按照工商行政管理机关的规定,持批准设立文件和许可证到申办地的工商行政管理部门办理注册手续,领取营业执照。旅行社营业执照的签发日期,就是该旅行社的成立日期。

旅行社领取营业执照后的30个工作日内,应当向所在地的税务部门办理开业税务登记。经税务机关审核后,发给税务登记证。税务登记结束后,审领发票,开张营业。

3. 发布公告

旅游、工商、价格等行政管理部门应当在备案后20个工作日内向社会发布公告对旅行社监督检查的情况。

(二) 旅行社的变更与终止

旅行社在依法设立后,就可以正常开展自己的经营业务。在旅行社的经营过程中,如果企业需要,可以对旅行社的名称、经营范围、经营场所、法定代表人等登记事项进行变更,也可以按照规定设立自己的分支机构,同时有权关闭企业终止营业。

1. 变更经营范围

旅行社经申请依法设立后,经营范围包括国内旅游业务和入境旅游业务。按照规定旅行社只有在取得经营许可满2年,且未因侵害旅游者合法权益受到行政机关罚款以上处罚的,才可以取得申请经营出境旅游业务的权利。

2. 变更组织机构

旅行社根据自己的业务经营需要可以设置分社和专门招徕旅游者、提供旅游咨询的服务网点等分支机构。

3. 旅行社变更名称、经营场所、法定代表人等登记事项或者终止经营的,应当到工商行政管理部门办理相应的变更登记或者注销登记,并在登记办理完毕之日起10个工作日内,向原许可的旅游行政管理部门备案,换领或者交回旅行社业务经营许可证。

(三) 旅行社的分支机构

旅行社分社(简称分社,下同)及旅行社服务网点(简称服务网点,下同)不具有法人资格,以设立分社、服务网点的旅行社(简称设立社,下同)的名义从事《旅行社条例》规定的经营活动,其经营活动的责任和后果,由设立社承担。

1. 旅行社分社

设立旅行社分社应当持旅行社业务经营许可证副本向分社所在地的工商行政管理部门办理设立登记。之后,应当自设立登记之日起3个工作日内持下列文件向分社所在地与工商登记同级的旅游行政管理部门备案:

(1) 设立社的旅行社业务经营许可证副本和企业法人营业执照副本;
(2) 分社的《营业执照》;
(3) 分社经理的履历表和身份证明;

（4）增存质量保证金的证明文件。

没有同级的旅游行政管理部门的，向上一级旅游行政管理部门备案。

分社的名称中应当包含设立社名称、分社所在地地名和"分社"或者"分公司"字样。

2. 旅行社服务网点

设立社向服务网点所在地工商行政管理部门办理服务网点设立登记后，应当在 3 个工作日内，持下列文件向服务网点所在地与工商登记同级的旅游行政管理部门备案：

（1）设立社的旅行社业务经营许可证副本和企业法人营业执照副本；

（2）服务网点的《营业执照》；

（3）服务网点经理的履历表和身份证明。

没有同级的旅游行政管理部门的，向上一级旅游行政管理部门备案。

服务网点的名称、标牌应当包括设立社名称、服务网点所在地地名等，不得含有使消费者误解为是旅行社或者分社的内容，也不得作易使消费者误解的简称。

服务网点应当在设立社的经营范围内，招徕旅游者、提供旅游咨询服务。

设立社应当与分社、服务网点的员工，订立劳动合同。

分社、服务网点备案后，受理备案的旅游行政管理部门应当向旅行社颁发《旅行社分社备案登记证明》或者《旅行社服务网点备案登记证明》。

设立社应当加强对分社和服务网点的管理，对分社实行统一的人事、财务、招徕、接待制度规范，对服务网点实行统一管理、统一财务、统一招徕和统一咨询服务规范。

（四）外商投资旅行社的专门规定

所谓外商投资旅行社包括中外合资经营旅行社、中外合作经营旅行社和外资旅行社。从 2006 年开始全面允许外商在我国国内投资旅行社行业。2009 年，外商投资旅行社在注册资金和质量保证金方面享受我国旅行社设立同等待遇，其基本权利受我国法律保护。

设立外商投资旅行社，由投资者向国务院旅游行政主管部门提出申请，并提交符合本条例第 6 条规定条件的相关证明文件。国务院旅游行政主管部门应当自受理申请之日起 30 个工作日内审查完毕。同意设立的，出具外商投资旅行社业务许可审定意见书；不同意设立的，书面通知申请人并说明理由。

申请人持外商投资旅行社业务许可审定意见书、章程，合资、合作双方签订的合同向国务院商务主管部门提出设立外商投资企业的申请。国务院商务主管部门应当依照有关法律、法规的规定，作出批准或者不予批准的决定。予以批准的，颁发外商投资企业批准证书，并通知申请人向国务院旅游行政主管部门领取旅行社业务经营许可证，申请人持旅行社业务经营许可证和外商投资企业批准证书向工商行政管理部门办理设立登记；不予批准的，书面通知申请人并说明理由。

外商投资旅行社不得经营中国居民出国旅游业务以及赴香港特别行政区、澳门特别行政区和台湾地区旅游的业务。但是国务院决定或者我国签署的自由贸易协定和内地与香港、澳门关于建立更紧密经贸关系的安排另有规定的除外。

第三节 旅行社组织结构

【导入案例】

洛阳中国国际旅行社机构设置及职能

部门分类	部门	主要业务职能
入境旅游接待	欧洲部	组织接待海外旅游者、港澳台同胞及侨胞到中国境内参观旅游
	美加部	
	日本一部	
	日本二部	
	国际部	
	综合部	
	亚洲部	
	欧美部	
中国公民旅游	国内部	组织接待洛阳市民和国内旅游者到洛阳周边及国内其他省市参观旅游
	地联部	
	出境一部	组织洛阳市民出境旅游、代办护照及港澳通行证
	出境二部	
行政管理	办公室	旅行社的行政后勤保障
	财务部	
	票务中心	预订散客、团体的飞机票、火车票
	行李队	接送团队客人的行李
	值班室	夜间及节假日值班

洛阳中国国际旅行社有限公司的主要业务有：接待入境旅游；办理中国公民国内旅游，承办各种特色的专线旅游；组织中国公民出境旅游，代办护照、出境签证；代定酒店及国际、国内机票等。根据其业务范围，该社因业务分工设置了不同的部门，负责不同的业务，其中既有合作，又有分工，各部门职责明确。

旅行社的组织一方面是指一种管理机构设置，是企业为了完成特定的目标与任务，依照一定的原则，通过一定的规章制度建立起来的企业内部管理体系。另一方面指的是一种管理活动，是企业围绕自己的目标与任务，在责权利统一基础上对生产与经营活动进行分工、协调、计划、指挥、监督、控制的过程，也有人称之为企业内部管理。

一、组织结构与设计原则

旅行社组织结构是否合理，对于公司的发展与生存起着至关重要的作用，组织管理是否科学将直接影响旅行社能否高效运作。美国斯佩里公司副总裁R.E.吉尔摩曾语重心长地说过："根据我40多年来在政府部门和工业界的实践经验和观察，我深信人们在精神和能力上的最大浪费是由于'组织不良'而产生的。而组织中的绝大多数缺陷是由于没有遵循组织的'基本原则'而产生的。"哈佛商学院一项对200家美、德、英企业的研究报告也表明：多数长寿企业都是率先在健全组织结构、加大人力资本、开发人力资源上下功夫、花本钱，才得以永续经营。

公司组织结构的重要性仅次于公司最高领导人的挑选。对于各层管理人员来说，在一个结构设计良好的公司中工作，能保持较高的效率，并且能充分显示其才能；而在一个结构紊乱、职责不明的公司工作，其工作绩效就很难保持在一个较高的状态。结果往往变成：由于职责不清，管理人员无所适从，对公司产生失望乃至不满情绪，最终使公司效率低下，人员纷纷离开。在大多数情况下，公司效益低并非由于没有一个正式的结构，而是由于采用了僵化的、不适合本公司的特点和其他客观要求的组织结构形式。不论是紊乱的还是不合理的组织结构，都会导致公司的低效益。适当的公司组织结构可以使公司的各项业务活动更顺利地进行，可以减少矛盾与摩擦，避免不必要的、无休止的协调，也才能提高公司的效率。组织机构的合理设置能保证整个组织分工明确，职责清晰，保证每一个部门工作的正常运行，同时保证整个组织管理流程的畅通。避免职责不清造成吃大锅饭的局面，避免责任不清相互推诿的状况出现。

二、旅行社的组织结构设计原则

（一）目标一致性原则

目标一致性原则要求旅行社在进行组织设计时应该以事建机构，并明确职能、任务和工作量，再配置必需的人员，而不是因人设岗，因岗找事。企业中的每一部分都应该与既定的宗旨和目标相关联；否则，就没有存在的意义。一个生产企业的目标是通过生产某种满足社会需要的产品实现利润的最大化，那么，它的组织结构一般包括为实现这一目标而设立的计划部门、采购部门、生产部门、销售部门、财务部门等。同时，每一机构根据总目标制定本部门的分目标，而这些分目标又成为该机构向其下属机构进行细分的基础。这样目标被层层分解，机构层层建立，直至每一个人都了解自己在总目标的实现中应完成的任务。这样建立起来的组织机构才是一个有机整体，为总目标的实现提供了保证。

（二）分工与协作原则

劳动分工的细化、专业化，往往能使工作精益求精，达到较高的劳动生产率。行业不同，管理的方法与重点就要有区别，组织结构也就有差别。例如，旅游饭店的管理多侧重于企业内部，因而它更适合于集权式组织结构；而旅行社管理的重点在于市场，以对外销售为主，故更适合于分权式组织结构。当然并非分工越细越好。无论采用何种结构，组织内的各部门之间以及各部门的内部，都必须相互配合、相互协调地开展工作，这样才能保证整个组织活动的步调一致，否则组织的职能将受到严重影响，目标就难以保证完成。

（三）集权与分权原则

旅行社组织权力的集中与分散，是通过统一领导与分级管理来实现的。集权与分权是注意职权与职责的统一。在组织设计中，要充分考虑职权和职责的明确与配套，这样才能调动员工的积极性和工作热情。

职权是管理职位所固有的发布命令和希望命令得到执行的一种权力；职责是与被授予的权力的相应"责任"。授权不授责只会给滥用职权提供机会，授责不授权只能束缚员工的创造力和做事的积极性。组织发挥影响力的源泉还来自权力的其他要素，如强制权力、奖赏权力、专家权力和感召权力等。

（四）权责对等原则

权是指管理的职权，即职务范围内的管理权限。责是指管理上的职责，即当管理者占有某职位，担任某职务时所应履行的义务。职责不像职权那样可以授予下属，它作为一种应该履行的义务是不可以授予别人的。职权应与职责相符，职责不可以大于也不可能小于所授予的职权。职权、职责和职务是对等的，如同一个等边三角形三边等值一样，一定的职务必有一定的职权和职责与之相对应。

（五）管理跨度原则

管理跨度通常是指一个管理人员所拥有的直接下属的数量，它决定着组织的层次和管理人员的数目。管理跨度小，意味着直接下属少、工作量小、管理层次多，故工作效率低；管理跨度大，则意味着直接下属多、工作量大、管理层次小，故工作效率高。从理论上来讲，一般的管理跨度比较合适的是五六个人，越到基层，管理的跨度就越大，越到高层，管理的跨度越要变小。目前的发展趋势是越来越多的企业采用以大管理跨度设计的扁平结构的组织体系。

（六）稳定性与适应性相结合原则

这一原则要求企业组织机构既要有相对的稳定性，不能频繁变动，又要随外部环境及自身需要作相应调整。一般来讲，一个企业有效活动的进行能维持一种相对稳定状态，企业成员对各自的职责和任务越熟悉，工作效率就越高。组织机构的经常变动会打破企业相对均衡的运动状态，接受和适应新的组织机构会影响工作效率，故企业组织机构应保持相对稳定。但是，任何企业都是动态、开放的系统，不但自身是在不断运动变化，而且外界环境也是在变化的，当相对僵化、低效率的组织机构已无法适应外部的变化甚至危及企业的生存时，组织机构的调整和变革即不可避免，只有调整和变革，企业才会重新充满活力，提高效率。

三、旅行社组织结构的基本模式

（一）旅行社组织结构模式

旅行社组织结构的基本模式有直线制、直线职能制和市场部门制三种。

1. 直线制

直线制组织结构是最早被采用，也是最为简单的一种组织结构形式。其主要特点是：各级组织依层次由上级垂直领导与管辖，指挥和命令是从组织最高层到最低层按垂直方向自上而下的传达和贯彻；最高层集指挥权与管理职能于一身，对下属负有全权，政出一门；每一层级的平行单位各自分立，各自负责，无横向联系，纵向联系也只对上级负责。这种组织结构如图2-1所示。

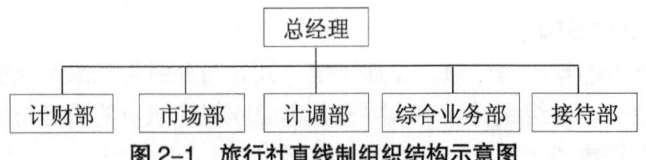

图2-1 旅行社直线制组织结构示意图

直线制组织结构的优点是：权限清楚，职责明确，活动范围稳定，没有中间环节，关系简明，机构精简，以节约高效见长。

直线制组织结构的缺点是：在任务分配和人事安排上缺乏分工与协作，因而难以胜任复杂的职能；组织结构刻板，缺乏弹性，不利于调动下级的积极性；权限高度集中，易于造成家长式管理作风，形成独断专行；使组织成员产生自主危机，在心理上形成疏远感。这种组织结构的适用范围是有限的，它只适用于规模较小的旅行社，或者是集团旅行社内部业务内容比较单纯、简单的情况。

2. 直线职能制

直线职能制结构抛弃了职能制结构多头领导，指挥不一的缺点，保留了职能制结构管理分工和专业化的优点，又吸收了直线制结构集中统一指挥的优点，因而管理系统完善，隶属关系分明，权责清楚，是比较好的组织结构形式。直线职能制是比较常见的旅行社组织结构模式。它的基本特征是权力高度集中统一，旅行社领导拥有全部权限，尤其是经营决策与指挥权。各部门按事务集中方式划分，上下级实行单线从属形式管理。直线职能制与直线制的区别在于权限的分配形式上，前者通常设立若干职能管理部门，为旅行社经营管理提供决策咨询与监督指导作用。一般而言，职能部门不拥有对业务部门直接指挥的权力。如图 2-2 所示。

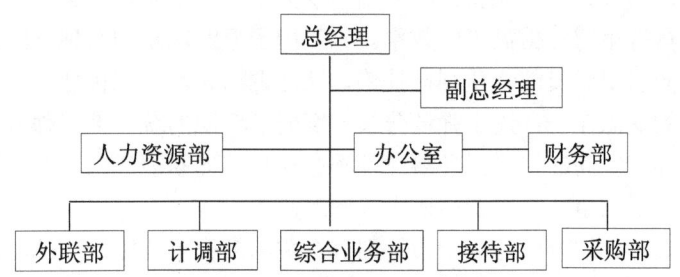

图 2-2　旅行社直线职能制组织结构示意图

这种组织结构有两个显著的特点：一是按照组织的任务和管理职能划分部门，设立机构，实行专业分工，加强专业管理；二是这类结构将管理部门和管理人员分为两大类：一类是直线指挥机构和管理人员；另一类是职能机构和管理人员。直线指挥机构和人员在自己的职权范围内有决策权，对下属有指挥和命令的权力，并对自己职责范围之内的工作承担全部责任；而职能机构及其人员，通常只是直线指挥人员的参谋，没有决策权和指挥权，在提供信息、预测、决策方案，各种建议以及监督决策方案实施方面，进行辅助工作。

直线职能制结构也有其自身的缺点，主要有两个方面：一是各职能部门之间横向联系较差，易于发生冲突和矛盾；二是由于各职能部门没有决策权和指挥权，事事要向直线管理部门和人员汇报请示。这一方面压制了职能部门的积极性，另一方面使直线管理人员整天忙于日常事务而无暇顾及组织所面临的重大问题。

3. 市场部门制

市场部门制组织结构，也叫事业部制，又称分权式组织结构。它是适应现代社会组织规模日趋庞大、活动内容日益复杂、变化迅速，基层单位自主经营日益重要的形势而产生的。这种组织结构的最大特征在于分权化。它按照产品、地区、市场或顾客将组织划分为若干个相对独立的单位，称之为事业部。各事业部根据最高管理层制定的方针、政策和下达的任务、指标，全权指挥所管辖单位和部门的生产经营活动，并对最高管理层全面负责，各部门在人事、财务、组织机构设置方面相对有一定的自主权。如图 2-3 所示。

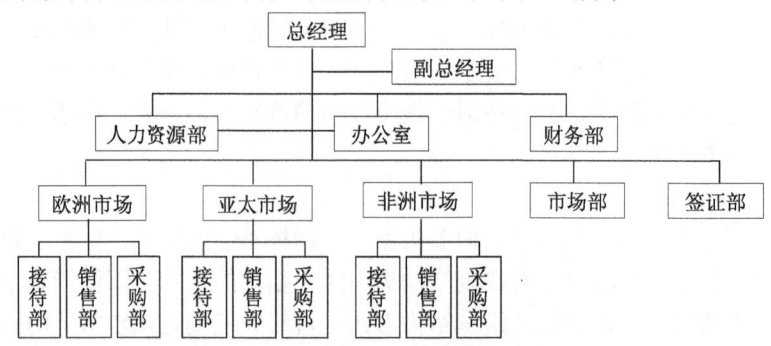

图 2-3 旅行社市场部门制组织结构示意图

这种组织结构的优点是：（1）最高管理部门和管理者可以把主要精力放在研究制定组织发展的战略方面，而不拘泥于对具体事务的管理。（2）由于权力下放，各事业部能独立自主根据环境变化处理日常工作，从而使整个管理富于弹性，使组织工作更加具有灵活性和适应性，可以作到因地制宜、因时制宜。（3）由于权力下放，各事业部独立性较强，可以摆脱请示汇报、公文旅行等束缚，提高工作效率。（4）由于事业部是相对独立的经营单位，便于将组织的经营状况同组织成员的物质利益挂钩，从而调动大家的积极性。

市场部门制的缺点在于：过于强调分权，削弱了组织的统一性；强调各部门的独立，缺乏整体观念和各部门之间的协作；各事业部都存在自己的职能部门，有可能导致机构重叠，管理人员增多，人浮于事，管理费用增大等问题。

市场部制将旅行社划分成与各个市场细分有关的多个事业领域或部门，在此基础上建立的部门可以视作"亚旅行社"。从财务角度看，各市场部门也称作利润中心或责任中心。旅行社通常授予部门盈利的责权。

（二）旅行社组织管理

1. 总经理负责制

总经理负责制是指旅行社的总经理对旅行社的经营管理全面负责的制度。对外，总经理是旅行社的法定代表人，代表旅行社进行经济交往和民事法律活动；对内，总经理是旅行社经营管理的决策者和指挥者。

实行总经理负责制是旅行社在市场经济条件下的客观要求。随着社会的发展，旅行社的内部分工越来越细，部门间的协作越来越重要，这就要求有一个总的指挥中枢实行高度集中统一的领导。同时，旅行社市场瞬息万变，旅行社之间竞争日益激烈，旅行社只有及时捕捉信息，及时准确地做出决策，有效地采取行动，才能在竞争中获胜。要做到这一点，离不开高度集中统一的领导。具体来说，旅行社的总经理至少应负责以下工作：

（1）重大问题决策。旅行社决策是否正确关系到旅行社的存亡。旅行社的总经理应全程参与旅行社经营计划的制定，审时度势，对重大问题做出决策，并监督计划的实施情况。

（2）人事。任何完美的决策都要靠人来实行，对旅行社来说，人才的作用是无可替代的。旅行社的总经理应该在选用人才上下功夫，努力使自己成为独具慧眼的伯乐。

（3）财务。旅行社的经营是以盈利为目标的，总经理应全面了解和掌握旅行社的财务状况，保证盈利目标的实现。

2. 岗位责任制

岗位责任制是旅行社根据上级主管部门下达的任务确定每个岗位的工作目标后，将企业任务分别落实到每个部门。为了提高部门的工作效率，旅行社采用经验或科学的方法测定与估算单位时间的工作量，并以此为依据定编定岗，确保每个岗位成员满负荷工作。同时，对每个部门与岗位的工作人员的工作质量、操作规程及有关纪律做出详细的制度规范与要求。企业根据每个员工完成任务的多少与优劣给予适当的奖励。

但是，岗位责任制管理模式的弊端也是显而易见的：（1）管理只是少数人的事，组织管理活动常常增加了管理者与被管理者之间情感的隔阂与障碍；（2）由于岗位责任制涉及的只是管理组织效率，建立的是责任中心，很少改变原有的分配制度，致使有限的奖惩难以充分调动员工的积极性。

出现上述原因的弊端主要在于：（1）旅游市场的需求呈现明显的淡旺季特点，影响需求的因素较多，使之表现出随机性与不可预测性；（2）旅游服务的个性化与非标准化是旅行社推行岗位责任制遇到的另一困难。

3. 目标责任制

目标责任制相对于岗位责任制而言，在责权利相统一的问题上获得了较大程度的改进。实践证明，实行目标责任制后，企业活力增强了。但是，岗位责任制中存在的问题并未从根本上获得解决，新的矛盾又随之产生，主要表现在：（1）由于部门利益被强化，各部门之间的利益关系日益复杂；（2）目标责任制最棘手的问题是如何有效地对下放给部门的权力进行约束与控制；（3）部门间条件的差异掩盖了部门间分配的不平等，影响了员工工作的积极性。

【课外阅读】

旅行社组织管理中的承包责任制

承包责任制是当前旅游界争议最大的一种旅行社组织管理模式，它是在目标责任制的基础上发展起来的。旅行社承包责任制具有以下经营特点：

1. 旅行社将业务经营特许权全部或部分出售给承包人，依据一定的承包合同转嫁风险，分享经营利润，坐收承包资金。

2. 承包者不同于原来的旅行社或部门管理者，谁承包都必须以承包金额超过他人为前提。

3. 承包者拥有比以往任何组织管理模式都大得多的权力，甚至包括完整独立的财务管理权，作为发包人的旅行社一旦签订了承包合同，除了承包人违反合同规定的条例外，一般不再拥有干涉承包人经营活动的权力。

4. 如果一家旅行社由多人分别承包各个业务部门，承包者的经营范围通常不受限制，也不承担一致对外的责任。

5. 承包者的承包期一般较短。

但这种组织管理模式给旅行社带来的危害同样不可轻视，主要有承包者的短期行为，严重的财务拖欠，行业不正之风肆虐，最终损害旅行社的声誉。

（三）旅行社产权结构类型

旅行社的产权是指旅行社资产的拥有者对旅行社的资产所拥有的排他的使用权、独享的收益权和自由的转让权。旅行社产权的基本构成要素包括旅行社资产的所有权、使用权、收益权和转让权。旅行社产权结构是经济体制、市场机制和企业制度共同作用的结果。我国旅行社自改革开放以来，从国有资产为主的产权结构，经过30余年的发展，现已形成股份有限公司、有限责任公司、股份合作公司、国有独资公司和中外合资公司等多种所有制并存的格局。

1. 国有独资公司

此类公司产权为国家所有，其资产委托代理关系为：全民→全国人大→国家各部门→旅行社领导集体→旅行社总经理。

2. 股份有限公司

股份有限公司是指将全部资本划分为等额股份，并通过股票的形式上市自由交易。我国改制旅行社较多，如上海中国国际旅行社股份有限公司。其资产委托代理关系为：股东→董事会→总经理。

3. 有限责任公司

有限责任公司是指不通过改选股票而由为数不多的股东集资组建的公司，如长沙市国旅。公司股权和法人财产权分离程度不高，如青岛海外旅游有限责任公司。其资产委托代理关系为：股东→董事会→总经理。

4. 股份合作公司

股份合作公司产权规模一般较小，从业人员较少。旅行社全部资产归股份持有者所有，股权持有者一般既是股东又是员工，其收益包括工资和分红两部分，如成都的康辉—威斯特公司。其资产委托代理关系为：股份持有者→总经理。

5. 中外合资公司及外资旅行社

中外合资制旅行社实际上是吸收了境外资本的股份有限制或责任有限制旅行社，其产权形态及特点与股份有限制、有限责任制旅行社相同。早在1998年，国旅总社、云南旅游集团、瑞士力天集团合作开办了我国第一家中外合资旅行社——云南力天旅游有限公司；2003年12月1日，日本航空集团（JAL）在我国设立了第一家外商独资旅行社——日航国际旅行社（中国）有限公司。随后，全球著名的旅游企业如美国CTA、英国MIKI、德国TUI、瑞士KUONI、日本JTB等均在北京、上海或广州设立了公司或办事处。目前，中国外资旅行社的数目已由加入WTO前的9家增加到了25家。各方面显示，它们已经以培养代理商、经营入境订票、发展会议、奖励旅游等各种方式渗透到了国内旅游市场。

在我国已经加入WTO的新形势下，国家旅游局规定自2007年7月1日起，中国取消对外商投资旅行社设立分支机构的限制，并对外资旅行社的注册资本实行国民待遇。这意味着外资在注册资本方面与国内旅行社享受同等待遇，外资旅行社进入中国市场的准入门槛大幅度降低，今后合资旅行社和外资旅行社的数量将会日渐增加。

第四节 旅行社的行业组织

一、旅行社行业组织的性质与功能

对于任何一个行业来说，行业组织都是一种不可忽视的力量，会对特定行业内企业发展产生极为重要的影响。因此，旅行社经营管理人员应具备有关行业组织的基本知识，并在旅行社获准营业后就是否申请参加某个行业组织做出决策。旅行社的行业组织又叫行业协会，是指旅行社为实现本行业的利益和目标在自愿基础上组成的民间组织。

旅行社行业组织具有以下特征：（1）旅行社行业协会是民间性组织，而非官方机构或行政机构。（2）旅行社行业协会是旅行社为实现单个企业无法达到的目标而形成的共同利益团体。（3）旅行社是否加入行业协会完全出于自愿，而且可以随时退出。

旅行社行业协会主要具有服务和管理两种功能。旅行社行业协会的服务功能表现在：行业协会可以作为协会成员的代表，与政府机构或其他行业组织商谈有关事宜；加强协会成员之间信息沟通，定期发布统计分析资料；调查研究协会成员感兴趣的问题，向协会成员提交研究报告；定期出版刊物，向协会成员提供有效信息；开展联合推销和联合培训等活动。

旅行社行业协会的管理职能是指拟定协会成员共同遵循的经营标准，制定行规会约，进行仲裁与调解。需要指出的是，行业协会的管理职能不同于政府旅游行政机构的职能，其区别在于：一是行业协会不带任何行政指令性与法规性，其执行的有效性取决于协会本身的权威性和凝聚力；二是行业协会管理的范围取决于自愿加入协会的旅行社，对未加入的旅行社没有约束力，政府管理的范围是全行业。

二、我国旅行社行业组织的组织形式

（一）中国旅行社协会

中国旅行社协会（China Assoclation of Travel Sewices，简称CATS）成立于1997年10月24日，是由中国境内的旅行社、各地区旅行社协会或其他同类协会等单位，按照平等自愿原则结成的全国旅行社行业的专业性协会，是经中华人民共和国民政部正式登记注册的全国性社团组织，具有独立的社团法人资格。协会接受国家旅游局的领导、民政部的监督管理和中国旅游协会的业务指导。协会会址设在北京市。

中国旅行社协会的宗旨是遵守国家的宪法、法律、法规和有关政策，遵守社会道德风尚，代表和维护旅行社行业的共同利益和会员的合法利益，努力为会员服务，为行业服务，在政府和会员之间起到桥梁和纽带作用，为中国旅行社行业健康发展作出积极贡献。

中国旅行社协会的主要任务是：（1）宣传贯彻国家旅游发展方针和旅游行业政策法规；（2）总结交流旅行社的工作经验，开展与旅行社行业相关的调研，为旅行社行业的发展提出积极并切实可行的建议；（3）向主管及有关单位反映会员的愿望和要求，为会员提供法律咨询服务，保护会员的共同利益，维护会员的合法权益；（4）制定行规行约，发挥行业自律作用，督促会员单位提高经营管理水平和接待服务质量，维护旅游行业的市场经营秩序；（5）加强会员之间的交流与合作，组织开展各项培训、学习、研讨、交流和考察等活动；（6）加强行业内外的有关组织、社团的联系、协调与合作；（7）开展与海外旅行社协会及相关行业之间的交流与合作；（8）编制会刊和信息资料，为会员提供信息服务。

中国旅行社协会实行团体会员制，对会员实行年度注册公告制度。每年年初，会员单位必须进行年度注册登记，协会把符合会员条件的会员名单向社会公告。所有在中国境内依法设立、守法经营、无不良信誉的旅行社及与旅行社经营业务密切相关的单位和各地区性旅行社协会或其他同类协会，承认和拥护本协会的章程，履行应尽义务，均可申请加入协会。

中国旅行社协会的最高权力机构是会员代表大会，每四年举行一次，协会设立理事会和常务理事会。理事会对会员代表大会负责，是会员代表大会的执行机构，在会员代表大会闭会期间领导协会开展日常工作。常务理事会对理事会负责,在理事会闭会期间行使其职权。《旅行社之友》为协会会刊,每月一期,免费为会员单位送阅。

(二)地方旅行社协会

在地方层次上,我国各省、自治区、直辖市及各大城市都成立了各种旅行社协会,这些协会在性质上也都属于非营利性的社会组织或民间团体,但工作开展都接受当地旅游行政管理部门的指导。地方性的旅游协会还可以会员的身份加入中国旅行社协会。

三、旅行社的国际组织

(一)世界旅行社协会

1949年在瑞士的日内瓦正式成立世界旅行社协会(World Association of Travel Agencies,简称WATA)。世界旅行社协会是由一个私人旅行社组织而成的世界性非营利组织,现有240个会员,来自100个国家和地区的232个城市。

世界旅行社协会的宗旨是推动旅游业的发展,收集和传播信息,参与有关发展旅游业的商业和财务工作。

世界旅行社协会的最高权力机构是全体会员大会,下设执行委员会、管理委员会和总裁委员会。执行委员会负责实施大会的决议;管理委员会主持处理日常工作;总裁委员会由各地选举出来的总裁组成,负责各地会员与日内瓦总部的联系,每年召开一次地区性会议,讨论地区问题,协调地区活动。

(二)世界旅行社协会联合会

1996年11月在意大利的罗马正式成立了世界旅行社协会联合会(Universal Federation of Travel Agents' Association, UFTAA),总部设在比利时首都布鲁塞尔。世界旅行社协会联合会是一个专业性和技术性的组织,其会员都是世界各国的全国性旅行社协会,每个国家只有一个全国性的旅行社协会代表参加。

世界旅行社协会联合会的宗旨是:(1)团结和加强各国全国性的旅行社协会和组织,并协助解决会员之间在专业问题上可能发生的纠纷;(2)在国际上代表旅行社会员同旅游业有关的各种组织与企业建立联系,进行合作;(3)确保旅行社业务在经济、法律和社会领域内最大限度地得到协调,赢得信誉,受到保护并得到发展;(4)向会员提供物质、业务和技术等方面的指导和帮助,使其在世界旅游业中占一席之地。

世界旅行社协会联合会的最高权力机构是全体大会,下设理事会、执行委员会和总秘书处,主要活动为每年一次的世界旅行代理商大会。

世界旅行社协会联合会自1974年以来一直同我国保持友好联系,中国旅行社协会经过申请,于1995年正式加入协会,成为该组织正式成员。

除此之外,还有许多区域性的旅行社组织,如加勒比地区旅游经营商协会,以及国家间的旅行社组织,如波兰美国旅行代理商联合会。

思考与练习

1. 影响旅行社设立的因素有哪些?

2. 设立旅行社的条件有哪几方面？
3. 简述旅行社设立的程序。
4. 旅行社组织结构设置应当遵循什么原则？
5. 试分析旅行社市场部门制的优缺点有哪些？

第三章 旅行社产品管理

本章提要

本章主要介绍旅行社产品的概念、特点和形态,理解旅行社产品设计的基本原则,熟悉旅行社产品设计的流程,以及旅行社产品的开发过程。通过学习,使学生能设计旅游市场调查问卷,能合理设计旅游线路,能对现有的旅游线路进行有效的筛选与管理。

【导入案例】

观光农业旅游

土色土香的农舍,虽然没有城市宾馆的豪华设施,但是中国庭院式的建筑特色,充满了江南水乡特有的诗情画意。农舍、小河、田野、秧苗、菜花,对外国游客来说,都富有东方情调。河岸古老的风车慢悠悠地转动,牛力水车、人力脚踏水车趣味无穷。在农家,手工织布和小车纺纱吸引了不少女士排队上机操作。

晚上,客人们分成若干小组,被农民请到家里做客。主妇端上粽子、汤圆、馄饨、鱼虾和农村时令蔬菜,客人们吃得眉开眼笑,都说比五星级宾馆里的山珍海味好吃多了。

外国游客特别喜欢宽敞明亮的三间一套的房间,中间是客厅,靠墙摆一张大八仙桌,两边是靠背椅,墙正中挂着寿星图,左右对联,写的多是祝福吉祥的内容。卧房摆着三面雕花的大木床,床上有花布枕头,窗帘是蓝底白花的土布,门窗玻璃上贴着红纸剪成的窗花。游客离开时,依然兴趣未尽。

这就是江苏某旅行社为入境游客推出的乡村生态旅游产品。发展农业光旅游,投资少,见效快,不仅经济效益可观,而且有较好的社会效益,它以别具一格的魅力,清新淡雅的情调,吸引着越来越多的国内外游客。

"观光农业旅游"又称"乡村旅游"或"绿色旅游",是以欣赏田园风光作为旅游对象的特色旅游产品,在目前国际、国内旅游业中,此类产品成为热销的旅游产品之一。这家旅行社之所以能够成功推出乡村生态旅游产品,在于抓住游客的心理,真正按照市场需求设计和推出游客喜爱的旅行社产品。

第一节 旅行社产品的内涵与形态

一、旅行社产品的内涵

从旅游经营者(供给)的角度来看,旅行社产品是指旅行社为满足旅游者旅游过程中吃、住、行、游、购、娱等各种需求,而凭借一定的旅游设施、旅游吸引物向旅游者提供的各种有偿服务的总和。

从旅游者（需求）的角度来看，旅行社产品是指旅游者为获得物质上或精神上的满足而花费一定的费用、时间和精力所获得的一次旅游经历。

旅行社产品以固化形态的产品包的形式出现，将旅行社的各项承诺与服务融入其中。所谓产品包是指由旅行社核心产品及围绕着核心产品提供的服务或相关赠品的总和。比如，游客在购买旅行社"韩国5日休闲购物游"产品，得到的产品包如下：韩国四星级酒店（两人一室）/观光度假村酒店（两人一室，四人一户）、景点门票、国际机票、交通车辆、团体旅游签证、境外机场税、餐费、中文导游、旅行社责任险。

旅行社作为以营利为目的的企业，其主要职能是为人们提供与旅行有关的服务，所以旅行社提供的产品主要是服务形态的产品。

从严格意义上讲，旅行社产品并不完全等同于旅游产品。旅游产品包括所有旅游企业和部门经营的所有类型的产品，而旅行社产品只包括旅行社一类旅游部门所经营的产品。但从产品的功能上看，都是提供给市场以满足旅游者的需要，所以，二者又是一致的。因为旅游的本质是人们进行空间移动的一种特殊形式，在旅游者看来，旅游产品就是他从离开家到返回家这一空间移动过程中的所有经历，旅游者从旅行社购买产品的最根本原因是为了满足空间移动过程中的种种需要。因此，旅行社的产品是典型的旅游产品。

很显然，从旅游者的角度对旅行社产品的界定主要是以整体或综合旅游产品为基础进行的，在旅游者的需求只限于特定单项服务的情况下，我们从旅游者角度出发理解的旅行社产品的概念会出现一定的差别。在旅行社的实际运行过程中，旅行社提供的产品既包括整体或综合的旅游服务，也包括零散或单项的旅游服务。但是，在更多的情况下，旅行社提供给旅游者的是整体的旅游服务和根据旅游者的要求而进行组合的不同程度的综合旅游服务。因此，旅行社产品的概念在相当大的程度上便与旅游产品的概念重合在一起了。

通过以上分析，我们可以对旅行社产品做如下界定：旅行社产品是旅行社根据市场需求，通过采购并整合景点、交通、住宿、餐饮、购物、娱乐等单项服务产品，并将自己的服务贯穿于其中、向旅游者提供在旅游活动过程中的全部产品和服务的总称。

二、旅行社产品的特性

旅行社产品从本质上来说是提供给旅游者的一种服务，它具有服务的共同属性，即不可感知性、不可分离性、差异性、不可储存性和缺乏所有权。按照威斯（Chase）对于服务的分类方法，旅行社提供的服务属于高接触性的服务，是顾客在服务推广的过程中参与其中全部或大部分的活动。因此，旅行社的产品又具有一些不同于其他产品的特性，这主要体现在以下三方面：

1. 综合性

综合性是旅行社产品最基本的特性。首先，表现在它是由多种旅游吸引物、交通设施、娱乐场地以及多项服务组成的混合性产品，是满足人们在旅游活动中对食、住、行、游、购、娱各方面需要的综合性产品。其次，表现在旅行社产品所涉及的部门和行业很多，其中有直接向旅游者提供产品与服务的部门和行业，也有间接向旅游者提供产品与服务的部门和行业。

2. 易受影响性

旅行社提供旅游服务的过程和旅游者实现旅游活动的过程涉及众多的部门和众多的因素，只要这些部门和因素中任何一个部门和因素发生变化，都会直接或间接地影响旅行社产品生产和消费的顺利实现。此外，由于旅游活动涉及人与自然、人与社会和人与人之间的诸多关系，如自然灾害、战争、政治动乱、国际关系、政府政策、经济状况、汇率变化、贸易关系以及地缘文化等，这些自然、经济、社会、政治和文化等因素的变化都会引起旅游需求的变化，并由此影响旅行社产品的生产与销售。

3. 质量的难控性

旅行社产品的质量要由旅游者来认可。一方面，由于旅行社产品具有综合性，非企业内部因素直接影响到旅游者对产品质量的感知系统，食、住、行、游、购、娱等旅游活动要素远远超出了旅行社所控制的范围，任何一个环节出现差错都会影响旅行社产品的质量；另一方面，旅行社产品作为一种服务产品，员工的行为构成了旅行社产品的主要载体，导游的服务过程大都位于企业边界之外，管理者难以对这一过程进行及时的监督，因此造成了旅行社产品质量控制的困难。

三、旅行社产品的形态

旅行社产品的形态也称为旅行社产品的类型，其分类对开发和设计旅行社产品具有重要意义。根据不同的分类标准，旅行社产品呈现出不同的形态。

（一）根据旅行社产品的内容划分

1. 团体包价旅游

团体包价旅游包括两层含义：一是团体，即旅游者一般由 10 人或更多的人组成一个旅游团；二是包价，即参加旅游团的旅游者采取一次性预付旅费的方式，将各种相关旅游服务全部委托一家旅行社办理。团体包价旅游的服务项目通常包括依照规定等级提供饭店客房、一日三餐和饮料、固定的市内游览用车、翻译导游服务、交通集散地接送服务、每人 20 千克的行李服务以及游览场所门票和文娱活动入场券等。团体包价旅游是我国旅行社目前经营的主要产品。

对旅游者而言，参加包价旅游可以获得较优惠的价格，预知旅游费用，并可在旅游团内保持熟悉的氛围，而且旅行社提供全部旅游安排和全陪服务，具有安全感；但旅游者的自由活动机会少，可选择余地小，难以满足个人的爱好和兴趣。如果旅游者不幸选择了一家服务低劣的旅行社，则整个旅程会变得让人难以忍受。

对旅行社而言，团体包价旅游预订周期较长，相对易于操作，而且批量操作可提高工作效率，降低经营成本；但是，团体包价旅游在预订和实际旅游期间经常会发生各种变化，而且在旅游旺季容易遇到旅游服务采购方面的问题。

2. 半包价旅游

半包价旅游是在全包价旅游的基础上，扣除中、晚餐费用的包价形式。其目的是降低产品的直观价格，同时也是为了更好地满足旅游者在用餐方面的不同要求。

3. 小包价旅游

小包价旅游又称可选择性旅游，它由非选择部分和可选择部分构成。非选择部分包括接送、住房和早餐，旅游费用是旅游者在旅游前预付的；可选择部分包括导游、风味餐、节目欣赏和参观游览等，旅游者可根据时间、兴趣和经济情况自由选择，费用可预付或现付。小包价旅游每批旅游者一般在 10 人以下。

小包价旅游对旅游者有多方面的优势，旅游者感到明码标价、经济实惠、手续简便、机动灵活。

4. 零包价旅游

零包价旅游是一种独特的旅游产品。旅游者选择这种旅游产品，只需旅行社代订机票和团体签证，以及随团前往和离开旅游目的地。到达旅游目的地后，旅游者可以自由活动，形同散客，不再受旅行社安排的时间和路线的制约。这种旅游产品可以使旅游者享受团体机票，从而大大减低旅游费用，还可以由旅行社代办签证手续，省去不少办证的麻烦。而对于旅行社来说，销售这类产品，不仅可以在航空公司获得销售返点，而且还可以通过增加购买量，获得更低的采购价格折扣。

5. 单项服务

单项服务是旅行社根据旅游者的具体要求而提供的各种有偿服务。旅行社单项服务所包含的内容十分广泛，其中常规性服务项目有导游服务、交通集散地接送服务、代办交通票据和文娱票据、代订饭店客房、代办签证、代办旅游保险等。旅行社单项服务的对象十分广泛，但主要是零散的旅游者，包价旅游团中的个别旅游者的特殊要求一般也视为单项服务。单项服务现已发展成为旅行社的一项重要产品。其产品内容广泛，要素构成简单，易于操作。单项服务的价格包含服务项目的成本和手续费。

单项服务在旅游实业界又称为委托代办业务，旅游者可采取当地委托、联程委托和国际委托等不同的方式交旅行社办理。近年来，随着旅游者需求个性化，网络订购业务的普及，散客旅游的人数越来越多，委托代办业务量迅速增加。为适应旅游市场的变化，许多旅行社成立了散客部或综合业务部，专门办理单项服务。

6. 组合旅游

这是产生于20世纪80年代的旅行社产品。产品的经营者主要是旅游目的地旅行社，产品的主要形式是旅游线路。旅游者多为来自各地的散客，有的是由出发地旅行社送来的，也有的是自行前来的，他们到达后，由目的地旅行社将其集中起来组团旅游，每团人数不限，只要语言相同即可。旅游活动结束后，旅游团在旅游活动结束的地点解散，旅游者各自返回居住地。

组合旅游是一种较灵活的旅行社产品。对于旅游者来讲，选择性强，既可参加团队活动，也可自由活动。对于旅行社而言，目的地旅行社把来自不同旅游客源地的零星旅游者汇集起来，组成旅游团进行旅游，帮助旅游客源地旅行社解决了因当地旅游者人数少，不能单独成团的经营难题；组合旅游的组团时间短，手续简单，有利于目的地旅行社在较短的时间内招徕大量的旅游客源。但是，组合旅游的人数难以控制，因此，旅游目的地旅行社一方面应尽量扩大招徕网络，以保证有足够的客源，另一方面还必须做好旅游交通、住宿、餐饮等服务项目的采购工作，确保旅游服务的充分供应。

（二）根据旅游者出游动机划分

1. 观光旅游产品

观光旅游产品是指利用旅游目的地独具特色的自然风光、文化遗产、历史古迹、民情风俗等旅游资源，设计出自然观光旅游产品和人文观光旅游产品，组织旅游者前往参观游览。

观光旅游产品的品种繁多,观赏价值高,深受广大消费者的喜爱,是旅行社经营的主要产品之一。

2. 度假旅游产品

度假旅游产品是旅游者利用假期,到有阳光、海水、沙滩的海滨度假,或到空旷、优美、静谧的环境中去充分放松和休息,使疲惫的身心得以调整的旅游产品。这种产品的出现同现代社会高强度、快节奏的工作、生活方式有关,也同城市环境污染严重、生存压力增大、人们需要暂时的逃避工作,缓解压力有一定的联系,是近年来颇受旅游者青睐的一种旅行社产品,在旅游市场上占据的份额不断扩大。

3. 商务旅游产品

商务旅游产品是指以经商为目的,将商业经营与旅行游览结合起来的一种旅游频率高、经济效益好的旅行社产品。商务旅游者的消费水平往往高于其他类型的旅游者,旅行社应针对这一形势,推出各种商务旅游产品吸引顾客,获取可观的经济效益。随着经济的全球化发展和各国、各地区经济联系的加强,商务旅游将成为旅行社经营的一个重要方向。

4. 会议旅游产品

会议旅游产品是指旅行社在各种学术会议、专业会议、年终总结会议的会议期间或会后组织与会者进行参观游览活动的一种产品。参加会议旅游的消费者一般文化水平较高,具有一定的社会地位和影响力,能够给旅行社带来良好的社会效益;同时会议旅游的消费水平较高,购买力强,且在旅游目的地停留的时间较长,因而组织会议旅游能够给旅行社带来较高的经济效益。寻找并巩固会议旅游的旅游者是旅行社的重要选择。

5. 奖励旅游产品

奖励旅游产品是指为了奖励在生产和经营中为企业作出重大贡献的员工,不少企业出资为其特意安排的旅游活动,以勉励他们更加积极地开展工作。随着经济的发展和人民生活水平的提高,奖励旅游成为激励员工努力工作、增强团队凝聚力的重要形式,是近年来发展很快的一种旅游产品。

6. 探亲旅游产品

探亲旅游产品是指旅行社组织旅游者到达旅游目的地走访亲朋好友的一种旅游活动。探亲旅游目的性强,人均旅游支出相对较少,但也可由单纯的探亲演变出其他形式的旅游活动。

7. 修学旅游产品

修学旅游产品是以外出求学为主要目的的一种旅游活动,其主要购买者为青年学生。修学旅游一般时间较长,短期修学旅游至少为一两周,长期修学旅游时间可达数月甚至一年。修学旅游者在旅游目的地学习的同时,还会利用周末、假期到附近的旅游景点游览观光,给旅行社带来可观的经济效益。近年来,我国青少年学生出国修学十分普遍,修学旅游项目连带其父母的探亲旅游项目应该成为旅行社大力开发的产品。

8. 宗教旅游产品

宗教旅游产品是最古老的旅游形式之一,旅游者旅游的目的是到其所信仰的宗教圣地进行朝拜活动,同时游览某些沿途的景点。宗教旅游者来自社会各个阶层,他们的主要要求是满足其朝圣的愿望,对旅游过程中的其他细节往往不十分计较。对位于宗教旅游目的地的旅行社来说，宗教旅游是一种客源稳定的旅游产品。

9. 探险旅游产品

探险旅游产品是利用人们的好奇心和冒险精神设计开发的一种特殊旅游产品，其目标顾客为青少年旅游者。探险旅游的目的地多为人迹罕至或尚未开发的地区，如原始森林、峡谷、高山、极地等，以满足人们寻求新鲜刺激事物的愿望和实现自我、挑战自我的要求。探险旅游的显著特点是旅途艰辛，有一定的风险性，旅行社必须事前做好周密的准备工作。这一产品形式也是未来旅行社产品经营的发展趋势。

四、旅行社产品构成

旅行社产品是一个完整、科学的组合概念，它是由食、住、行、游、购、娱各种要素构成的"组合产品"，完美的旅行社产品是通过最完美的组合而形成的。旅行社产品的生产者，都是从这一构成出发去从事旅行社产品的生产。因此我们应该认真研究旅行社产品的诸因素。

（一）旅游交通

旅游交通作为旅游业三大支柱之一，是构成旅行社产品的重要因素。实际上，旅游的发展是伴随着交通的发展而发展起来的。可以说，没有现代化的交通，就没有现代化的旅游。

旅游交通可分为长途交通和短途交通，前者是指城市间交通（区间交通），后者是指市内接送（区内交通）。交通工具有民航客机、旅客列车、客运巴士、轮船（游船、游轮）等。旅行社安排旅游交通的原则是：安全、便利、快速、舒适、价平。

（二）旅游住宿

住宿一般占旅游者旅游时间的 1/3，同时旅游者在住宿地还可以进行娱乐文体等方面的活动。因此，旅游者对住宿的满意程度，也是关系旅行社产品声誉的重要一环。旅行社销售产品时，必须注明下榻饭店的名称、地点、档次以及提供的服务项目等，一经确定，不能随便更改，更不可降低档次、改变服务项目。

旅行社安排旅游住宿要考虑旅游者的消费水平。一般来说，安排住宿的要求是：卫生整洁、经济实惠、服务周到、美观舒适、位置便利。

（三）旅游餐饮

旅游餐饮是旅行社产品不可缺少的要素，也是旅游者重要的需求内容。尤其是驰名的风味餐，往往是吸引旅游者出游的因素之一，甚至有的旅游团就是为了风味餐而成团的。即使是短途的"一日游"产品中，也包含用餐项目。

旅游者对餐饮安排的满意程度直接影响旅行社的信誉和形象。旅行社安排餐饮的基本原则是：卫生、新鲜、量足、味美、价廉、营养、荤素搭配适宜等。

（四）旅游景区

旅游景区是旅游者的主要出游目的，是旅行社产品产生吸引力的根本来源，也反映了旅游目的地的品牌与形象。由于旅游景区游览是旅行社产品的核心内容，所以必须充分重视游览观光的质量。旅行社安排旅游景区的原则是：资源品位高、环境氛围好、游览设施齐全、可进入性好、安全保障强等。

《中华人民共和国旅游法》第 4 章第 44 条规定:"将不同景区的门票或者同一景区内不同游览场所的门票合并出售的,合并后的价格不得高于各单项门票的价格之和,且旅游者有权选择购买其中的单项票。景区内的核心游览项目因故暂停向旅游者开放或者停止提供服务的,应当公示并相应减少收费。"本条规定说明,旅游者有权从被打包的套票中选择购买适合自己的单项或多项票;减少收费的情形仅限于核心游览项目暂停或终止,其他一般项目不在此列。

（五）娱乐项目

娱乐项目包括歌舞、戏曲、杂技、民间艺术表演及其他趣味性、消遣性的民俗活动。许多娱乐项目都是参与性很强的活动,能极大地促进旅游者游兴的保持与提高,加深旅游者对旅游目的地的认识。

（六）购物项目

旅游者在旅游过程中适当购买一些商品、风物特产、工艺美术品,以自用或作纪念或馈赠亲友,是旅游活动中的一项重要内容。旅行社安排购物的原则是:购物次数要适当,购物时间要合理（不能太多、太长）；要选择服务态度好、物美价廉的购物场所,忌选择那些服务态度差、伪劣商品充斥的购物场所。

《中华人民共和国旅游法》第 4 章第 35 条规定:

"旅行社不得以不合理的低价组织旅游活动,诱骗旅游者,并通过安排购物或者另行付费旅游项目获取回扣等不正当利益。

旅行社组织、接待旅游者,不得指定具体购物场所,不得安排另行付费旅游项目。但是,经双方协商一致或者旅游者要求,且不影响其他旅游者行程安排的除外。

发生违反前两款规定情形的,旅游者有权在旅游行程结束后 30 日内,要求旅行社为其办理退货并先行垫付退货货款,或者退还另行付费旅游项目的费用。"

本条规定说明,旅游者"被购物"或被不合理收费,可以向旅行社要求退货并垫付退货货款,或者退回不合理收费。

（七）导游服务

旅行社为旅游者提供导游服务是旅行社产品的基本要求,大部分旅行社产品都含有导游服务。导游服务包括地陪和全陪服务,主要是提供翻译、向导、讲解和旅途生活服务。导游服务必须符合国家和行业的有关标准及其有关法规,并严格按组团合同的约定提供服务。

（八）旅游保险

旅行社提供旅游产品时,必须向保险公司投保旅行社责任保险,保险的赔偿范围是由于旅行社的责任使旅游者在旅游过程中发生人身和财产意外事故而引起的赔偿。

（九）其他服务

其他服务包括交通服务、订房服务、签证服务等委托代办业务,它们是旅行社产品的必要补充,也是旅行社业务的重要组成部分。

第二节 旅游线路设计

【导入案例】

"中原精华游"旅游线路

DATE	行程及线路	住宿
D1	早上郑州接团，赴焦作修武，抵达有"世界地质公园、太行明珠"之称的5A级景区——云台山风景区，游览山雄水秀的老潭沟（泉瀑峡），观亚洲落差最大的"云台天瀑"（视水量），游览峡谷极品的潭瀑峡（小寨沟）和红石峡（温盘峪）。下午返回郑州。	郑州
D2	早餐后出发赴中国功夫之乡登封，游览禅宗祖庭、武林圣地——少林寺及现存最大的古代佛塔群——塔林，观看精彩的武术表演，车览嵩山美景；乘车高速公路1小时抵达洛阳，游览我国三大石窟之一的龙门石窟，参观我国最早的官办寺院——白马寺，唐三彩工艺品商店。住洛阳。	洛阳
D3	早餐后出发去七朝古都开封，参观千年名府——开封府，游览北宋皇家寺院——相国寺、六朝皇宫遗址——龙亭；下午返回郑州，游览黄河风景名胜区，参观炎黄二帝广场，选购河南土特产。晚饭后送团。	

接待标准：
1. 住宿标准：二星级或同级酒店标准间
2. 用餐标准：2早餐6正餐（正餐8~10人一桌，八菜一汤）
3. 景点首道门票
4. 全程空调旅游车
5. 当地优秀导游服务
6. 旅行社责任险（最高限额10万元/人）

旅游线路是旅游产品的重要组成部分，是联结旅游者、旅游企业及相关部门、旅游目的地的重要纽带，对区域旅游开发、旅游企业的生存与发展、旅游者的旅游体验等都有重要意义。旅游线路设计是旅行社的一项重要工作，旅游线路设计人员应该掌握旅游线路设计的相关知识和技能，旅行社管理人员也应该了解旅游线路设计的要求与方法。

一、旅游线路的类型

旅游线路是指旅行社根据旅游者的需求，以旅游点或旅游城市为节点，以交通路线为线索，为旅游者设计、串联或组合而成的旅游过程的具体走向。

对于旅行社来说，不少产品更多地直接表现为旅游线路，尤其在包价旅游产品中。旅游线路包含了旅游者从离家出门到旅游活动结束整个旅游过程中的全部需求，即食、住、行、游、购、娱等各个方面。因此，在开发和管理旅行社产品时，有必要掌握关于旅游线路的知识。

对于旅行社而言，合理科学地设计旅游线路是保证向消费者提供有吸引力产品的关键环节。旅游线路的设计过程是一个分析市场需求，选择、采购、组合、优化各种旅游产品的过程。旅游线路设计水平的高低直接关系到产品销售的结果。因此，在一些比较大的旅行社往往专门设有旅游线路设计中心。在旅游线路的构成中，旅游目的地或旅游吸引物（城市、景区、景点等）和城市间的转移以及旅游者食宿的宾馆、饭店是旅游者最关心的。旅游目的地（城市、景区、景点等）通常被称为构成线路的"节点"。如果说整条旅游线路是一条珠链，节点则是珠链上的粒粒明珠，它反映的是旅游线路的核心内容，体现了旅游线路的等级、类型、特色，表达的是旅游产品的主题，是产品的精华所在。

根据不同的分类标准，旅游线路可以有以下几种形式：

1. 以旅游线路的起止点为标准划分

以旅游线路的起止点为标准划分，旅游线路有流线型、环型和辐射型3种形式。

（1）流线型，即只有一个起点、一个终点的旅游线路。旅游活动自起点开始，至终点结束。如"杭州—厦门—广州—汕头—香港"的旅游线路，就是以杭州为起点，香港为终点。

（2）环型，从起点到终点都是一个环节，也就是说起点即终点，如"杭州—成都—西安—北京—南京—苏州—杭州"的旅游线路。在环型旅游线路中有一个节点（通常是出入境口岸城市和一个区域的交通枢纽城市），往往需要二进二出。

（3）辐射型，以一地为起点，而终点有多个选择，其旅游线路也有多条可供选择。如"北京—南京—无锡—苏州—上海"、"北京—西安—成都"、"北京—西安—桂林—广州"这3条线路，都以北京为起点，但旅游线路却不一样，终点也不同，这样的旅游线路即为辐射型旅游线路。

2. 以旅游活动持续的时间长短为标准划分

从时间上来说，旅游线路可以划分为一日游、二日游、五日游等。采用这种方式划分旅游线路的优点是旅游者一眼便可看出所需旅游时间的长短；对于旅行社来说，可根据时间长短来安排旅游项目和内容，并且比较容易确定价格。

3. 以旅游线路的品质等级来划分

旅游资源、旅游设施、旅游服务是有等级区分的，如旅游景区（景点）的级别有5A、4A、3A等的区别；宾馆酒店也有五星、四星、三星等的区别；用餐标准也有区别。所以，由此构成的旅游线路也就有了等级之分。这种级别直接体现在价格差异上，即往往以价格高低来表示。级别高则价格就高，反之则低。在行业中，一般把旅游线路的等级分为三个级别，即豪华型、标准型、经济型。

二、旅游线路设计的内容

《中华人民共和国旅游法》第2章第9条规定："旅游者有权自主选择旅游产品和服务，有权拒绝旅游经营者的强制交易行为。旅游者有权知悉其购买的旅游产品和服务的真实情况。旅游者有权要求旅游经营者按照约定提供产品和服务。"这条法律明确了旅游者有权知悉，或旅行社有义务告知旅游活动的详细内容，包括线路、景点、餐饮、住宿地点、交通方式等。

（一）确定线路名称

线路名称是旅游线路的性质、大致内容和设计思路等的高度概括，因此，确定线路名称应考虑各方面的因素，并力求体现简约、突出主题、时代感强、富有吸引力等原则。例如，"丝绸之路"旅游线路，是将西安、敦煌、吐鲁番乃至中东、欧洲的与古代丝绸贸易有关的旅游点串联成线，其中包括参观文物古迹、了解民俗风情、观赏仿古歌舞、品尝历史名菜、下榻民族饭店、骑骆驼或乘坐毛驴车，旅游购物则有古碑刻拓片、唐三彩等，使游客充分体验古代"丝绸之路"的情调。这样的线路名称主题鲜明，因而十分具有吸引力。

（二）策划旅游线路

由于旅游线路是以一定的交通方式将旅游节点进行合理的连接。因而节点是构成旅游线路的基本空间单元，一个线路节点通常称为一个有特色的旅游目的地。一般来说，在设计同一条旅游线路的各节点时，要考虑它们相同或相似的特点，用于满足旅游者的同一需求并服从于某一旅游主题，起着相互依存、相互制约的作用。节点可以是城市，也可以是独立的风景名胜区。线路的始端是第一个旅游目的地，是该线路的第一个节点；终端是线路的最后一个节点，是旅游活动的终结或整个线路的最高潮部分；而途经地则是线路中除始端和终端外的其他节点，是为主题服务的旅游目的地。因此策划旅游线路就是在从始端到终端以及中间途经地之间的游览顺序做一个最优化的组合，在线路上合理布局节点以及它们之间的关系，使整个旅游行程节奏紧凑、内容丰富、节省时间、经济效益好。

（三）计划活动日程

活动日程是指旅游线路中具体的旅游项目及各项活动进行的日期、地点和持续的时间，设计活动日程应体现劳逸结合、丰富多彩、节奏感强、高潮迭起的原则。

（四）选择交通方式

不同的交通方式在价格和时间等要素上有很大的差别。交通方式的选择要体现"安全、舒适、经济、快捷、高效"的原则。在选择交通方式时，要了解各种交通工具的适用旅程，其中直升机、汽车、水翼船适宜短途旅游；火车、轮船适宜中程旅游；客机、海上游轮适宜长途旅游。同时还要了解国内外交通现状，如类型、分布、形式、网络等。在具体选择交通工具时要注意利用飞机，尽量减少旅途时间；少用长途火车，以避免旅游者的疲劳；合理使用中、短途火车，选择设备好、直达目的地、尽量不用餐的车次；用汽车做短途交通工作，机动灵活。总之，要综合利用各种交通方式与工具，合理搭配，最优组合，扬长避短。

（五）安排住宿餐饮

吃、住是使旅游活动得以顺利进行的保证，应遵循经济实惠、环境卫生、交通便利、物美价廉、有特色等原则进行合理安排，并注意安排体现地方或民族特色的风味餐。

（六）预留购物时间

购物通常在旅游者总花费中占据30%左右的金额比例。旅游购物如何既满足消费者需求，又不至于引起他们的反感，是旅行社值得研究的问题。我们要遵循时间合理且能满足大部分旅游者的需要，不重复、不单调、不紧张、不疲惫的原则进行适当安排，切忌无视游客的感受安排大量的购物时间。

（七）筹划娱乐活动

娱乐活动要丰富多彩、雅俗共赏、健康文明，达到体现民族文化的主旋律和文化交流的目的。

三、旅游线路设计的原则

（一）市场原则

旅行社产品开发的目的在于通过产品销售，获得经济利益，如果旅行社的产品不能满足旅游者的需要，产品就没有销路，旅行社也就无利可图。市场原则就是要求旅行社在开发新产品前，要对市场进行充分的调研，预测市场需求的趋势和需求的数量，分析旅游者的旅游动机，针对不同目标市场旅游者的需求，设计出适销对路的产品，最大限度地满足旅游者的要求，提高产品的使用价值。旅行社产品开发的市场原则具体体现在以下3个方面。

1. 根据市场需求开发产品

旅游者的需求是千差万别的，同时又是不断变化的。要根据旅游者相对稳定并具有代表性的需求特点，结合不同时期的时代风尚和潮流，设计出适合市场需求的旅游产品。对于大多数旅游者来说，有些需求是相对稳定和具有代表性的，如去未曾去过的地方增长见识；希望从紧张繁琐的工作中解脱出来；能有效地利用时间又不是很劳累；能有效地利用预算，物美价廉；舒适身心，陶冶情趣，等等。根据市场需求的规律性来设计开发旅游产品，能保证产品的普适性和相对稳定性，从而基本保证这些产品为消费者所接纳。

2. 根据旅游者或中间商的要求开发产品

中国旅游业的特殊情况决定了我国旅行社的入境旅游产品大多采用间接销售的方式，即依赖国外的旅游中间商在客源地进行旅游线路的推介和销售。由于中间商直接在客源地进行销售，十分熟悉客源市场的消费特点和消费习惯，因此中间商的意见和建议对旅游线路市场销售的效果至关重要。旅行社应充分征询旅游中间商的意见，设计专门的旅游线路，开拓自己的客源市场。

3. 创造性地引导旅游消费

旅行社通过构思创新，创造性地开发出新产品，引导旅游消费。例如，浙江省义乌市号称"国际小商品交易中心"，浙江省的一些旅行社创造性地设计出"都市购物游"和"商务洽谈游"相结合的旅游产品，同时加上义乌周边的旅游景点，引导消费者既购物又观光，同时还可以了解商务行情，满足旅游者的消费需求。这一旅游产品一经推出就受到游客的喜爱。

（二）效益兼顾原则

旅游效益是旅游者和旅行社甚至全社会都在追求的，不同的是旅游者追求以旅游体验为主的旅游效益，旅行社追求的是经济效益及其在社会上的声誉，全社会追求的是旅游的综合效益，包括经济效益、生态效益和社会效益。设计旅游线路时，要兼顾旅游经济效益、旅游社会效益和旅游生态效益，尽可能做到效益最大化。

1. 旅游效益

在旅游活动中获得效益是所有旅游活动参与者、经营者、决策者所追求的目标。作为旅游者来说，追求的是旅游"性价比"。作为旅游经营者来说，追求的主要是经济效益。作为全社会来说，经济效益、社会效益、生态效益同样重要，追求的是旅游业的科学发展。

（1）旅游经济效益

旅行社产品同其他产品一样，也有各种成本支出。一条旅游线路的成本主要由两部分组成：线路构成项目的成本（包括住宿、餐饮、交通、门票、导游服务等各种费用）和旅游线路设计费用（包括设计人员工资、业务费等）。旅行社作为一个企业，其设计旅游线路的最终目的在于销售旅游线路，获得经济利益，即以相对低的投入，获得相对高的效益。

（2）旅游社会效益

旅游活动是一种特殊的活动。旅游者通过旅游，除了可以游览风景名胜，品尝各地美食、开阔眼界、增长知识以外，更重要的是，可以领略到自然界和人类生活的真、善、美，获得巨大的精神享受。因此，旅行社设计的旅游线路也应该有较高的文化品位和内涵，能满足旅游者求真、求美、求善的精神需求。

同时，旅行社作为社会经济生活中的一个组织，也必须考虑自身的行为对社会造成的影响，也必须重视旅行社自身在公众中的品牌形象。事实上，只有那些既注重经济效益又讲求社会效益的旅游线路，才是真正受旅游者欢迎的产品，才是能在市场中长盛不衰的产品。

（3）旅游生态效益

旅游生态效益越来越受到人们的重视，像"除了脚印，你什么也别留下；除了照片，你什么也别带走"的生态旅游口号越来越深入人心。对于生态比较脆弱的旅游目的地，保护旅游生态环境更显得十分重要。在旅游线路设计中，必须要注意保护旅游生态效益。

（三）优化原则

在设计旅游线路时，旅行社应对各个交通路线和旅游点进行科学、合理的优化组合。具体操作时，应注意以下几点：

1. 尽量避免重复

根据效应递减规律，重复会影响旅游者的兴趣。在条件许可的情况下，一条旅游线路应该尽量避免重复经过同一旅游点。

【例1】宁—镇—扬旅游线路：从上海坐火车到南京，从南京乘汽车到镇江，从镇江摆渡到扬州，从扬州乘船回上海。交通工具的不同，使旅游者一路上始终保持新鲜感。

【例2】北京某旅行社销售的"新马泰7日游"旅游线路，交通安排如下：北京—曼谷（飞机），曼谷—新加坡（飞机），新加坡—吉隆坡（汽车），吉隆坡—新加坡（汽车），新加坡—曼谷（飞机），曼谷—北京（飞机）。在短短的7天旅游时间中，客人从北京出发，一路经曼谷、新加坡、吉隆坡，然后又原路返回，整个线路呈直线往返，这样不仅会让旅游者产生厌烦情绪，也使行程显得零碎散乱。旅行社为了获得同一航空公司给出的多航段的优惠价格，牺牲了旅游者的时间。这样一来，客人留下的叹息会远远大于兴奋，被航班耽误的宝贵时间往往会成为引发客人对旅行社投诉的导火线。

以上两个例子说明，旅游线路的设计应尽可能使整条线呈环形线路，避免出现直线往返的线路。

2. 点间距离适中

同一旅游线路各旅游点间的距离不宜太远，以避免大量时间和金钱耗费在旅途中。一般来讲，旅游点间交通耗费的时间应小于旅途全程时间的1/3。

3. 择点数量适量

在时间一定的情况下（目前游客的旅游时间一般为1~2周），过多地安排旅游点，容易使旅游者紧张疲劳，达不到休息和娱乐的目的，也不利于旅游者深入细致地了解旅游地。同时，择点过多，对旅行社产品的销售也会产生影响，致使回头客减少。

4. 游览顺序科学

在交通安排合理的前提下，同一线路旅游点的游览顺序应从一般的旅游点逐步过渡到吸引力较大的旅游点，使旅游者感到高潮迭起，保持整个旅途的兴奋度。例如，对于欧美入境旅游者来说，"广州—桂林—上海—西安—北京"的旅游线路组合优于"北京—西安—上海—桂林—广州"的旅游线路组合。

5. 景点特色各异

一般说来，同一线路上的各个旅游点应各有特色。除专业考察旅游外，应避免将性质相同、景色相近的旅游点编排在同一线路上，否则会影响旅游线路的吸引力。例如，西方的旅游者不太清楚中国寺庙间的差异，如果让他们参加河南经典的"郑汴洛"黄金旅游线路，先游登封少林寺，又访洛阳白马寺，再看开封相国寺，他们会感慨来到河南就是"天天看庙"！所以，对旅游景区或景点有所选择，有所舍弃，是旅游线路设计之道。

（四）交通安排合理原则

交通工具的选择应以快捷、舒适、安全、方便为基本原则。选择的交通工具应与旅程主题相结合；要保证交通安排的衔接，减少等候时间；进入旅游景区，要尽量做到"进得去、散得开、出得来"，避免出现交通拥堵，延误旅程。

（五）服务设施确有保障原则

旅游线路途经旅游点的各种服务设施必须确有保障，如交通、住宿、饮食等，这是旅行社向旅游者提供旅游服务的物质保证，缺少这种保证的旅游点一般不应该编入旅游线路。另外，应尽量选择安全设施有保障的旅游点，确保游客的人身和财产安全。

（六）时效优先原则

旅游活动的效果或旅游者的旅游体验受自然景观、客观因素影响明显，如何使旅游者的旅游活动与旅游地优美的自然景观、良好的客观环境完美结合，体现时效优先原则，是旅游线路设计者需要考虑的问题。体现时效优先原则要展现最美的旅游景观、针对不同的旅游季节推出不同的旅游线路、紧扣社会热点推出适应性旅游线路。

1. 展现最美的旅游景观

当旅游者选择一条旅游线路，选定一个旅游目的地进行旅游活动的时候，他的心愿是要看到旅游目的地最美的季节和最动人的景观。要想满足旅游者的这种心愿，在设计旅游线路的时候就要尽量注意旅游景观的时效性。

（1）根据自然景观的季节性变化设计路线

自然景观作为旅游活动的客体，具有季节性变化的特征。一些自然景观受季节变化影响，一年四季呈现不同的景象。某些特定的自然景观只有在特定的季节或特定的时间才能看到。例如，观赏香山红叶只有在深秋时分，吉林树挂只有在隆冬时节才会出现等。旅行社在设计旅游线路时应该熟悉各个旅游地自然景观的季节变化特点，推出相应的旅游路线。

（2）围绕民间节庆活动设计路线

在全世界各地，各种类型的民间节庆活动比比皆是。这些民间节庆活动以丰富的内容、奇特的形式吸引着各地的旅游者。特别是一些世界知名的节庆活动，如巴西的狂欢节、德国的啤酒节、傣族的泼水节等，更是对旅游者有极大的吸引力。然而，节庆活动并非天天都有，只在特定的时段才会举行。旅行社要完成对民间节庆旅游线路的设计，就离不开对民间节庆信息的正确了解。

（3）根据旅游地的气候环境设计旅游路线

旅游活动是一种以户外为主进行的活动，气候环境是否舒适在很大程度上会影响游客的旅游体验或旅游满意程度。例如，每年4～9月，印度酷热难当，自然不是旅游的最佳季节；9月到来年3月，是尼泊尔旅游的最佳时光；柬埔寨雨季来临的时候，游客恐怕不会感到舒服。在不适合旅游的季节进行旅游，所带来的遗憾往往会使人感到难过。旅行社在设计旅游线路时，不能只单纯地考虑旅游地的景观状况，而忽视气候环境的舒适状况，要将旅游时间与旅游目的地最美的季节和气候环境协调一致，努力使旅游者欣赏到旅游目的地最好的景观，使旅游者的旅游体验达到最优,旅游满意度达到最大。

2. 针对不同的旅游季节推出旅游路线

旅游路线的时效性不仅体现为旅游目的地最美的环境,而且表现为该旅游目的地旅游路线应适合人们出游的季节。对我国旅游者来说,由于我国还没有普遍推行带薪休假制度,所以旅游者出游时间主要集中在法定假日,即通常所说的"黄金周"。然而,虽然同为"黄金周",人们的旅游消费特点却有很大的不同。旅行社在设计旅游线路时,应考虑旅游线路的投放时段与人们出游的特点是否相符,针对旅游者不同的旅游季节的消费特点推出适时的线路。例如,人们通常认为,春节出游的人数众多,产品需求则不讲究,但事实上,在下面的一份调查中,我们可以清楚地看到,其实不是所有的产品都适合春节期间出行游客的消费选择(参见表3-1)。

表3-1　2010年春节北京结伴游客出行调查分析表

同行旅伴选择分类	所占结伴出游比例	分析
与家人同行	71.2%	春节合家团聚的形式由在家厮守变成外出旅游是一种趋势,但市场上与之相适应的合家欢特色产品比较少
与朋友同行	20.7%	好友相约同游,是中华民族的传统。无论是对方掏钱还是AA制,与朋友同行,话语投机,因而比例比较高
与同事同行	6.1%	此类客人的比例较小,产品特色方面的考虑可忽略
与恋人同行	2.0%	比例较低,此时推出新婚团、情侣团并非最佳时机

3. 紧扣社会热点推出适应性旅游线路

时效原则的另一项意义,体现在对社会信息的及时采撷与即刻推出适应性的产品上。在迅速把握机会、果断决策、抢占先机方面,产品的主动性充分体现,会使产品声名远播,赢得良好的市场声誉。紧扣社会热点适时推出相应旅游线路,不仅能受到旅游者的欢迎,也能给旅行社带来良好的经济效益和社会声誉。例如,2008年北京很多旅行社推出"绿色奥运游",2010年各地旅行社推出"我到上海看世博"等特色线路,受到了广大游客的追捧。

(七)安全第一原则

在旅游活动中,保障安全是旅游者最基本的要求。在旅游安全没有保障的情况下,再精彩的游览活动也不能激发旅游者的旅游兴趣。只有那些能够确保旅游者人身、财产安全的旅游线路,才能让旅游者放心购买,放心游玩,才是有市场活力的旅游线路(参见图3-1)。

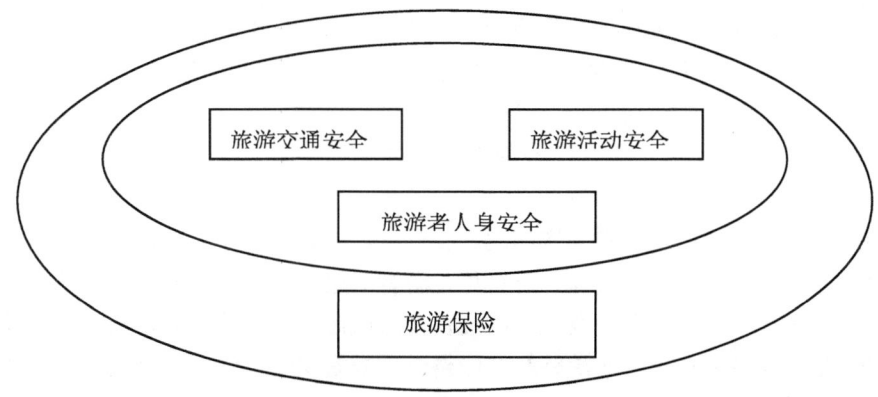

图3-1　旅游安全示意图

1. 旅游交通安全

旅游者一旦开始出游，飞机、火车、轮船、汽车是旅游者到达旅游目的地的主要交通工具。在当今社会，安全地到达旅游目的地是旅游者对旅游交通的最起码的要求。

影响旅游交通安全的因素主要有自然因素和人为因素。旅游交通运输作为一项室外运输活动，其安全性受诸多自然因素的影响，如恶劣的天气、糟糕的道路条件、突发的自然灾害等都可能成为引发交通事故、妨碍交通安全的因素。相比自然因素，由人为因素造成的交通事故在日常生活中更为常见。一般来说，以下几方面的因素常常会带来交通隐患：驾驶员不安全驾驶行为、行驶前未对交通工具作仔细检查，以及游客自身妨碍安全的行为等。

为了确保交通安全，在旅游线路设计时必须选择安全的交通路线和选择有质量保证的交通工具和运输公司。"条条大路通罗马"，在实际工作中，到达同一旅游点的交通路线往往有若干条。旅行社的旅游线路中在确定具体的交通路线时应以安全为第一原则，在保障安全的基础上再选择经济省时的路线。例如，雨季的山区常常会有山体崩塌、滑坡的现象，乘汽车沿盘山公路上山的安全性就大大降低，坐索道或景区小型飞机上山虽然会增加成本，但行程的安全性却更有保障。

目前，我国的交通运输业除铁路运输业以外，航空运输、船舶运输、公路运输等都有多家运输公司经营，市场竞争十分激烈。旅行社在旅游线路中安排旅游者乘坐的交通工具来源也各不相同，有些是旅行社自有资产，有些是旅行社临时租用而来的。这些情况造成了旅游交通工具的质量和交通运输质量良莠不齐。旅行社在面对市场中林林总总的交通运输企业和交通工具时，不能只简单地比较价格，而应该综合考虑，确保安全第一，选择信誉好、有质量保证的交通工具和运输企业。

另外，在旅游线路设计中要注意，在旅游线路中尽量不安排夜间交通。一条旅游线路的时间总是有限的。很多旅行社为了在有限的时间内安排更多的游览活动，提高经济效益，往往会采取夜间行车，白天游览的模式。从表面上看，旅行社提高了旅游效率，但实际上却增加了旅游交通安全的隐患。因为夜间行车，不仅路况差，而且驾驶员受生理规律支配往往感觉比较疲劳，容易造成交通事故。

2. 旅游活动安全

(1) 游览活动安全

旅行社在旅游线路中所安排的各项游览活动也应以确保旅游者人身、财产安全为前提。针对不同类型的客人，所安排的游览项目也应有所差别。例如对老年游客，就不适合组织那些刺激性强、运动量大的活动。为了满足游客的多种需求，旅行社可以在旅游线路中先安排常规的、一般性的游览活动，把那些较惊险刺激的旅游项目列为自费项目，供游客自由选择。

(2) 餐饮安全

"民以食为天"，旅游活动中同样如此。旅行中，一般游客对用餐环境、食品卫生状况和食品口味都比较注重。卫生、美味、有特色是游客对旅游餐饮的一般要求，其中卫生又是最基本的要求。如果在食品安全上发生问题往往会造成比较严重的后果，甚至会危及旅游者的生命安全，因此旅行社在设计旅游路线时应格外重视餐饮安全问题。首先，应选择正规的旅游定点饭店；其次，菜品以大众菜为主，一般不安排特色菜，因为有些特色菜原料和加工方法都比较特殊，游客食用后可能会引起身体不适。

例如，到海滨城市旅游，住海景宾馆、玩水上项目、吃海鲜大餐是旅游者颇为向往的事。

但旅行社一般不会安排团队餐吃海鲜。这一点也常常引起客人的不满和误会,认为旅行社是为了压缩成本。其实,旅行社主要是出于餐饮安全的考虑。因为海鲜是凉性的食品,比较容易引起腹泻等胃肠道疾病,有时并非是食品卫生的原因,客人也会感觉不适。旅行社为了避免这些"麻烦",所以一般不安排集体吃海鲜的项目。

(3) 自由活动安全

旅行社在编排旅游线路时,一般都会安排适当的自由活动时间。所谓自由活动,就是由游客自行安排在旅游目的地的活动,无须导游或旅行社人员陪伴。从理论上说,旅游者在自由活动期间的人身安全、财产安全与旅行社无关,但实际上一旦在旅游过程中旅游者发生安全事故,旅行社也难辞其咎。因此,旅行社在旅游线路中是否安排自由活动,安排多长时间,应以确保安全为出发点。一般说来,在治安状况良好,社会环境稳定的旅游目的地可适当安排自由活动,而在那些社会环境、治安状况较差的旅游目的地最好不要安排自由活动,以免发生意外。

3. 旅游保险

"人有旦夕祸福",尽管旅行社在设计旅游线路时以"安全第一"为出发点,但在实际的旅游活动中,旅游者和旅游经营者都有可能出现各种风险,如旅游者人身意外伤害、疾病和财物丢失等,旅游经营者要承担经营风险。为了规避风险,降低损失,旅行社可以办理专项旅游保险。具体事项请参见第八章"旅游保险"有关内容。

第三节 旅行社产品设计开发的流程

【导入案例】

成功打造"丽江假期"品牌旅游线路

深圳深度旅游策划管理公司和深圳国旅认为丽江是一个非常有吸引力的旅游目的地,决定设计开发深圳—丽江旅游线路。为此,他们开展了一系列的工作。

深圳深度旅游策划管理公司和深圳国旅多方联系丽江市政府、旅游局、深圳航空公司和地接旅行社,邀请深圳电视台、报纸特约撰稿人专程赴丽江一地作为期一周的线路考察。

经过深度市场调研,深圳深度旅游策划管理公司和深圳国旅成竹在胸,觉得完全可以把丽江作为云南旅游一个新的辐射中心,把丽江做成深度半自助游的典范,把丽江游做成一种新的旅游代表,开创"丽江旅游模式"。

线路需要一个响亮的品牌名称,深圳深度旅游策划管理公司构想了上百个名字,最后挑选为中性的"丽江假期",主要是考虑批发和通俗易懂的因素,标志中运用了至今还在使用的纳西东巴象形文字——"伴"字,整个轮廓像云南的特色房子,又像一个印章便于在批发给其他特约旅行社栏内加盖。总之"丽江假期"品牌标志给人留下了深刻的印象。

确定了线路品牌,核心产品的成型是又一关键。在产品层面上,把丽江旅游做成一个有多种选择的线路套餐,以"半自助游"作为推广的核心亮点,给游客多一点自由,并提供最实用、最丰富的丽江旅游资讯,倡导"周末到丽江去度假"的流行。在此基础上,策划构想了一系列特色旅行团:三八节主推"千名太太游丽江",探访女儿国,张扬古远的女性社会地位;结婚主推"万老寻古丽江行",倡导"丽江是老人一生中必游的地方"的观念;对青年男女推出"深圳情旅,丽江有约";把未婚男女的"旅游+交友"推向一个新的浪漫境地;对已婚男女推"千古不变丽江情怀",并以玉龙雪山作为见证;针对白领阶层推出的高档线路"周末偷闲白领度假团";针对喜欢特种旅游发烧友,推"徒步虎跳峡"、"壮观三江并流"、"寻源中甸香格里拉"、"迪庆生存挑战"等系列探险线路。

在价格方面要防御广州直飞丽江的价格竞争,在渠道方面有效控制深圳周边和港澳地区的批发渠道。在营销策略上沿用"深呼吸一次,足足回味一辈子"的广告词。

通过"丽江假期"品牌的推广,使得深圳国旅"新景界"品牌又一次大放异彩,经过周密策划、科学开发的"丽江假期"在深圳一炮打响并迅速形成热潮。

旅行社产品的开发,是在已开发的旅游吸引物、旅游目的地的服务设施和交通的基础上,根据旅游市场的需求,通过实际调研和科学分析,将有形的资源和无形的服务组合成新产品的过程。旅行社产品设计开发一般要经过市场调查、产品创意与策划、产品制作和产品面市4个步骤。

一、旅游市场调查

旅游市场调查十分重要。旅游市场调查常用的调查方式有普查(对调查对象的每个部分、每个分子毫无遗漏地逐个调查)、典型调查(选择一个或若干个具代表性的单位做全面、系统、周密的调查)、个案调查(对社会的某个人、某个人群,或某个事件、某个单位所做的调查);常用的调查方法有问卷法、文献法、访问法、观察法等。在这里我们着重介绍问卷法。

在此访问类方法中,邮寄调查、留置调查都要采用问卷形式,面谈法、电话调查也可以采用问卷的形式。因此,问卷设计是调查前一项非常重要的准备工作。问卷设计的好坏,在很大程度上决定了调查问卷的回收率、有效率,甚至关系到市场调查活动的成败。问卷设计的科学性在市场调查中具有关键性意义。

(一)问卷调查的含义

问卷调查,就是根据调查目的,制定调查问卷,由被调查者按调查问卷所提的问题和给定选择答案进行回答的一种专项调查形式。

问卷调查是一种常用的专项调查手段,是国际通行的一种专项调查形式。

(二)问卷调查的类型

按照不同的分类标准,可将调查问卷分成不同的类型:

1. 根据市场调查中使用问卷方法的不同,可将调查问卷分成自填式问卷和访问式问卷两大类。所谓自填式问卷,是指由调查者发给(或邮寄给)被调查者,由被调查者自己填写的问卷。而访问式问卷则是由调查者按照事先设计好的问卷或问卷提纲向被调查者提问,然后根据被调查者的回答进行填写的问卷。一般而言,访问式问卷要求简便,最好采用两项选择题进行设计;而自填式问卷由于可以借助于视觉功能,在问题的制作上相对可以更加详尽、全面。

2. 根据问卷发放方式的不同,可将调查问卷分为送发式问卷、邮寄式问卷、报刊式问卷、人员访问式问卷、电话访问式问卷和网上访问式问卷6种。其中前3类大致可以划归自填式问卷范围,而后3类则属于访问式问卷。

(三)调查问卷的结构和内容

一份比较完善的调查问卷通常由以下几个部分构成:问卷的名称、被调查者的基本情况、问卷调查的主体内容、作业证明的记载、问卷说明、编号。

二、旅游产品创意与策划

（一）寻找市场卖点

好的产品体现出好的卖点，这就需要好的策划。好的策划离不开大胆的畅想，需要应用创造性思维，寻找游客的兴趣点，作为产品创意的前提条件。

旅行社与相关的国家旅游局联手开发产品，是一项事半功倍、讨巧且讨好的运筹。许多国家的旅游局都会有自己的主题宣传策略。如中国国家旅游局在以往的主题旅游中，就推出过休闲度假游、世界遗产游、生态旅游等。旅行社需要配合政府部门所推主题，拟订、开发、生产自己的相应产品。以借势的方式向市场出击，既可大大增加成功的几率，又可省却许多宣传广告费用。

旅行社在与合作伙伴联手时，也不能忘记了自身经营的特色，以清醒的头脑找寻到市场卖点，才能对丰富自身产品形成正向的导流。

有些时候，当构成产品的一些要素对产品销售形成威胁时，反其道而行的新产品，则会形成新的市场吸引力。例如，购物本来是旅游活动中的一项正常安排，但在旅游团的实际运行中，购物却常常因为被扭曲操作，因而引发客人的极大反感。如果取消旅游团的购物安排，提高旅游服务质量，树立独特的值得游客信赖的产品形象，反而可能打破这一消费心理的障碍。无购物的承诺，就会成为产品的一项推销特色。一家旅行社的"海南椰岛风韵纯玩团"产品，在广告中特别注释"本团无购物安排"，很快就在市场中形成了一个新的卖点，受到以往随团深受购物所累的游客的欢迎。

（二）制造市场热点

制造市场热点是吸引人们广泛关注、聚拢人气的重要方式。如果说寻找市场热点受制于其他因素，尚属被动的产品设计的话，那么制造市场热点，则是旅行社主动出击的表现。我们可以利用新闻媒介或互联网络为聚拢人气采取一些措施，例如：

1. 名人在线访谈。请明星或名人做客直播现场，与游客即时交流。
2. 主题讨论。针对当前社会关注问题进行讨论。
3. 新闻 BBS。网友可随意对刚刚发生的新闻发表评论。
4. 网上 QQ。网友即时针对感兴趣的话题在网上聊天。
5. 图文直播。旅游景点相关资料播放。

旅游的发展，其实就是一个不断制造热点、吸引游客关注的进程。制造市场热点，有雅与俗之分。雅致、优美的产品是旅行社立身之本，而通俗、大众化的产品也会形成市场热点。

（三）关注游客的需求变化

在市场竞争中打拼的旅行社，必须随时保持对市场的敏锐洞察力。在产品策划过程中，要想避免出现市场判断的失误，关注并研究消费者的需求变化是必需的前提。

把对客人的了解融入到产品设计工作中去，需要做的具体工作很多，在确定对某条线路产品进行开发、进入潜意识思维阶段时，首先要做的就是理清头绪、把准脉搏，做到思路清晰。其中应该做的最重要的一件事，就是揣摩客户的心理，以游客的立场来进行换位思考。

当然，仅仅了解了游客想要什么还远远不够。好的策划、好的产品设计还应当主动想到客人未曾想到的枝节末端，让客人在满意的感觉之外，又会生出"超值"的感觉。

（四）进行冷静的市场分析

产品创意阶段除了需要富有感情色彩的形象思维以外，还要有抽象思维。将构想中的产品推入到真实世界，首先要做到的是进行一次冷静的市场分析。

市场分析要求我们以理性的态度对拟订的产品进行剖析。事实上这样的产品分析，就应该是一份详尽的产品可行性研究报告。它不仅要包括市场状况、市场需求、游客承受心理等外部因素，也要对产品本身的特点、构成、落脚点等因素进行分析。缺少了这样的分析，产品很可能就是主观臆想，是建筑在沙漠中的大厦，一经面世，就会进入"濒危产品"之列。那时，如把销路不畅责任再推至销售部门，则实在是有失公允。

三、旅游产品制作

（一）资讯准备

产品制作、线路编排具体实施阶段的首要步骤就是进行资讯准备。资讯准备的资料包括目的地概况、各类相关介绍，以及对目的地的评价文章等。资讯准备的资料收集方法有二手资料收集和实地考察2种形式。

1. 二手资料收集

二手资料收集是指从出版物、网站、杂志、报纸、情报机构、其他旅行社等获取相关旅游产品信息。需要特别提醒的是，在对资料进行收集和整理之前，需要对所涉及的内容进行再核实。许多网站和出版物中，都存有一些不准确的信息。在地名的翻译和使用上，要尽量采用国家地图出版部门统一的译名，以免引起消费者歧义。曾有这样的事情发生，一个泰国城市的地名，在3家经营新、马、泰旅游产品的旅行社中出现了3种各行其是的译法。

参考或借鉴其他旅行社的成型产品，是目前许多旅行社常采取的方式。尤其是在经营出国游业务的旅行社中，将产品开发制作的前期投入省却，从其他旅行社拿来现成的产品直接就卖的现象比较多。这种对产品的全面抄袭借用，存在很大的风险，主要表现为：一是无法了解该线路产品最初设计的原因和热点；二是无法完美体现原有产品的特色和竞争力；三是受原创产品旅行社的局限和束缚，很容易引发法律纠纷。

2. 实地考察

对于设计新的产品，尤其是涉及一个新的国家、新的线路、新的特色旅游产品，实地考察不是可有可无，而是必须要有的。许多旅行社的线路设计平淡、安排不精粹、行程不合理，原因多与产品研发阶段没有对线路进行实地考察有关。实地考察期间，应要求参加考察的人员，时时以旅行社与游客的双重身份出现，常常从两种角度审视周围的一切。

在实地考察阶段，要对构成旅游六要素进行全方位的考察。餐食卫生状况的好坏、饭菜是否符合游客的口味，住宿饭店的级别如何，路况、车况如何，行程是否精彩，安排是否合理，购物质量如何，娱乐节目是否符合中国旅游局制定的法规要求，收费是否太高，等等，都必须实地亲身体验。在一次全方位的考察中，要珍惜机会、掌握要领，力求在最短的时间里获取最大的收益。

（二）线路编排

在进行线路编排和产品设计时，除了理清头绪，做到思路清晰外，最重要的是要站在游客的角度、以游客的心境来进行思考。许多游客远足另外一个城市、另外一个国家，也许一生只有一次机会。客人珍视这样的机会，旅行社也应该为游客着想。这种换位思考就对产品制作提出了更高的要求。仅仅了解游客想要看什么还是远远不够的，好的策划、好的产品设计，还应当想游客未曾想到的，即所谓"超值"的感觉。

前面已经掌握了旅游线路设计的相关内容，这里不再详细叙述。线路编排除需要掌握一些原则和技巧外，尚有详略得当、主题突出、安排扣题等多项因素。要想在线路编排上出彩，对目的地的熟悉就显得紧迫而且必要。产品的制作者应当从某条线路、某个旅行社区域的专家的高度给自己设定目标。例如，要推出"迷人的巴厘岛之旅"的线路，就要对巴厘岛的人情地貌烂熟于心，以专家的高度来要求自己。只有这样，才能使产品设计成功。

（三）产品定价

影响产品价格的因素有很多，且这些因素常常处于不断的变化之中。例如，旅游企业战略的改变、机票价格的高低、饭店价格的升降，等等，都会对产品定价产生影响。

旅游企业整体性的营销战略意味着企业营销组合中任何战略的制定和贯彻执行，都要同企业的营销战略目标相一致，产品价格的确立也不能例外。因而，旅行社在制定产品价格时，要考虑到企业的整个营销战略，具体内容见第四章"旅行社营销管理"有关产品定价的内容。

四、旅行社产品面市

经过创意、制作的旅行社产品可以上市了，它必须具有的面市形态是：

（一）主要行程及产品说明项

线路产品的主要行程，是客人在读到产品的名称广告后，接触到的第二项内容，可以说，当他在想要索要具体行程的时候，离最后成交就一步之遥了。

产品的主要行程，包括日期、乘用交通工具、当日主要行程、抵离城市、用餐状况、下榻饭店等。其中的每一项都值得下功夫去挖掘内涵，做细、做好。

产品说明，主要包括收费说明、报名注意事项说明、签证所需材料、对其他事项的承诺和声明等内容。它是产品主要行程的重要辅助内容，并将对产品在主要行程之外的所有要点进行细致解释和说明。作为不可或缺的产品构成内容，产品说明项的制定和写作，最基本的要求就是准确、清晰。

（二）呈现在游客面前的产品形态

旅行社呈现在游客面前的产品资料，主要有两类：一类是产品的整体资料，包括产品行程、产品价格等。这类资料主要是起到引发客人理性判断的作用。客人可以拿着这些资料盘算价格是否可以承受、产品是否有价值。这样的资料在每家旅行社的销售柜台上都会看到。另外一类，也同样应该是旅行社必备的资料，却往往被许多旅行社所忽略，那就是线路产品的相关宣传资料。这类资料的作用主要显示在感性方面，是以引发客人的形象思维情感，触动其非理性地追求世间美好事物的心绪为终极目标的。

敦促客人下决心购买你的旅游产品的最好方式是为客人准备更多的与线路相关的资料介绍和相关宣传资料。

（三）呈现在销售人员面前的产品形态

应该有一份产品翔实资料夹来摆放销售人员的各种产品资料，包括资料如下：

1. 产品广告样张。销售人员手里应当有旅行社在报刊上刊登的广告，并对广告认真阅读；否则，招徕效应显现，销售人员仍置若罔闻，广告的效应就会大打折扣。广告中对产品的宣传口径、采用的广告语，都应为销售人员熟悉并能予以进一步解释说明。

2. 产品宣传单。旅行社销售人员手中除持有的产品宣传单外，还应该有一份加有多项注释和细致说明的"产品详解"，并对有关行程中所列的景点、转机、住宿饭店等内容了如指掌、回答自如。如能把线路产品做成互动式光盘存放，将客人感兴趣的线路内容，以图片、录像的形式进行演示，则销售的效果就会更好。

3. 产品优势要点介绍。要有对产品的特色、竞争力进行针对性描述的简约文字介绍，使游客了解与其他同类产品相比的优势。

4. 产品销售价格计算。资料中产品价格计算的具体规定，应以文字形式列出，主要包括团费价格计算、优惠政策、常客折扣计划等。

【案例分析】

最美夕阳红，相约在北京

2008年10月20日，昆明火车站"相约北京七日游夕阳红专列"徐徐开动了。这是昆明铁路国际旅行社专门为老年人量身定做的专项旅游线路，专列将直达北京，计划依次游览天安门广场、故宫、王府井步行街、十三陵、八达岭长城、奥运会主会场"鸟巢"、水立方游泳馆、颐和园、天坛等著名景点。

昆明铁路国际旅行社自1999年就开始推出专门针对老年人的旅游专列，现在已经成为该社的强项。根据调研，现在的旅游者中有30%是老年人，特别是到了旅游淡季，老年人已占到旅游人数的一半。但是由于传统旅游线路安排的时间较紧，许多老年人感到体力吃不消，希望旅行社能够推出适宜老年人的旅游线路，使他们能够从容地享受旅游的快乐。目前我国的老年系数已达到8%，这是一个巨大的潜在旅游市场。正是看到了这一旅游商机，昆明铁旅国际旅行社近年来不断推出多样的老年旅游产品，受到老年朋友的欢迎。

在秋意浓浓的10月，气候十分适合老年人出游，北京更是众多老年朋友点名要去的旅游目的地。因此，昆明铁路国际旅行社推出的"相约北京七日游夕阳红专列"成为夕阳红旅游产品当中最受宠的线路之一，报名情况异常火爆。据了解，之所以老年游客都想去北京，是因为他们知道深秋是北京最美丽的季节，也是北京气候最舒服的时候，这对于丰富老年人的生活、陶冶情操、增强体魄具有极大的益处。并且，这个时候去北京游览避开了持续几个月以来的后奥运旅游热潮。当然，亲自观看奥运场馆依然是这条线路最吸引人的因素之一。

旅行社为保证该项专线旅游产品的质量，曾派专人亲自考察沿途各景点协调相关事宜，安排的旅游内容丰富，游览时间充足，价格优惠。为保证老人们生活起居得到最大的便利，配备有专门的医护人员和有着丰富经验的领队，对老人进行全程照顾，周到、细致、温情的服务每位出游的老人，使大家能够安全、舒适、愉快地旅行。

案例思考题

1. "夕阳红七日游旅游专列"这一产品的创意是怎样产生的？
2. 试分析"夕阳红七日游旅游专列"产品设计成功的原因是什么？

思考与练习

1. 旅行社产品包括哪些形态？
2. 简述旅行社旅游线路设计的原则。
3. 旅行社产品设计的流程包括哪几个环节？

第四章　旅行社营销管理

本章提要

本章主要介绍旅行社产品价格的构成，旅行社产品的价格如何制定，掌握旅行社产品的定价策略及其选择，熟悉建设旅行社产品品牌的关键点。通过学习，使学生能为旅行社产品制定合理的价格，能设计旅行社产品销售的渠道，能合理设计运用旅行社产品促销的方法和技巧。

【导入案例】

莫让"免费"、"低价"蒙住了眼

近日，有记者在张家界市某旅行社报名参加了"张家界国家森林公园两日游"的旅游团，旅游合同中"购物娱乐安排"一栏特意标注：自由自愿，不强制消费，配合进店3~4家。结果，记者却遭遇了借免费泡脚之机，利用气功等手段推销假药的欺诈行为。而所谓的"气功"，其实是手中藏刀片，鞋里有玄机，害人不浅！

随后，又相继发生了长沙市多家旅行社以低价招徕游客，通过诱导、欺诈等方式推销各种名不符实的玉器，北京某旅游景点通过诱导等方式推销各种寺庙吉祥物的事件。

时值旅游旺季，国家旅游局质量监督管理所特向广大游客提出如下警示：

第一，旅游者在旅游活动中，要警惕以"免费"、"低价"为卖点的宣传招徕行为，对旅游产品的价格要有合理的心理预估，以防贪小失大。

第二，行程中，旅游者应警惕各种"诱购"行为，甄别以"店庆促销"、"攀老乡"、"祈福避祸"为噱头的购物陷阱，慎重鉴别产品的质量和价格，防止被欺诈。

第三，在与旅行社签订旅游合同时，应要求在合同中载明由旅行社安排的购物次数、停留时间及购物场所的名称。

第四，旅游者在购物时，应要求商家开具发票并保存好购物小票，发票上要加盖商家发票专用章或财务章，并标明购买商品名称、数量、单价，旅游者收到发票后要仔细核实清楚。如商家拒绝开具发票或拖延开具发票，旅游者须谨慎。

这条警示让我们对旅游产品的价格产生一些思考，现实购买的价格和产品质量密切相关，切莫贪图"免费"、"低价"，旅游产品的价格由很多要素构成，也受到很多因素的影响，因此，同其他商品一样，经营者会全面考虑定价的各个环节，"低价高质"是不符合现实运作经营情况的。

第一节 旅行社产品的定价

一、旅行社产品价格的构成

旅行社产品的价格是旅行社营销活动中一个十分敏感、十分重要的因素,对价格的管理关系到旅行社营销的成败。旅行社产品需求弹性较大,它的价格高低影响到旅游者的购买行为,影响到旅行社的销售量及利润。同时,价格又是一种重要的竞争手段,尽管近年来非价格因素对旅游者选择产品的重要性日益突出,但价格是双方最具理性的行为指标,决定了旅行社的竞争能力。与其他众多产品的价格一样,旅行社产品的价格由产品成本、税金和利润3部分构成。

1. 成本

成本是制定价格的底线。旅行社产品的成本主要包括旅游服务的采购费用、产品销售费用、产品开发费用、企业管理费用、员工工资和福利等。成本是可变的,旅行社加强管理的目的就是为了降低成本,从而降低产品价格,增强市场竞争力。

2. 税金

税收是国家对收入进行再分配的一种重要形式,一般情况下,国家的税种和税收是相对固定的。

3. 利润

利润是产品价格减去全部成本和上缴税金后的余额。一般来说,一个行业的利润是相对固定的。制定产品价格时,一般也是以全行业的平均利润水平为基础,而不是任意确定利润率。但这并不妨碍有的旅行社获得比其他旅行社更多的利润。由于国家税收基本是固定的,旅行社可以通过降低成本、扩大销售来增加利润。

二、旅行社产品价格制定的影响因素

影响旅行社产品价格制定的因素很多,有些因素存在于产品内部,管理人员可以进行控制;另外一些因素则存在于产品之外,旅行社人员不易或无法控制。具体来说,影响价格制定的因素主要有:

1. 成本与利润

成本是影响旅行社产品定价的最直接的因素,决定着一个企业产品和服务的定价的最低限度。因此,在定价的时候,首先考虑的就是成本因素。旅行社产品的利润是在一定时期内旅行社通过销售其产品所获得的收入和旅行社为生产和销售产品所付出的各项成本费用相抵后的余额,是旅行社经营的财务成果。由于旅行社是以营利为目的的企业,它在其产品销售中力求获得较多的利润,因此,旅行社产品的价格中必须包含一定比例的利润。

2. 市场供求关系

旅行社在确定产品价格的时候,必须考虑售价与市场供求之间的内在联系,也就是供给量、需求量和价格之间的相互关系。其表现为:

(1)在一定时间内供给量是一定的,如果需求量增加,价格就会上升;如果需求量减少,价格就会下降,即需求规律。

（2）在一定的时期内需求量是一定的，如果供给量增加，价格就会下降；如果供给量减少，价格就会上涨，即供给规律。

（3）如果价格上涨，市场需求量减少，就会出现供过于求的现象；如果价格下降，市场需求量增加，就会出现供不应求的状况。

（4）如果市场供求平衡，就会存在一种均衡价格。这个价格既可以满足旅游者的需要，又可以满足供给者的需要。

旅行社产品价格的高低可以调节市场需求，价格合理可以吸引更多的旅游者。因此，旅行社不但应该对旅游市场的供求有灵敏的反应，而且应该研究旅游者的旅游消费水平，以使旅行社制定的产品价格在旅游市场上具有吸引力。

3. 需求弹性

需求弹性就是需求的价格弹性，它表明需求对价格变动的反应程度。一般来说，旅行社产品的需求弹性比较大，因为旅游是一种高级消费方式，不同于生活必需品，这就要求旅行社在利用价格调节需求的时候，必须充分考虑到需求弹性的大小，尽量避免价格决策的失误。另外，旅行社产品价格的高低，极大地影响着旅游者选择的目的地、停留时间和支出水平。因此，价格弹性系数也是旅行社制定合理的旅游地区差价、季节差价、质量差价和数量差价的重要依据。

4. 汇率

汇率是两种不同货币之间的比价，也是一国货币单位用另外一国货币单位表现出来的价格。旅行社在国际旅游市场的产品销售价格，一方面取决于产品本身的价值，另一方面取决于本国货币与外国货币的比率。在旅行社产品价值不变的情况下，产品的价格与汇率变化呈现反比例变化的趋势。也就是说，为了避免由于汇率变化带来的损失，在人民币贬值的时候，旅行社应该适当地提高产品的售价；在人民币升值的时候，旅行社应该采取适当的价格策略，降低旅游产品的售价，以避免因为价格的实际上涨而失去客源。在实际经营中，旅行社应该根据实际情况采取相应的措施。

（1）人民币升值时：若需求的汇率弹性小于1，以人民币或者其他坚挺货币报价；若需求的汇率弹性大于1，降低价格或者以疲软货币报价，开发新的市场。

（2）人民币贬值时：若需求的汇率弹性小于1，以坚挺货币报价，开发新的市场；若需求的汇率弹性大于1，以人民币或者其他疲软货币报价。

5. 国家价格政策

目前，我国尚处于社会主义初级阶段，实行有中国特色的社会主义市场经济，因此，国家价格政策或多或少地影响着旅游产品的价格。但值得注意的是，近年来国家对旅游价格的控制趋于放松，取消了一系列国家行政干预价格的行为和政策，例如，最低结算标准、地区差价等，国家旅游行政管理部门更多地致力于旅游市场秩序的建立。

6. 成本因素

成本是影响旅游定价的最直接的因素，决定着一个企业产品和服务的定价最低限度。因此，在旅游企业定价的时候，应该首先考虑的就是成本因素。

7. 营销目标

旅游企业的营销目标直接影响着产品的定价决策。营销目标具体表现为营业额或者接待人次等数量目标。为了达到长期盈利的营销目标，企业会频繁地调整价格策略来适应需求的变化。

8. 竞争因素

在旅游业运营过程中，企业短时间内对产品的价格进行调整，大多数情况下是由于竞争因素造成的。由于竞争的加剧而互相降价，形成价格战的局面（现象）。这种价格策略尤其是在竞争者大量涌入的时期，旅游业形成供大于求的局面，供求关系的变化必然导致价格的下调。因此，竞争因素是旅游企业制定价格时必须考虑的因素。

三、旅行社经营目标和价格制定目标

旅行社如何定价、采取什么策略取决于定价的目标，而定价的目标又由当时的经营目标决定，这是旅行社经营时必须考虑的一部分。因此，什么样的经营目标对应什么样的定价目标，二者必定是目标一致，才能使旅行社取得较好的经营效果。

（一）当期利润最大化目标/利润导向目标

利润最大化是最常见的旅行社产品定价目标之一。旅行社以利润最大化作为产品定价目标是因为利润能够给旅行社带来经营中迫切需要的现金流量，并能够用于弥补旅游淡季时因营业收入减少而造成的亏损。另外，利润也是衡量旅行社管理效率的重要尺度之一。

旅行社把利润最大化作为产品的定价目标并非意味着时时刻刻在追求最高价格。当旅行社的某种新产品因在旅游市场上尚无同类产品与之竞争，并且受到旅游者的青睐而处于某种绝对优势地位时，旅行社可以根据利润最大化的定价目标，采用高价策略，以获得超额利润。然而，由于旅行社产品易于被模仿，所以，任何旅行社产品都难以在较长的一段时期内维持过高的价格。

（二）扩大市场占有率目标/销售导向目标

对于刚刚进入市场的新旅行社来说，它们的业务经营量往往较小，在市场上的名声也不大，为了改变这种情况，必须尽快提高自己的市场占有率，在此情况下，要了解自己的主要竞争对手或者是市场占有率最大的旅行社的定价情况，在一定时期内把自己的价格定得比主要竞争对手稍低一点的位置，以增加自己的销售量和扩大市场占有率。这种做法实际上是一种牺牲眼前利益以获得长期利益的策略。

（三）维持生存的目标/生存导向目标

当旅行社处在因旅游淡季、市场竞争激烈、市场竞争态势不利、宏观经济衰退等原因造成的对旅行社产品需求大幅度减退并威胁旅行社生存的困难时刻，可以将维持企业生存作为定价目标。这种情况下，就需要降低售价。如果低价能够争取到客源，即使无利可赚或是亏本，也可以用收入来偿还旅行社的全部或大部分固定开支，相对来说，可以减少损失。例如，在旅游淡季里，旅行社推出价格低廉的淡季包价旅游产品就是这种定价目标的一种体现。

（四）以保持现状为目标/竞争导向目标

有些旅行社采取保持现状的产品定价目标，主要是为了应付或避免竞争，保持现有的市场份额。采取这种产品定价目标的旅行社一般以对旅游市场有决定影响的竞争对手的同类产品价格为基础，确定自己的产品价格。这类旅行社往往更加重视非价格竞争，强调以产品促销和开拓销售渠道等方式同其他旅行社竞争，而尽量避免与竞争对手展开直接的价格竞争。

（五）以争取质量领先为目标/形象导向目标

为了在同行竞争中保持质量领先地位和在国际市场上保持较好的声誉，定价可以高一些。

这种高价必须以优质为基础,做到质价相符,使消费者感到价有所值。在目前我国旅行社削价成风的情况下,如果部分旅行社在保证高质量的基础上提高售价,也一定会受到消费者的喜爱。

(六)以开发新产品和新市场为目标/产品导向目标

如果某旅行社开发出一种新产品,而且这种产品在市场上有相当大的需求,就可以把价格定得高一些。在其他旅行社开始效仿这种新产品之前,争取通过较高的价格获得厚利。另外,在某旅行社致力于开辟一新市场时,将其旅游产品销售到其竞争对手还没有进入的新市场,在别人跟上来之前,它也可获得一段时期的厚利。

四、旅行社产品的定价策略及其选择

(一)撇脂定价策略

撇脂定价策略又称撇油定价策略或高价策略,是旅行社为新产品制定价格时经常采用的一种定价策略。其主要特点是将产品的销售价格定得很高,在较短的时间里将开发这种产品的投资全部收回,并获得客观的投资回报。但其缺点在于,刚投放市场的产品还没有建立起自己的信誉,高价投放不容易开拓市场。另一方面,如果在产品投入不久,就有竞争者跟进,以较低的价格经营相似产品,就有可能使先进入的企业处于不利地位。通常来说,具备以下条件的产品可以采用这种方法:接待能力有限、垄断性经营、需求缺乏弹性。

(二)渗透定价策略

渗透定价策略又叫低价策略,是一种通过将新产品低价投放市场,增加产品销量和开拓市场,并有效地排斥竞争者,以达到长期占领市场的目的的产品定价策略。这种策略与撇脂策略正相反。应尽量把产品的价格定得低一些,以利于打开和扩大市场,优先取得市场上的领先地位。具备以下条件的产品可以采用这种策略:具备大批量接待能力、非垄断性经营、需求富有弹性。

在旅行社向市场投放新产品时经常采用以上两种策略,二者各有特点,分别适合于不同类型的旅行社。表 4-1 对旅行社应在什么情况下采取何种策略进行了详细分析,并提出了选择不同定价策略的标准。

表 4-1 旅行社撇脂定价策略和渗透定价策略的选择标准

选择标准	撇脂定价策略	渗透定价策略
市场需求	高	低
与竞争产品的差异性	大	不大
价格需求弹性	小	大
生产能力扩大的可能性	小	大
旅游者购买力水平	高	低
仿制难易程度	难	易
市场潜力	不大	大
投资回收方式	迅速	逐渐

资料来源:梁智,《旅行社运行与管理》,东北财经大学出版社,2010 年。

(三)心理定价策略

1. 尾数定价策略

尾数定价策略又称奇数定价策略,源于旅行社认为,旅游者在购买产品时,从习惯上乐于接受尾数价格而不喜欢整数价格。因此,在制定价格时有意识地带有尾数,使旅游者获得一种享受折扣优惠的印象。尾数定价策略多用于散客门市价及单项旅游服务产品的价格。

2. 整数定价策略

与尾数定价策略相反,整数定价策略容易使购买这类产品的旅游者产生"货真价实"、"一分价钱一分货"的感觉,有利于提高产品的形象。它适用于不计小钱的豪华团报价;销售给合作旅行社全体包价旅游产品也多使用整数价格策略,这样旅行社间结算相当方便。

3. 声望定价策略

声望定价策略多见于在旅游市场上享有较高声望的旅行社及其产品。采取声望定价策略的旅行社一般将其产品的价格定得高于多数旅行社。然而,众所周知其产品一贯优良,高价不但能使旅游者接受,反而会给人以购买优质产品的安全感。具有一定经济基础的旅游者会宁可选择价格略高的优质产品以求买得放心,当然,声望定价策略的使用必须适度,必须物有所值,利用声望漫天开价也是行不通的。

(四)优惠价和差价策略

为了更好地销售旅行社产品,维系和旅游者、客户旅行社的良好合作关系,优惠价和差价也是旅行社管理人员常用的价格策略。旅行社产品的优惠价主要包括现金折扣和数量折扣等。差价主要包括等级差价、季节差价、地区差价和年龄差价等。

五、旅游产品定价的方法

(一)成本加成定价法

从理论上讲,旅行社产品的价格构成为:

旅行社产品的价格=直接成本+固定资产折旧+工资+管理费用+税金+利润

在实际业务中,一般简单表示为:

旅行社产品的价格=直接成本+利润

这里的利润是指包含旅行社各种费用在内的利润,它通常根据直接成本的一定比例来确定,这一比例的大小通常取决于本地区旅游行业的平均利润率。因此,成本加成定价法的公式应该进一步地表示为:

旅行社单位产品价格=单位产品直接成本×(1+平均利润率)

成本加成定价法是旅行社常用的一种定价方法,其主要优势是计算简便,而且在市场环境基本稳定的情况下能够保证旅行社通过销售产品获得一定比例的利润。然而这种方法是以成本为中心的定价方法,它只是从保证旅行社本身利益的角度制定产品价格,忽视了市场需求多变的现实。所以,利用这种方法制定出来的产品价格有时不能被广大的旅游消费者普遍接受,甚至会因此造成旅行社产品在市场上缺乏竞争力。

(二)目标收益率定价法

目标收益率定价法力求为企业带来适当的利润以弥补投资成本。采用目标收益率定价法进行定价的时候,应该首先确定目标收益率以及目标利润,预测总成本(固定成本加变动成本),并预测销售量,最后确定产品的价格。产品的价格公式应为:

产品价格=（总成本+目标利润）/预期销售量

以收益率为目标进行定价的时候，应该仔细确定成本、需求、收入、利润之间的关系。因此，应该使用损益平衡分析。

目标收益率定价法的优点是可以保证在一定销量的条件下收回全部成本，实现既定的目标利润。但这种方法在旅行社定价中用得较少。这是因为，目标收益率定价法是根据销售量来推算价格的，忽略了价格对销售量的决定和影响作用，这样制定出来的价格不一定能为旅游消费者所接受，从而不一定能保证销售量达到预期目标。只有经营垄断性产品或具有很高市场占有率的旅行社才有可能依靠垄断力量按此方法进行定价。

（三）理解价值定价法

所谓理解价值，是指旅游消费者对旅游产品的主观评价，而不是产品的实际价值。理解价值定价法认为，顾客对某一种产品或服务在购买之前，基于对产品的广告、宣传的信息以及自身的想象，对产品价值有一个自己的认知和理解过程。只有产品的价格符合顾客的理想的时候，他们才有可能接受这一价格。如果产品的价格超过了目标市场的理解价值，他们就不会进行购买活动。

采用理解价值定价法的时候，应当配合宣传促销活动。营销人员应该进行充分的宣传促销活动，为产品树立良好的市场形象，根据顾客对产品形象以及价值的理解确定价格。因此，理解价值定价法的关键在于正确测定理解价值。

（四）以竞争为中心的定价方法

以竞争为中心的定价方法又称为随行就市法，是指旅行社通过对市场竞争、市场需求及旅游者反应的不断监测，以随机的方式对产品价格进行相应调整，以期在可能的范围内获得最大利润的定价方法。它基本上有两种形式，一种是本行业完全自由竞争。各个企业以本行业的平均价格水平或者习惯价格水平作为自己的定价依据。这种方法非常适用于成本难以精确估算，竞争对手价格变动难以预测的企业。另一种是本行业中有少数企业处于垄断地位，这些企业起到了领袖价格的作用，各个中小企业为了应付竞争就尾随其后，依据领袖价格来确定自己的价格。

这种定价方法充分考虑了市场竞争的因素和旅游者的反应，所制定出的产品价格易于被旅游者接受，并能够使旅行社在市场竞争中获得优势地位。这种定价方法的不足之处是：

1. 旅游者的态度因受众多因素影响而不断变化，从而导致旅行社在判断旅游者态度方面困难很大；

2. 旅行社无法预测产品的销售量和经营利润；

3. 旅行社采用随行就市定价法与其他同类旅行社竞争，容易引起竞争对手的报复，从而导致恶性削价竞争的局面。

第二节　旅行社产品的销售渠道

如何将旅游产品以最高效率和最低费用从旅游生产企业送到旅游者那里，选择合理的销售渠道并对之进行有效的管理，对旅行社经营管理至关重要。

一、旅行社产品销售渠道的类型

旅行社产品的销售渠道是指旅行社将其产品提供给最终消费者的途径，又叫销售分配系统。旅行社产品的销售渠道主要包括两大类，即直接销售渠道和间接销售渠道。所谓直接销售渠道，是指旅行社直接将产品销售给最终消费者，中间没有介入任何中间环节，而间接销售渠道则是指在旅行社和旅游产品的最终消费者中间介入了中间环节的销售分配系统。间接销售渠道可以只是一个中间环节介入，也可以有多个中间环节介入。

（一）直接销售渠道策略

直接销售渠道是旅行社将其产品直接销售给旅游者的一种销售方式。这种销售渠道又称为零环节销售渠道，在作为产品生产者的旅行社和作为产品最终消费者的旅游者之间不存在任何中间环节。直接销售渠道一般有两种形式：

1. 采用直接销售渠道进行产品销售的旅行社通常在其所在地直接向当地的潜在旅游者销售其产品，如当地居民到本地旅行社的门市部报名参加由该旅行社组织的市郊一日游；

2. 旅行社在主要客源地区建立分支机构或销售点，通过这些机构或销售点向当地居民销售该旅行社的旅游产品。

直接销售渠道是一种产销结合的销售方式，其优点在于：简便、灵活、及时、附加值高、利润大。主要不足之处是：覆盖面比较窄，影响力相对差。旅行社受其财力、人力等因素的限制，难以在所有客源地区均设立分支机构或销售点，从而使旅行社在招徕客源方面蒙受不利影响。

（二）间接销售渠道策略

间接销售渠道是指旅行社通过组团旅游中间商将旅行社产品销售给旅游者的途径。常见的间接销售渠道包括单环节销售渠道、双环节销售渠道和多环节销售渠道。

1. 单环节销售渠道

单环节销售渠道是指在生产旅游产品的旅行社和购买该产品的最终消费者即旅游者之间存在着一个中间环节。由于各种旅游业务的差异，旅游中间商的角色由不同的旅行社充当。在国内旅游业务方面，充当这个中间环节的主要是旅游客源地的组团旅行社；在入境旅游业务方面，往往由境外的旅游批发商、旅游经营商或旅游代理商担任中间商的角色；在出境旅游业务方面，旅游客源地的组团旅行社则成为旅游中间商。

2. 双环节销售渠道

双环节销售渠道是指在生产旅游产品的旅行社和购买该产品的旅游者之间存在着两个中间环节。这种销售渠道多用于入境旅游产品的销售。在双环节销售渠道中，生产产品的旅行社先将产品提供给境外的旅游批发商或旅游经营商，然后再由它们出售给各个客源地的旅游代理商，并由它们最终售给旅游者。

3. 多环节销售渠道

多环节销售渠道包括三个或更多中间环节，主要用于销售量大、差异性小的某些入境旅游产品，如某个旅游线路的系列团体包价旅游产品。多环节销售渠道的操作程序是先由生产产品的旅行社将产品售给境外的一家旅游批发商或旅游经营商。这个旅游批发商或旅游经营商充当该旅行社在某个国家或地区的产品销售总代理，然后这个总代理把产品分别批发给该国或该地区内不同客源地区旅游批发商或旅游经营商，再由他们将产品提供给散落各地的旅游代理商，最后由旅游代理商把产品出售给旅游者。

间接销售渠道的优点在于：具有比较广泛的影响面，具有较强的针对性，销售量一般比较大。主要缺点是销售成本高。由于间接销售渠道中存在着一个或多个中间环节，导致旅行社产品的最终价格提高，容易对旅行社产品的销售量造成某些消极影响。

二、旅行社常用的销售渠道策略

（一）广泛性渠道策略

广泛性渠道策略是指旅行社在旅游市场上设法同任何愿意与本旅行社合作的旅游中间商建立业务关系，通过众多的旅游批发商、旅游经营商和旅游代理商将旅行社产品广泛地销售到该市场的各个角落，以便及时满足旅游者的需求并尽量扩大旅行社产品销售量的一种渠道策略。旅行社采取广泛性渠道策略的目的是建立一个由大量旅游中间商组成的松散销售网络。在这个网络里，旅行社与各个旅游中间商之间彼此达成默契，由旅游中间商向旅行社提供客源，并由旅行社根据销售额给予旅游中间商一定的报酬。然而，旅行社和旅游中间商之间不存在严格的相互约束关系。

旅行社可以接待由销售网络以外的旅游中间商招徕的旅游者，网络内的旅游中间商也可以向旅行社的竞争对手提供客源。

广泛性渠道策略的优点是：（1）销售范围广。旅行社采用广泛性渠道策略，通过较多的旅游中间商推销其产品，方便旅游者的购买，有利于扩大产品的销售范围。（2）联系面宽。旅行社通过众多的旅游中间商进行产品销售，有利于加强同广大旅游者及潜在旅游者的联系，能够逐步树立起旅行社在旅游市场上的形象。

广泛性渠道策略的缺点是：（1）销售成本高。旅行社必须同大量旅游中间商联系，无论中间商提供客源的多少，旅行社都必须经常与他们保持联系，并因此花费大量的通讯联络费用和其他销售费用，增加了产品的销售成本。（2）合作关系不稳定。广泛性渠道策略对旅行社和旅游中间商均无严格的约束，双方只是根据各自获利的情况来决定是否继续合作，难以保持稳定的合作关系，并导致旅行社产品的销售量不稳定。

广泛性渠道策略一般适用于旅行社开辟新市场时期。

（二）专营性渠道策略

专营性渠道策略是指旅行社在某一个客源市场只同当地一家旅游中间商建立合作关系，双方互为对方在当地的独家代理或总代理。也就是说，旅行社只向该旅游中间商提供本旅行社的产品，该中间商则只向本旅行社提供客源，双方均不得在当地同对方的竞争对手进行业务往来。

专营性渠道策略的优点是：（1）销售成本低。由于旅行社在一个地区或国家只同一家旅游中间商发生业务往来，所以旅行社用于通讯联络、业务谈判等产品销售方面的费用比广泛性渠道策略节省很多，有利于销售成本的降低。（2）合作关系稳定。专营性渠道对旅行社和旅游中间商都具有较强的约束力，同时双方的经济利益比较一致，能更好地相互支持与合作，使合作关系比较稳定。

专营性渠道策略的缺点是：（1）市场覆盖面窄。专营性渠道策略要求旅行社在一个市场只能同一家旅游中间商建立合作关系，是一种排他性的销售方式。这样，旅行社就无法接触该地区的其他旅游中间商。旅行社产品的销售量受到合作伙伴经营能力的严格限制，不利于旅行社扩大产品的销售范围。（2）风险大。采用专营性渠道策略的旅行社完全依赖其合作伙伴在客源市场上进行产品销售。如果合作伙伴经营失误，旅行社就可能蒙受一定的经济损失。一旦旅行社选择中间商不当，则可能完全失去该市场。

专营性渠道策略适用于旅行社开辟新市场的初期阶段及推销某些客源层比较集中的特殊旅游产品。

（三）选择性渠道策略

选择性渠道策略是指旅行社在一个市场上仅通过少数几个经过精心挑选的旅游中间商进行产品销售的策略。这种销售渠道的特点是由旅行社根据对旅游市场上不同旅游中间商的考察，发现那些在市场营销、招徕客源、企业经济实力、信誉和在市场上的声誉等方面具有一定优势，而且其经营业务与本旅行社基本相同的旅游中间商，通过谈判与他们建立起比较稳定的业务关系，由他们充当本旅行社的产品在当地的销售代理。

选择性渠道策略的优点：（1）销售成本低。由于选择性渠道包括的旅游中间商数量较少，所以同广泛性渠道相比，旅行社用于销售方面的成本较低，有利于增加旅行社的利润。（2）市场覆盖面宽。采用选择性渠道策略的旅行社一般在旅游市场上选择那些产品推销能力较强的旅游中间商作为合作伙伴，同专营性渠道相比，选择性渠道所接触的旅游者更为广泛，从而使旅行社的产品能够在当地市场上具有较宽的覆盖面。（3）合作关系稳定。选择性渠道的旅游中间商同旅行社的业务往来比较多，双方在产品经营方面有着共同的业务兴趣和经济利益，因而在选择性渠道中双方的合作关系比较稳定，很少会发生广泛性渠道常见的旅游中间商"跳槽"现象。

选择性渠道的缺点：（1）实行难度大。旅行社产品在旅游市场上经常处于买方市场，旅行社寻找理想的合作伙伴难度较大。一般情况是，旅游中间商的谈判地位往往优于旅行社，形成买方优势，使得他们挑选旅行社的余地大于旅行社挑选旅游中间商的余地。所以，这种渠道策略比较难以落实。（2）具有一定风险。如果旅行社选择中间商不当，可能对相关旅游市场的产品销售造成不利影响。

三、旅游中间商的选择

《中华人民共和国旅游法》第4章第34条规定："旅行社组织旅游活动应当向合格的供应商订购产品和服务。"实质上是指旅行社应与具有相应资质、经营权许可的商家签订合同。旅行社选择适当的旅游中间商作为经营合作伙伴对旅行社产品的销售具有重要意义。旅行社应根据自己的市场营销战略目标、所选定的目标市场、旅行社产品的种类、旅游市场需求状况和所拟定的销售渠道策略等因素，有针对性地对旅游中间商进行选择。要想选择好中间商，旅行社应该从以下几个方面进行考察：

1. 地理位置

旅游中间商所在的地理位置往往是旅行社选择的首要条件。通常旅行社比较愿意选择那些位于旅游客源比较集中的地区或毗邻地区，因为位于这些地区的旅游中间商对其所在地区的旅游市场比较了解，当地的旅游者和潜在旅游者也比较熟悉这些旅游中间商。因此，旅游中间商所处的地理位置在一定程度上决定了其招徕旅游者的能力。

2. 目标市场

旅行社在选择旅游中间商时，还要看该中间商的目标群体是否与旅行社的目标市场相一致。一般说来，目标群体与旅行社目标市场相一致的旅游中间商比其他旅游中间商更具备销售旅行社产品的能力、经验和愿望。例如，某旅行社以专业旅游者为目标市场，应选择专门经营或主要经营专业旅游业务的旅游中间商作为合作伙伴。

3．合作意向

旅行社应了解旅游中间商是否对组织旅游者前来购买旅行社产品所涉及的旅游目的地感兴趣，他们所经营的业务对本地区及本旅行社的依赖程度。旅行社应重点考察和选择那些在经营业务方面比较依赖本旅行社产品的旅游中间商，因为他们往往对与本旅行社合作表现出较强的愿望，最容易成为旅行社产品积极可靠的推销者。

4．旅游中间商的信誉

旅行社应重点考察旅游中间商的经济实力和偿付能力，并设法了解他们在与其他旅行社交往过程中是否守信用，有无长期拖欠应付账款或无理拒付欠款的历史。例如，澳大利亚曾经有一家专门经营旅华业务的 B 旅行社，先后同我国的不同地区旅行社进行过合作。它先与我国中部地区的几家旅行社合作，在合作初期很少拖欠旅游者的接待费用。经过一段时间，它开始拖欠应付的款项，而且时间越拖越长，欠款数额越来越大，最后以各种借口拒付欠款并断绝与中方旅行社的合作关系。时隔不久，这家旅行社又找到我国华北地区某市的 A 旅行社要求合作。尽管 A 旅行社事先知道 B 旅行社有欠款不还的历史，然而该旅行社有关人员被 B 旅行社所许诺的大量客源所诱惑，抱着侥幸心理，仍决定同它建立合作关系。结果，B 旅行社在拖欠了 A 旅行社大量的接团费用后宣布停业，给 A 旅行社造成数十万美元的经济损失。由此可以看出，旅行社必须选择信誉良好的旅游中间商作为合作伙伴，坚决避免与信誉差的旅游中间商进行业务来往，以防蒙受经济损失。

5．旅游中间商的声誉

旅行社应选择那些旅游者比较信任的旅游中间商作为合作伙伴，因为旅游者往往通过旅行社在当地的合作伙伴来判断该旅行社及其产品的质量和可信任程度。旅行社选择声誉好的旅游中间商作为合作伙伴不仅能够促进旅行社产品的销售，还有利于树立旅行社在该地区的良好形象。

经过认真的考察后，旅行社应选择出一批在各方面比较适宜的旅游中间商作为合作的目标，并在双方自愿的基础上与他们建立起稳固的合作关系。旅行社可以采取参加旅游展销会、博览会、派出销售人员登门拜访、寄送信函或资料等方式同有关的旅游中间商进行接触并设法与他们建立起业务关系。

四、旅游中间商的管理

科学地选择旅游中间商只是工作的一个方面，而有效的管理是不可缺少的另一方面。旅行社对旅游中间商的管理主要可通过以下四条途径进行。

（一）建立业务档案

建立业务档案是旅行社管理旅游中间商的一种重要方法。业务档案应按照旅游中间商的名称建立。旅行社在业务档案中记录每一个旅游中间商的历史和现状、输送旅游者的人数、频率、档次、欠款情况、付款时间等信息。通过对这些信息的分析和研究，旅行社销售人员能够对不同旅游中间商的能力、信誉、合作程度、合作前景等作出判断和预测，并据此对他们分别采取相应的对策（参见表 4-2 和表 4-3）。

表 4-2　旅游中间商基本情况登记表

中间商名称			注册国别		
法人代表		营业执照编号		业务联系人	
营业地址				邮政编码	
联系电话		传真		电子信箱	
银行账号					
建立业务关系的时间和途径					
我社联系部门及联系人					
中间商概况					
备注					

表 4-3　旅行社与旅游中间商合作情况登记表

中间商名称	
合作年度	
合作情况	
合作评价	
备注	

（二）沟通信息

及时沟通信息是旅行社加强对旅游中间商管理的重要措施之一。旅行社及时向旅游中间商提供各种产品信息有助于旅游中间商提高产品推销的效果。同时，旅行社也能够根据旅游中间商提供的市场信息改进产品的设计，开发出更多适销对路的产品。

（三）有针对性地实行优惠与奖励

有针对性地优惠和奖励中间商可以调动中间商的推销积极性。旅行社常用的优惠和奖励形式包括：减收或免收预定金、组织奖励旅游、组织中间商考察旅行、实行领队优惠、联合推销和联合进行促销等。

1. 数量折扣策略

数量折扣策略是旅行社为了鼓励旅游中间商多向旅行社输送客源所采取的一种策略。采用这种策略的旅行社以旅行社产品的基本价格为基础，根据旅游中间商销售旅行社产品的销售额给予他们一定程度的折扣。换句话，旅游中间商如果达到一定的销售额，就可以享受低于产品基本价格一定比例的折扣价格优惠。

2. 季节折扣

季节折扣是旅行社针对旅游淡旺季明显的特点，为了调节旅游中间商向旅行社输送旅游者的时间所采取的一种管理策略。为了缓解旅游淡季、旺季的矛盾，旅行社采用季节性折扣的策略来调节旅游中间商向旅行社输送旅游者的时间。当旅游中间商在旅游旺季向旅行社输送旅游者时，旅行社按照产品的基本价格或略高于基本价格的产品价格向中间商收取旅游费用；当旅游中间商在旅游淡季向旅行社输送客源时，则可以享受一定比例的价格折扣。通过这种方法，旅行社可以达到鼓励旅游中间商在旅游淡季多向旅行社输送客源，平衡旅行社全年旅游接待流量的目的。

3. 现金折扣

现金折扣又称付款期折扣，是旅行社为了鼓励旅游中间商尽快向旅行社付款，避免或减少拖欠款、呆账等不良债权的管理措施。实行现金折扣的旅行社一般规定，如果旅游中间商能够在双方事先商定的付款期限之前偿付欠款，可以享受一定比例的现金折扣优惠。例如，某旅行社规定，凡在旅游者离开本地10天之内付清旅游者接待费用的中间商，可以享受销售额2%的现金折扣，即中间商只须将接待费用的98%付给旅行社，剩下的2%归中间商所有。超过10天而能够在商定期限内付清接待费用的，则不能享受这种优惠。现金折扣一般应略高于旅游中间商所在地的银行利率，以刺激他们尽早付清所欠旅行社的各种费用。

（四）适时调整中间商队伍

旅行社应根据自身发展情况和中间商发展情况，适时调整中间商队伍。旅行社在下述情况下应做出调整中间商的决策：原有中间商质量发生变化，旅行社产品种类和档次发生变化，旅行社需扩大销售，旅行社要开辟新的市场，旅行社客源结构发生变化，市场竞争加剧，等等。

第四节　旅行社产品的促销

【导入案例】

"新景界——红常青时尚丽人旅游月"拉开序幕

"三八"妇女节是全球女性的一个盛大的节日。女性应该让自己从忙碌的工作中解脱出来，用一种不同的方式释放紧张的生活压力。深圳国旅新景界值此"三八"之际，秉承其一贯的"人性化服务"理念，从关爱女性的角度出发，提出"女人过节也要不一样"的时尚旅游口号。让所有女性朋友都可以在享受旅游乐趣的同时也享受到健康的关怀，享受到一年中最放松的节日。

"三八"促销期间，深圳国旅与深圳金阳保健品公司合作，联手推出以"新景界——红常青时尚丽人旅游月"为主题的女性旅游特惠月活动。凡在3月份参加深圳国旅旅行团的女性消费者，均可获得由深圳金阳保健品公司赠送的红常青羊胎素产品一份。

除了向女性团友提供价值不菲的赠品外，深圳国旅还围绕"时尚、休闲"的主题，着重推出一些特别的线路。如新加坡旅游方面的"国际妇女大联欢"活动，纯女性旅游团。在尽情享受的前提下，游客不仅能够充分感受到新加坡蜚声世界的城市规划、丰富优质的休闲服务设施、人文历史和流光溢彩的文化活动，还将受邀参加由新加坡妇女协会主持的"国际妇女大联欢"活动，与新加坡、马来西亚、印度及欧洲各地的女性代表欢聚在马来族文化村，共庆佳节。省内短线游方面，深圳国旅也专门针对女性游客的偏好，精心设计行程，并给予每位参团者38元优惠。

在女性自己的节日里，深圳新景界提供各式各样的时尚、轻松的节目，让深圳的女性朋友们放松心情,在简单中过一个不一样的妇女节!深圳国旅新景界通过有效的促销,使整个 3 月份取得了理想的销售业绩。新景界不失时机,从女性消费者角度出发,先于同行,与有共同需求的女性用品品牌联合促销,实现了三赢。

没有哪家企业不希望自己的产品畅销市场,对旅行社来说,其营销的核心,除了价格策略外,还包括促销策略。旅行社成功的促销活动不仅能增加产品的销售量,还能树立旅行社产品的良好形象。旅行社产品具有无形性、季节性和异地消费的特点,旅游者不仅看不到产品实物,也很难了解其他旅游者使用产品的状况。而旅行社的促销活动正好能给旅游者提供一个了解旅行社产品的机会。

一、旅游广告

旅游广告是由旅游目的地国家和地区、旅游组织或旅游企业用付费的方式选择和制作有关旅游方面的信息,由媒介发布出去,以扩大影响和知名度,树立旅游目的地、旅游企业、旅游产品的形象,达到促销的目的。《中华人民共和国旅游法》第 4 章第 32 条规定:"旅行社为招徕、组织旅游者发布信息,必须真实、准确,不得进行虚假宣传,误导旅游者。"

旅行社的旅游促销广告可分为自办媒体型广告、大众传播媒体型广告和联合广告三种类型。它的设计应遵循真实性、针对性、创造性、简明性、艺术性原则,应当符合国家与地方的有关法规。

(一)自办媒体型广告

自办媒体是旅行社开展广告促销活动的重要工具。自办媒体型广告具有自主选择宣传对象,广告命中率高的优点。旅行社常用的自办媒体型广告有以下几种:

1. 户外广告牌

户外广告牌是一种影响力较大的自办广告媒体。户外广告牌一般放置在飞机场、火车站、长途汽车站、水运码头等过往行人较多的公共场所和公路两旁、建筑物顶部等容易为过往人群注意到的地方。广告牌上的语言应简洁、生动,所用字体应易为多数人看清和看懂。旅行社应加强对广告牌的维护,防止因风吹、日晒、雨淋等自然因素造成油漆脱落、牌面污染等现象,影响广告的效果。

2. 广告传单

广告传单有单页传单、折叠式传单等形式,由旅行社雇人在公共场所散发或在公共广告栏张贴。广告传单的优点是:能够较详细地介绍旅行社及其产品,传单的制作及散发的成本比较低。

3. 载有企业或产品信息的纪念品

许多旅行社利用载有企业或产品信息的物品进行广告促销。例如,旅行社向旅游者赠送印有本旅行社名称、主要产品、联系地址和电话号码的旅行包、太阳帽、T 恤衫等纪念品。旅游者在日常生活中携带这些纪念品出入各种公共场所时便在无意中为旅行社做了免费的广告宣传。属于这类广告促销纪念品的还有印有旅行社名称或产品信息的火柴盒、钥匙链、针线包、圆珠笔、记事本、年历等。

(二)大众传播媒体型广告

1. 电视传播

电视传播具有传播性能多样、传播范围广、信息传送及时、广告形象生动活泼、广告的针对性强、重复率高等优点，是一种影响力极强的传播媒体。但通过电视传播促销，费用很高，而且印象失去快，缺乏选择性。一般适用于各个旅游目的地的政府用来进行主体形象的宣传。有时，如果旅行社要在短时期内完成大型包机、专列旅游的集客工作，也会利用这样的手段。

2. 报纸广告

报纸是一种影响面广、费用较低和重复率高的广告媒体。报纸广告，尤其是旅游专栏广告，覆盖面广，时效性强，灵活性强，可以持久保存，可供多人次反复传阅。对于广告受众来说，它还具有方便获取、价格低廉的优点。但缺少形象表达手段。尽管如此，报纸广告还是旅游供需双方进行沟通的最主要媒介。报纸分为全国性报纸、地方性报纸和专业性报纸三种媒体类型。旅行社应根据产品的目标市场选择不同类型的报纸刊登广告，传播旅行社产品信息和扩大旅行社的知名度。

3. 杂志广告

杂志是一种以某一阶层读者为宣传对象的广告媒体，具有针对性强、易于保存和读者层稳定的优点。尤其是旅游专业杂志，旅游者往往对其介绍的信息信赖程度较高，是旅行社针对具体目标市场开展广告促销宣传的理想工具。杂志广告的缺点是出版周期长和传播范围受到一定的限制。

4. 广播传播

广播电台是一种以地方性市场为主要宣传目标的广告媒体，具有传播速度快、传播空间广、传播方式灵活、价格低、重复率高、信息传播及时等优点。广播电台的缺点是难以使信息在听众头脑中长时间保留，不能产生生动的形象效果，易产生听觉错误。

5. 网络传播

因特网是目前使用频率较高的传播媒介之一，利用网络进行旅游宣传，具有覆盖面广、传播快、表现力强、信息可及时反馈、费用低等优点，但受网站访问人数的限制，广告点击率低。广告媒体及其特点如表4-4所示。

表 4–4　广告媒体及其特点

媒体类别	优点	缺点
电视	① 传播性能多样 ② 传播范围广泛 ③ 及时，灵活	① 费用高 ② 印象逝去快 ③ 缺乏选择性
报纸	① 覆盖面广 ② 时效性强 ③ 灵活性强	① 内容繁杂，阅读仓促 ② 缺少形象表达手段
杂志	① 对象明确，选择性强 ② 阅读和保存时间长 ③ 印制效果良好	① 缺乏灵活性 ② 传播范围有限 ③ 时效性差
广播	① 传播速度快 ② 传播空间广泛 ③ 传播方式灵活	① 不能持久保存 ② 选择性差 ③ 易产生听觉错误
因特网	① 覆盖面广、传播快 ② 表现力强 ③ 信息反馈及时	① 受网站限制 ② 广告点击率低

【课外阅读】

"银川包机"的成功广告

2002年"五一"黄金周,深圳首次直飞银川的包机满载130多位深圳游客徐徐起飞,直奔大西北。与此同时,负责该项目的国旅国内部经理也松了一口气!因为在此之前一周,市场对这趟包机线还没什么反应,幸好最后一周形势急转直上,否则,损失不堪设想!转变的原因,除了游客临近报名的因素,很重要的一点是广告的作用。

首先是产品名称由原来的"宁夏银川6日双飞团"改为"塞外江南行——宁夏6日双飞团",引发读者对宁夏银川的向往,从而勾起出行的欲望;其次是广告设计由原来无主题变为"驼铃声声大漠行",给整条线路一个明确的定位与概括的说明;最后是对行程价值的提炼。具体表现为:原来是罗列旅游节目,现在突出"第一次"的独特体验:

第一次乘深圳包机直飞宁夏;

第一次骑骆驼观长河落日;

第一次在沙漠绿洲万亩沙湖观鸟;

第一次支持"治沙"亲手种下一棵树。

同时,在广告图形、色彩及广告位置的选择上也做了调整,把它从综合广告中提出来,放成一个独立的专题广告,色彩效果强烈,给人一个整体的深刻印象。事实证明作这些调整是非常必要和有效的。

同样的东西,不同的包装,销售效果可能完全不一样!对于沿海地区的大部分人而言,对西部的认识是模糊的,许多人只知道新疆、西藏、丝绸之路,银川在哪里?有什么特色?恐怕一时形不成概念。用"塞外江南行——宁夏6日双飞团"代替原来的名称,可以让人明了该产品的基本特征,避免混淆。同样,在沙漠的浓厚色彩和骆驼的突出形象下,配以"驼铃声声大漠行"的产品主题,给人很直观、强烈的印象。诸多的"第一次"增强了该产品的独特性、差异性,让人有"物以稀为贵"之感。在众多的线路广告中,此广告无疑让人眼睛一亮,过目不忘!

二、旅游公共关系

公共关系的主要功能是沟通信息、协调社会组织与公众之间的关系、排除相互关系中的障碍、谋求合作和支持。它主要是通过各种现代化的传播手段,及时掌握来自公众的各类信息,使自己不断适应所处的环境,并为制定正确的经营方针和策略提供咨询。同时,通过向公众及时传达各类信息,赢得社会各方面的理解和支持。

旅行社开展的营销公关是以具体旅行社产品品牌为中心的公共关系活动,旨在建立和加深旅游者与客户对所推销的旅行社产品的良好印象,并争取长期保持现有的市场份额和扩大市场份额。而营销公关的一切活动都是以具体的产品品牌为中心进行的,旅行社营销公关活动可以采取以下四种形式。

(一)新闻发布会

旅行社营销公关最常用的方法是向新闻媒体发送消息,通报有关的特殊旅游产品及其他旅游方面的消息。旅行社在开发出新的产品后,可采取新闻发布会的形式向旅游者及客户进行介绍,所发送的消息必须及时,富有新闻价值,且能够吸引听众对产品的注意力,以便刺激他们购买这种产品的欲望。

（二）熟识旅行

熟识旅行是指旅行社邀请旅游新闻记者或旅游专栏作家免费旅行的一种公关活动，旨在使他们对旅行社的产品产生浓厚的兴趣和深刻的印象，回去后撰写有关旅行社产品的介绍性文章和报道。

邀请旅游新闻记者或旅游专栏作家免费旅游是一种更为有效的公共关系活动。为了增加旅游新闻记者和旅游专栏作家对旅行社的产品产生积极印象的可能性，旅行社应为他们配备能够提供一定帮助的人员。如果邀请国外旅游专栏作家，还应配备翻译人员。成功地组织旅游专栏作家旅游的结果往往是这些人在有关的杂志、报纸上发表对旅行社及其产品的专门性介绍文章。鉴于公众往往认为报纸、杂志的信息来源的真实程度高于旅行社的广告，所以旅行社绝不应低估同旅游专栏作家和旅游新闻记者搞好关系的重要性。通过新闻界和文化界进行公关活动以提高旅行社及其产品知名度的最好办法是接待全国性或国际性旅游作家会议。然而，旅行社为了获准成为接待这种会议的单位，应开展专项促销活动以影响有关方面的决策者做出委托旅行社接待这种会议的决策。

（三）邀请旅游中间商

旅行社邀请旅游中间商前来对旅行社的有关产品进行实地考察是一种行之有效的营销公关活动。通过这种公关活动，旅行社既能够促进同旅游中间商之间的合作关系，又能够使他们加深对旅行社产品的认识，以便在今后的推销活动中对旅行社的产品做更加有利的宣传和促销。

（四）专题讲座、学术会议

旅行社可以通过举行专题讲座或赞助学术会议的方式宣传旅行社最新设计和开发的产品，并吸引公众对这些产品的关注。这种方法尤其适用于推销公众不熟悉的自然景观和人造景点。

营销公关是旅行社获得旅游者和公众的接受与认可的重要途径。这对于旅行社来说是十分重要的。旅行社应该比任何其他企业更加重视人际关系，任何以牺牲某个旅游者群体的利益换取另一个旅游者群体好感的做法都是不可取的。

三、直接营销

直接营销是近年来发展迅速的一种促销方式，它包括人员推销、电话促销和直接邮寄促销三种主要形式。

（一）人员推销

所谓人员推销，是指旅行社派出业务员直接与游客接触，推销旅游产品，以加速销售的促销方法，又称直接推销。它的主要职能包括向旅游者传递旅游产品的信息；说服旅游者购买本旅行社的产品，尽可能在短期内促成交易；代表旅行社向游客提供各项服务，如咨询、介绍旅游产品的特色等；收集游客对产品的意见并及时反馈给旅行社。

人员推销是成本最高的推销方式，通常在有限范围内使用。旅行社在招徕要求复杂、消费较高的特殊旅游团（如重要会议或奖励团、朝圣团、修学团、怀旧团、校友团等）或中间商等大客户时，需要应用人员推销。人员推销的主要特点是：个人行动，方式灵活，针对性强；易强化购买动机，及时促成交易；易培养与顾客的感情，建立长期稳定的联系；易收集顾客对产品的反馈信息；费时费钱，传播面小，效率低，往往成为平均代价最高的促销手段。

人员推销应以感情联络为主，达成合作意向为目的，最好能签一个大致的基本合作协议。有了感情，要保持、发展感情，才有长期的合作保障。至于具体的每一次产品销售，双方一般通过传真、电话协商进行。

（二）电话促销

电话促销一般仅用于向国内重点老客户推出新产品，或通过电话向重点老客户征询对产品的意见、解答客户的询问，诱使客户旅行社更大量地购买本社产品。由于电话通讯费远高于直接邮寄费，且由于缺乏信任感，潜在的客户对电话促销一般反应不强，故不宜对新客户采用电话促销方式，更不宜用于国际旅游产品促销。

电话促销的优点是：及时，针对性极强，与客户能直接交流从而产生情感因素。其缺点是：费用不便宜，无视觉及文字效果，促销成功率不高。为了减少电话时间以控制电话费用，有人使用电话录音进行电话促销。但这种方式抹杀了电话促销的情感因素优点，略显得不够尊重对方，从而效果更差。

（三）直接邮寄促销

旅行社将精印或打印的旅行社产品的线路、报价、优惠条件、说明、联络方式，有时还加上线路沿线的景点宣传资料邮寄给客户旅行社和挑选出来的各地潜在的客户谓之直接邮寄促销。采用这一方式的前提是推销的旅游产品本身有特定的消费群体，且旅行社掌握了这一群体中大批潜在购买者的详细地址。这种营销方式针对性强，且内容可以固定下来，可详可略；缺点是影响范围非常有限。

四、旅游销售推广

销售推广也称销售促进，是近年来发展极为迅速的一种促销方式，它是指旅游企业在特定的时间和空间范围内对同行（指中间商）或消费者提供短期激励的一种促销方式。

（一）销售推广的类型

销售推广分为针对旅游者的销售推广、针对旅游中间商的销售推广和针对推销人员的销售推广。

1．针对旅游者的销售推广

旅行社开展以旅游者为目标的销售推广旨在达到以下目的：

（1）改变旅游者的购买时机；
（2）奖励经常购买本旅行社产品的顾客；
（3）试销新的产品；
（4）扩大市场份额；
（5）以先发制人的方式挫败竞争对手的促销努力。

2．针对旅游中间商的销售推广

旅行社开展以旅游中间商为目标的销售推广旨在达到以下目的：

（1）获得旅游中间商的支持；
（2）促使旅游中间商向公众宣传其产品；
（3）加深旅游中间商对本旅行社产品的了解。

3．针对推销人员的销售推广

推销人员在市场销售的一线工作，其工作成效直接影响旅行社产品的销售状况。为充分调动销售人员的积极性，旅行社可以采取奖励旅游、销售提成、销售竞赛、推销培训等形式鼓励销售人员销售产品。

（二）销售推广的形式

旅行社在销售推广活动中经常采用的形式包括竞赛、价格促销和特殊商品促销。

1. 竞赛

竞赛是旅行社销售推广的一种形式，如针对某项旅行社产品进行的有奖知识竞赛，关于某个旅游目的地情况的有奖竞赛等。在举办这种竞赛时，旅行社通常提供具有一定价值的奖品或前往某个旅游目的地的奖励性旅游作为公众参与竞赛的奖品。通过参加竞赛，公众对于举办竞赛的旅行社及其产品产生一定的印象甚至好感，有利于旅行社产品在今后的销售。

旅行社在举办各种竞赛时，应注意竞赛活动内容和形式的群众性、知识性和趣味性，鼓励更多的人参加。因为只有参加竞赛活动的人数达到一定规模时，旅行社才可能实现其举办这类活动的初衷。一般情况下，参加的人越多，竞赛的影响就越大，销售推广的效果也就越好。

2. 价格促销

价格促销是指旅行社通过短期降低产品价格来吸引旅游者和客户购买的一种促销方法。销售推广的价格促销不同于旅行社因市场需求变化所采取的降价行为。价格促销是旅行社以临时性的价格下调来吸引旅游者的注意，并吸引旅游者在旅行社希望的时期大量购买旅行社的产品。当旅游者对产品产生良好的印象后，旅行社还会将价格复原。旅行社的价格促销多集中在节假日期间、新产品试销期间等特殊时期。

3. 特殊商品促销

特殊商品促销是旅行社销售推广的另一种常见形式。旅行社利用向旅游者或客户赠送T恤衫、钥匙链等印有旅行社及其产品信息的特殊商品开展销售推广活动。通过这些活动，旅行社能够收到对其自身及其产品进行"口头宣传"的效果。

当然，旅行社也需了解，销售推广并不能保证建立客户对本企业产品的信任和忠诚。有的销售推广活动在停止后的一段时间里，销售额常常会回落到原来的水平。另外，如果产品本身市场潜力不大，或属于衰退期的将被市场淘汰的产品，销售推广也是无力回天的。

（三）销售推广中应注意的问题

旅游业中，面向旅游中间商的销售推广比面向消费者的销售推广更为普及。前者主要包括业务考察旅游、旅游博览会、交易折扣、广告合作、销售奖励和提供宣传品等多种方式。下面就以组织中间商考察旅游为例，强调销售推广中应注意的几个问题：

1. 确定销售推广目标

销售推广目标是由基本的营销目标所导出的。组织中间商考察旅游，首先要确定主要目标，是侧重于新产品推广还是传递本企业的良好信誉，各种具体目标虽然密切相关，但旅行社在事先就应明确本次推广的重点。

2. 制定销售推广方案

旅行社应拟订周密的旅行计划，并详细评估其可行性，以确保其实施的顺利进行。尤其是一些新产品的考察旅游，要事先预测其可能出现的变更，并提出相应的变通措施，以免在实际考察中，经办人员对突发情况毫无准备，只好草草收场。这样不仅推广不顺，而且有可能影响企业声誉，这是一些旅行社的经验教训，应该引起同行的注意。

3. 适当选择中间商

中间商的选择要依据整体促销策略和具体的推广目标。这一选择实质上与渠道管理中选择中间商的决策是一致的,也应邀请实力强、潜力大、信誉好并有合作意愿的中间商,以便得到理想的推广效果。

4. 考察团规模适中

为便于旅行社组织接待和考察人员的便利,有关专家认为,其规模一般以 20～30 人为好。

5. 选择最优接待组合

业内人士称此类旅游团为 VIP 团中的 VIP 团(重要团队中的重要团队)。的确,这是关系到企业今后客源命脉线的一种旅游团,因此,合理、艺术地选择最佳的接待方式、接待人员和旅游计划等问题是相当关键的。这里要反复强调的是各要素"优化组合"的必要,组合最优才是终极效果最优的保障,其中又以推广人员的表现贯穿始终。销售推广人员的形象直接反映了企业的整体形象,而人际交往又是最具亲和力的方式。有的推销人员通过创造考察团亲切友好的气氛,自然地显示了旅行社不凡的实力,甚至还与中间商建立了良好的私人关系,这些都保证了主客双方今后业务关系的发展和巩固。

第五节　旅行社产品品牌化建设

【导入案例】

深圳情旅之阳朔有约

深圳是一个年轻的、充满朝气的移民城市,更是年轻人的天下。相信很多人都有"独在异乡为异客"的切身感受,繁忙的工作、紧张的生活节奏以及巨大的工作压力让众多的年轻人身心疲惫,社交活动的范围也非常有限,缺少知心的朋友,更有不少的优秀男女青年由此耽误终身婚姻大事。现在,新景界俱乐部审时度势,经过精心地策划与安排,推出周末青春派对之桂林阳朔徒步交友团。

别开生面的新景界青春派对出行了,给生活在深圳这座现代化的都市里的广大单身男女青年创造一次认识、交流、沟通的机会,一个个崭新的面孔将给您本来孤独的生活带来无限的快乐与温馨,也许,以后您的生活将不再寂寞。热恋中的情侣们,新景界青春派对将给您带来全新的浪漫空间,携手共进、同舟共济、有情人终成眷属。当您心中暗恋着一个人,却一直没有表达的机会,新景界青春派对将给您创造一次难得的私人空间,一次互相了解的机会,也许,两扇热切的心门会打开。

深圳国旅新景界俱乐部刚刚推出的"深圳情旅之阳朔有约"活动一炮打响,在深圳掀起了一股"情旅"热,前往深圳国旅各营业部咨询此项活动的市民络绎不绝。新景界"情旅"活动的宗旨在于以新颖的形式把旅游与交友结合起来,让深圳的单身年轻人的业余生活变得丰富多彩起来。而"情旅"行程中穿插的各种节目,既可让游客饱览风光,亦可尽享风趣、浪漫的氛围,这对平日为工作所累的深圳大龄青年来说,是一个极好的机会。

针对市场的良好反应,俱乐部决定将"情旅"进行到底。除了阳朔之外,俱乐部还将在近期陆续推出更加精彩的主题旅游活动:即将推出的"三亚有约"活动,希望让有情人携手天涯海角;5月4日,将在"动感之都"香港举办的名为"温馨情旅之香港有约"的大型主题活动，安排了深度体验香港人真实生活的行程，把最动感、最经典、最真实、最具特色的香港景点作为背景；精心策划的趣味搞笑的团体游戏和随兴所至的个人才艺表演，将让年轻的单身朋友们互相了解，更自然地产生友情、爱情！

深圳国旅新景界俱乐部将会在逐步的实践中，让"深圳情旅"成为深圳年轻人走出单身世界的有情之旅，让"情旅"的脚印越来越坚实。

品牌对于旅行社产品销售的重要性是毋庸置疑的。旅行社产品具有综合性和无形性特点，这使得科学地评价旅行社产品的质量变得更为复杂。对旅游者来说，他们往往按照以前的消费经验，依照旅行社品牌传送的信息进行评价。一个优良的品牌往往是旅行社在产品创新、宣传推广、专业服务以及与旅游者形成良好关系等方面日积月累的结晶。而准确的品牌定位、明晰的品牌理念又是品牌营销的基础。如上述案例中提到的深圳国旅，推出"新景界"品牌，将该品牌定位为"新时代，人性化的专业旅游"，并进一步推出该品牌之下的子品牌，如"寻源香格里拉"、"深圳情旅，阳朔有约"等产品；厦门旅游集团推出"凤凰花"品牌，将该品牌定位为"全情和尽兴的旅行体验"，均取得良好的社会效益和经济效益。

旅行社产品互相模仿抄袭，是困扰旅游市场的一大顽症。旅行社为了开发一个新产品，往往要为此付出很大代价，一旦被其他旅行社抄袭，辛辛苦苦整合设计出来的旅游产品，到头来却是为他人做嫁衣。因此对旅行社知识产权的保护显得尤为重要。旅行社产品注册尤其是线路注册，因为景区、山水、旅游线路都是共享的资源，不能说"此山是我开"而不准别人过。但旅行社产品经过整合包装，如对线路、景点、宾馆的科学整合以及为丰富旅游产品而设计的特殊活动，再融入本企业的思想，旅游产品就不是线路的简单组合了，而是成了具有自己的鲜明企业思想文化特征的产品。旅行社可以考虑把自家首创的、经过特别策划的具有鲜明主题色彩的、最能代表自家旅游产品特色的企业标识、主题口号或宣传用语进行注册，以寻求得到法律保护。

一、品牌的基本概念

（一）品牌的定义

品牌是一个复合概念。国际上一般认为，品牌是指用以区别不同销售者所销产品或服务的名称、词语、图案、标记或其他特征。品牌包括以下六层含义：

利益——给购买者带来的物质上、精神上的利益；

个性——品牌应传达出差异化的个性；

属性——表达出产品特定的属性；

价值——体现制造商的某些价值观；

文化——品牌附加及象征的文化；

使用者——应体现购买和使用这种产品的那一种消费者。

由此可见，品牌是主体与客体、主体与社会、企业与消费者相互作用的产物。品牌虽然存在于社会环境及消费者心里，但其所有权属企业所有。

（二）和品牌有关的基本概念

1. 品牌名称

品牌名称（brand name）：指的是品牌中可以用语言表达的部分，包括文字与数字，通常是识别产品的唯一标志。对消费者而言，品牌名称是产品的基本组成部分，是品牌质量的一种标志，并成为消费者自我表现的凭借物。品牌名称是旅行社培养顾客忠诚的有效途径之一。

2. 品牌标记

品牌标记（brand mark）：是指品牌中非文字或数字表述的部分，通常是图案或标记。

3. 注册商标

注册商标（trade mark）：是指依法注册的标记，表明注册者对特定品牌或品牌组成部分具有唯一使用权。

4. 品牌内涵

品牌内涵（brand concept）：是指营销者为特定品牌创造并用以与目标市场进行沟通的特定含义，它与上述概念有着密切联系。

5. 品牌化

品牌化（branding）：是指赋予某种产品特定品牌的活动。

6. 品牌资产

品牌资产（brand equity）：主要由品牌名称与图案、品牌名称知名度、品牌产品的质量、顾客对品牌产品的理解、品牌联想、明晰的品牌所有权和品牌忠诚等因素构成。品牌资产是整个品牌价值的积累。

二、旅行社品牌化的作用

在激烈的市场竞争环境下，产品品牌化是提高旅行社竞争力的重要因素。这是因为：

（一）品牌是旅行社核心价值观的体现

旅行社创立品牌的目的，不仅是要将产品销售给目标消费者，满足消费者的需要，为企业获取利润，而且要使购买者通过使用品牌，形成对品牌的好感，赢得品牌信任和品牌忠诚。而这正是品牌所反映出的企业核心价值。

（二）品牌是识别产品的"分辨器"

旅行社品牌产品的打造代表不同的产品特征、不同的文化背景、不同的设计理念、不同的心理目标、不同的产品服务质量。对于旅行社来说，品牌有助于他们区分不同的产品，有助于进行产品介绍和促销，有助于培育回头客和对品牌的忠诚；对于购买者而言，品牌可以帮助他们识别、选择和评价不同旅行社的产品，并通过消费名牌产品等方式获得心理满足和回报。

（三）品牌是质量和信誉的保证

企业设计品牌、创立品牌、培养品牌的目的是希望此品牌能变为名牌。这就必须在产品质量上下功夫，在售后服务上去努力。同时，品牌代表企业形象，树品牌、创名牌就是在树立企业形象，就是在打造、展示和巩固企业文化。品牌的形成过程，也是企业核心竞争力的形成过程。

（四）品牌是企业的"摇钱树"

品牌以质量取胜，富有文化情感内涵，会扩大产品市场占有率，增加产品的附加值，为企业带来高效益。同时，品牌一旦形成，便会形成一种推动力，为新产品开发和市场准入奠定基础。

三、旅行社品牌建设策略

对有形产品而言，产品品牌是最主要的，而对于无形的服务来说，企业品牌是首要的。旅行社需要品牌，但由于旅行社提供的服务具有服务产品的无形性特征，使得服务产品的品牌化变得比较困难。因此，旅行社的品牌建设首先是打造良好的企业品牌，然后再进行产品品牌建设。在品牌建设时应注意把握以下几种策略：

（一）确立适当的品牌名称

品牌名称是品牌的核心。首先是确立一个好听好记、具有独特性和恰当性的旅行社名称，作为旅行社服务品牌的核心。在良好的企业品牌之下，为排斥其他竞争者，也可以为自己的旅游产品确定适当的品牌。一般不能以通用的旅游线路命名，可采用一个概念性的名字，也可以采用特有的文字组合和图案，并通过注册使自己的产品具有排他性使用权，如"浪漫欧洲游"、"巴厘岛阳光之旅"等，但并不排斥其他旅行社经营类似的活动，只是不能使用同一名称。

（二）赋予品牌独特的内涵

确定品牌内涵的基本思路是从企业目标、企业所拥有的资源和企业发展战略出发，通过细分目标市场，提供有特色的产品和服务，形成良好的企业产品形象。品牌内涵的关键是旅行社产品和服务的特色。

（三）设计与品牌名称和内涵一致的品牌标志

用图案或标记作为标志，连同品牌名称一并注册，取得排他性的使用权。在品牌的传播中，所有与品牌有关的传播性要素都应共同塑造一个完整的形象。视觉识别是最直观的可见性手段，如品牌的名称、品牌的标记、识别语、颜色、制服、设备等，品牌在顾客心中的形象越统一，品牌地位就越强。

（四）加强品牌内涵的营销

通过营销活动，将企业精心设计的品牌内涵传递给消费者，唤起消费者对品牌的注意，力争取得消费者的认同，促成消费者的购买行为，并重复消费直至建立品牌忠诚。品牌内涵营销是为了销售产品，但消费者有选择的权利和倾向，营销成功的关键是要达成企业和消费者的共识。企业要将品牌内涵准确地传递给消费者，得到消费者的认可，就必须建立起双向信息沟通渠道，及时了解消费者对企业品牌的认知程度，并据此调整品牌信息和传播渠道，最终使消费者的认知与企业的初衷达成一致。

（五）不断提高服务质量，培育顾客的品牌忠诚

质量是品牌的本质和基础，也是品牌的生命和灵魂。"最佳服务是最佳宣传"，对既有顾客提供优质服务无论是对吸引回头客还是对口碑宣传都具有至关重要的作用。因此，服务是创立品牌的利器，旅行社在强化服务意识时应注意以下问题：

1. 树立"品牌就是服务"的意识

旅行社必须树立全心全意为旅游者服务的意识，旅行社越为消费者着想，离成功就越近。

2. 深入理解"顾客至上"的含义

"顾客至上"，不仅意味着围绕顾客需求不断推出新的高品质的产品，还体现出对顾客的信任和尊重，要处处为顾客着想，认真对待和处理旅游者的批评和挑剔，对旅游者一视同仁。

3. 系统完善的全过程服务

"售前"、"售中"、"售后"都要提供优质的服务。

4. 优化服务措施，加强培训工作

在接待服务方面，要加强对计调、导游、司机等人员的培训，健全培训网络，完善设施，不断优化服务措施。

国内大多数旅行社的品牌建设还处于初级阶段，消费者对旅行社品牌的认知还比较模糊，品牌营销还存在着诸多误区，例如把品牌建设简单地理解为上报纸、拿证书。有的旅行社不去抓内部质量管理，而是热衷于拿奖牌和荣誉，为了获得某种名誉，不计代价地在传播媒体上进行自我宣传，这些"拼牌"行为的实际效果恰恰相反，顾客并不买账。

旅行社的品牌绝不是"拼"出来的，它是依靠优质服务和长期的品牌内涵管理而形成的。品牌建设需要产品的不断创新，需要服务的完善，需要时间的积累，需要文化的沉淀，更需要在发展过程中不断占领并坚守旅游消费者的心智资源。当然，做品牌少不了如火如荼的激情，也少不了一比高低的"拼劲"，但"拼劲"只能是一种战术之需，旅行社管理者需要一种水滴石穿、持之以恒的精神，致力于旅行社的内在质量建设。唯有如此，旅游企业才能成为市场竞争中真正的品牌大赢家。总之，旅行社管理者应走出品牌认知的误区，认清品牌、了解品牌，通过切合实际的品牌运作，不仅能扩大旅行社的市场份额，还能在在激烈的市场竞争中起到高屋建瓴的作用。

思考与练习

1. 简述旅行社产品价格制定的主要影响因素。
2. 旅行社产品的定价策略有哪些？
3. 旅游产品定价的方法有哪些？
4. 举例说明旅行社销售渠道的选择。
5. 简述各种广告形式的优缺点。
6. 简述旅行社品牌建设的策略。

第五章　旅行社的计调管理

本章提要

本章主要介绍了旅行社计调工作的特点与要求，旅行社计调工作的内容与操作程序，明确旅行社旅游服务采购网络及管理的内容。通过学习，使学生能具体操作旅行社计调流程，学会旅游线路的核价和报价。

【导入案例】

75 人团被减，谁的责任更大？

这一天早晨，广州某旅行社组织 113 名游客分为两个团前往海南旅游，其中 75 人团乘坐 7:00 整的某航班，在白云机场二号大厅办理登机手续，38 人团乘坐 7:05 的另一航班，在机场一号大厅办理手续。

当导游正在为 38 人团办理登机手续时发现，该旅行社从某票务中心购买的 38 张机票中，有 22 张曾经涂改过，机票姓名与电脑记录不符，需要重新购票后方能办理登机手续。导游见状，立刻进行了处理，但在补办 22 人机票及手续时却耽误了一些时间，6 点 50 分也就是离 75 人团的航班起飞还剩 10 分钟时，导游及几名游客仍未到达登机口。由于这 75 人来自同一家企业，在主观上有一起行动的愿望，他们认为导游不在，团队到了海南可能没有人安排吃、住、行等，决定都不搭乘这一航班，于是，机场工作人员按照"登机闸口于起飞前 15 分钟关闭"的民航规定，便将这 75 人团删减掉了。导游到来后，发现购买的是团队折扣票，退票和改签都很困难，75 人团的机票只能作废。该团只得另行购买了当天其他航班的机票飞往海南，整个行程受到的影响并不太大，但旅行社的重购机票款和误餐费等费用加起来，损失却不小。

团队从海南回来后，该旅行社将白云机场告上法庭，要求白云机场、某票务中心赔偿经济损失 78600 元，不含票务中心已退赔的 22 张机票款。

一个看似不起眼的小错误，却造成接待质量的下降和旅行社的巨大损失。可见，旅行社计调人员的职业态度和素质是相当重要的。计调人员除了良好的专业素质之外，还必须具备突出的职业意识。计调人员在工作中必须认真负责，做到一丝不苟。计调人员应保证发出或接收的信息（如向其他旅行社报价，接收组团社的接团通知，预订旅游票据等）万无一失。

第一节　旅行社计调业务

一、旅行社计调业务的定义

所谓计调，就是计划、调度、安排的意思。计调业务是整个旅行社业务运作的灵魂，是旅行社内部专门为旅游客人安排接待计划，统计相关信息，承担与接待相关的旅游服务采购和有关业务调度工作的一种职位类别。在从事国际业务的旅行社中，通常计调又称为 OP（Operator），意为"操作者"。

由于旅行社的计调工作涉及面很广，所以旅行社计调业务的概念也就有广义和狭义之分。

广义的旅行社计调业务是指为旅行社业务决策而进行的市场调研、提供信息、编制计划等参谋类工作，以及为实现旅游计划目标而进行的统筹安排、协调联络、组织落实、协议签订、检查监督等业务类工作。

狭义的计调业务是指在旅行社的接待业务工作中为旅游团安排旅游活动所进行的各项具体工作，包括吃、住、行、游、购、娱等事宜的安排，旅游合作伙伴的选择，导游人员的委派，旅游接待计划的制定，以及旅游预算的编制等业务。

在旅行社的经营管理中，计调部与接待部、销售（外联）部共同构成了旅行社具体操作的三大部门，同时与财务部、人事部等后勤部门组成了整个旅行社的运作体系。因此，计调业务既是旅行社业务体系中的关键所在，也是旅行社管理职能中的重要组成部分，起着联系各方的作用。

二、旅行社计调业务的特点

（一）复杂性

旅行社计调业务的复杂性主要体现在以下三个方面：第一，计调工作涉及采购、接待、票务、交通以及安排旅游者食宿等工作，内容复杂；第二，计调工作程序复杂，从接到组团社的报告到旅游团接待工作结束后的财务结算，各项工作各有程序；第三，计调工作涉及的关系复杂，计调人员几乎与所有的旅游接待部门都有业务上的联系，协调处理这些关系贯穿计调工作的全过程。

（二）具体性

计调部门要收集本地区的接待情况并向旅行社其他部门预报，要接受组团社的接待要约并编制接待计划，还要监督检查团队运行情况，这些都涉及非常具体的事务性工作。可以说，计调部门总是忙于解决和处理采购、联络、安排接待计划等具体事宜。

（三）多变性

计调工作的多变性是由旅游团人数和旅行计划的多变性决定的。旅游团人数一旦发生变化，就会影响计调人员的工作，比如，要马上更改客房、用餐、用车的预订等。此外，我国的交通和住宿条件尚不能完全保证满足预订的要求，无形中也给计调工作带来许多不确定的因素。

（四）时效性

旅行社计调人员在获悉旅游者或旅游团的要求后，需要立即进行操作，包括制定线路、安排行程、采购各项服务、安排接待人员、与组团社或接待社联系等工作。计调工作对时效性要求很高，稍有延误就会影响与合作伙伴的关系和旅游团队的正常运行。

旅行社计调业务是与近代旅行社同步产生的，即在旅行社出现后，作为旅行社核心的计调业务也随之产生。它通过设计旅游线路，并采取集中采购的形式购买各单项旅游产品，使得之前的旅游者在旅游活动过程中不得不多次并且分散购买的旅游服务，变成了只需一次性支付即可获得需要的综合服务。这样不仅降低了旅游成本，而且通过全球集中采购业务，将世界各地的旅游者和经营者联系起来，这是旅游活动发展史上的一次重大变革，同时也奠定了计调业务在近代旅行社业务中的核心地位。

三、旅行社计调的角色及作用

计调工作在旅游行业中处于一个特殊的地位，在旅行社的整体运作中发挥着极其重要的作用。在旅游行业中，一直就有"外联买菜、计调做菜、导游带游客品尝大餐"的说法，因此旅游者往往把目光集中到导游与外联身上，却对旅行社的幕后指挥——计调人员关注过少。其实，计调人员就如同影片中的导演、饭店里的厨师一样，作为幕后指挥者，其素质和能力水平的高低，将直接决定着整个旅游行程的接待质量。如果团队运作顺利，说明计调人员的工作尽心尽职；反之则说明计调人员在某些环节上出现失误，不够严谨。

（一）计调是旅游行程中的命脉

许多业外人士甚至部分旅行社经营管理人员都有一种误解，认为在有关旅行社的服务质量投诉中，很大部分是由于接待人员的素质及服务态度造成的，甚至说一个团队接待质量的好坏就取决于导游人员，但根据有关资料分析，旅行社发生的大部分质量问题，却都是由于计调人员在操作程序和安排上出现失误而造成的。因为在旅游行程的安排中，是由计调人员根据客人的特点和要求，具体进行用车的调配、饭店的落实、票务的预订和景点的确认的，然后再交给接待部门，由他们派导游去执行。也就是说，游客是几点到站、在哪儿接站、安排的什么车辆、什么时候用餐、景点及购物等环节的衔接，都是由计调人员安排并下发行程计划书的，而导游人员通常是不能够对其随意地更改和变动。因此，一旦计调人员在某个环节中出现失误，哪怕只是在细微之处安排的不够周密，都会直接影响到团队的接待质量。那么，计调人员在操作过程中容易出现哪些问题呢？

1. 与销售人员或接待人员的沟通不足

由于未与销售人员充分沟通，从而没能充分地了解客人的要求，在操作过程中过多地凭借个人主观臆断来进行操作安排，或者是没有完整、清晰、准确地向接待部门阐明接待细则，尤其在常规线路的操作上面，以为已驾轻就熟而导致麻痹大意，其结果都会导致意想不到的问题发生。

例如，安排导游人员去火车站接团，却未说明是在哪个出站口接，也没有注明全陪或领队的电话，其结果可想而知，但客人哪里会知道这是计调的失误，通常都会把怒火全撒在导游人员身上。

2. 对行程松紧安排不当

把行程安排得时紧时松，以至于游客时而疲于赶路，以便能按时抵达某预订的酒店入住，时而又百无聊赖地在某餐厅待上很长一段时间，以便在该指定餐厅用餐。类似于这样松紧不当的活动安排，很容易使客人产生抵触情绪，并对导游人员产生不信任感。

例如，某个团队如期在早上8点钟抵达目的地，之后由导游人员准时将其接到宾馆并安排了早餐，但由于旅途劳累，游客吃过早饭时已经是上午10点了，而按照此团的行程计划书，紧接着中午12点就要继续进午餐，此时团队客人自然不愿意在那么短的时间内再次进餐，于是要求午餐时间延后，而导游人员由于没有权力擅自更改用餐时间或地点，因而造成游客的强烈不满。实际上，类似这种情况就属于计调人员行程安排的不合理。

3. 对合作单位情况了解不明

不管是组团社还是接待社，对于合作单位的资质、情况、实力、信誉等都应有足够的了解,选择时要权衡慎重,不能够草率,最好签订具有法律效力的合作协议,在平等、互利、诚信的基础上确保彼此间的顺利合作。

4. 对交通工具的监控不力

很多计调人员操作时在交通工具的调用上不够规范和严谨。比如在用车方面,仅在订单上对用车时间、接团地点、座位数等情况进行落实,却忽略了对车容、车貌、车况的了解;再比如,在航空票务方面忽略了对机型、航空公司等具体细节的沟通。

例如,虽然是同样型号的两辆车去接团,但是其中一辆车的话筒是坏的,或者没有车载电视,像这种情况就很容易造成部分客人不满,从而影响到整个团队的接待效果。那么,如果计调在向车队下达派车单时,能够全面考虑到车况及车内设施等相关细节,就不会因为出现类似情况而引起客人的不满或投诉。

5. 对住宿酒店了解不足

在预订酒店方面,仅注重星级的选择,而忽略了对酒店的位置、服务设施、周边环境、新旧程度等情况的进一步了解,或者说过于依赖接待社的安排,而使接待效果出现偏差以致造成游客不满甚至投诉。因而在实际操作过程中为了减少或避免出现类似情况,计调人员可以在了解具体的酒店名称之后,借助网络对该酒店情况进行查询或者直接拨打该酒店电话进行了解,以保证团队接待质量。

综上所述,很多问题的根源的确是在计调操作过程中就已经产生的,到真正问题发生时,导游人员在接团过程中发挥主观能动性的余地已经不大。所以,计调人员是否具有丰富的操作经验和业务知识、灵活的调配能力和应变能力、细心周到的人性化服务理念、超强的责任心和前瞻预见性,都是决定服务质量的关键,也因此可以看出,计调人员的作用在旅行社整体运作中是举足轻重的,堪称旅游行程中的命脉。

(二)计调工作是旅行社降低成本的重要环节

对于计调部而言,质量控制与成本控制都是其核心工作。成本控制是指计调部在与接待旅游团队的饭店、餐馆、旅游车队及地接社等合作单位洽谈接待费用时,能够很好地控制运营成本,做到成本控制与团队运作效果兼顾。比如,对于同一条低价线路的报价,与其他旅行社相比,价格却高出了百元左右,那么,就很可能会因此失去一些潜在的顾客,因为目前人们在出行前往往还是会更偏向于选择一些相对低价位的旅游产品。因此,计调部在保证团队运作效果良好的前提下,能够对各种旅游产品提供准确并具有竞争性的报价就显得极为关键。另外在旅游旺季时,计调人员能够凭借自己的能力争取到十分紧张的客房、餐位等也是尤为重要的。相关更多内容我们会在之后的章节中具体阐述。

四、旅行社计调工作的职能

旅行社作为旅游行业的中介组织,向旅游者所提供的旅游产品中的大部分其实都不是由自己生产的,而是由其他旅游企业提供或者说是向其他旅游服务企业采购的,再加上自己的导游服务后,进行对外销售。因此,目前我国的旅行社中,除导游服务外,其余产品几乎都是从其他旅游供应商那里采购进来的。

(一)选择职能

旅行社通过与许多旅游企业如酒店、餐厅、航空、铁路、车船公司、旅游景区(点)、娱乐场所及各地的接待社等建立采购关系,向游客提供综合旅游服务。虽然在采购旅游产品的过程中，旅行社本身不可能直接参与或者干涉这些单位的经营管理和运作模式，但是却可以发挥其选择职能，在众多采购对象中选择最为理想的合作伙伴进行优化组合，从而构成一个最佳服务系统，以保证旅行社的最优服务质量。

（二）签约职能

旅行社在经营过程中要与许多旅游企业（酒店、餐厅、车船公司和其他旅行社）及相关行业（交通、园林、海关、外事、金融保险等）发生经济往来关系，因此通常需要以签约形式来保持彼此关系的稳定。当然，也正是由于其发挥对外统一签约和批量采购的职能，从而获得旅游供应商所提供的优惠价格。这也是旅行社经营获利的重要途径，所以旅行社采购业务中的签约职能是必不可少的。

（三）联络职能

旅游活动是一个比较复杂的过程，它涉及面很广，并且其间可能会遇到很多意想不到的问题，因此要保障其过程顺利进行，就离不开内部各个部门和其他相关行业的合作与支持，这就需要计调部门做大量的协调工作。首先，需要其组织协调好各旅游服务部门之间的关系，以保障旅游者在旅游过程中对食、住、行、游、购、娱等多方面的要求；其次，还需要协调好与相关行业之间的合作关系，如海关、卫生检疫、公安、外事、侨务、金融保险等，从而能够有力地保障旅游者在旅游活动过程中各个环节的衔接和落实。

此外，由于身处第一线的导游人员往往没有足够的时间和充分的条件来处理旅途中遇到的突发事件，因此，这就需要计调部门安排有24小时不间断的值班联络中心，来及时、准确、无误地进行转达和解决问题。例如，团队在旅途中发生意外情况时，就需要计调人员及时与有关部门及保险公司进行联系并采取相应的措施；又如，在交通工具发生变化或时间有所更改时，能够在最短的时间内与酒店、餐厅、车队等单位取得联系并做出相应地安排，以保证各站之间的及时衔接，从而有效地避免游客投诉事件的发生。由此可见，保持联络的通畅是计调工作的一项基本职能。

（四）统计职能

统计工作是旅行社实现经营目标和提高经济效益的重要保证。其重点是对旅游业务进行逐月、逐季、逐年的定量科学分析，绘制成相关的统计报表，并以此对旅行社经营业务的实际情况进行检查，从而发现问题并及时加以解决；同时，还可以从中了解一定时期内客源的流向及流量，并以此作为旅行社进行经营决策的相关依据。

（五）创收职能

计调部门在对外洽谈业务时，能够根据社会总的旅游供给能力的变化，在协议价的基础上随时进行价格的调整，从而争取最优惠的价格来降低旅行社的经营成本，使企业利润增加。所以，虽然计调部不是旅行社的直接创收部门，却是间接地为企业增加经济效益，因此，这也是其一项重要的职能特点。

五、计调人员的素质要求

在如今旅游趋势正朝着国际化、网络化、服务个性化不断发展的时候，一个管理严格、机制完善的旅行社对其计调人员的素质要求越来越高。因此，计调人员能否跟得上时代的潮流，能否组合出更加完善的旅游产品，便成为旅行社之间竞争的着力点。那么，一个优秀的计调人员究竟需要具备哪些素质呢？

（一）业务熟练

业务熟练是指必须对旅游目的地情况、各合作单位的实力、票务运作等具体情况都做到了如指掌、胸有成竹。

（二）敬业精神和较强的法制观念

计调工作是很枯燥的，它是由细小琐碎的工作环节组成的，如果计调人员没有敬业乐业精神，是无法做好相关工作的。因此，计调人员必须热爱旅游事业、热爱本职工作，积极进取。同时，在工作中自觉地维护国家和集体的利益，严格遵守财务制度及合作单位的各项规定，绝不以工作之便从中牟取私利。

（三）认真细致的工作态度

整个旅游活动是一个环环相扣的过程，计调工作就是负责将这些环节紧密地联系在一起。如果计调人员没有认真负责的工作态度，一旦出现工作失误，就会导致许多环节衔接不上，从而影响到整个团队的接待效果。因此，在工作中，计调人员必须做到认真负责、一丝不苟、细致周到。

（四）精确的预算能力

价格是最直接、最敏感地影响消费者购买行为的因素之一，因此，这就要求计调人员在操作过程中做到团队运作效果与成本控制相兼顾。也就是说，在保证团队有良好运作效果的前提下，尽可能地将旅游产品的成本控制得最好。

（五）不断学习、创新的能力

在不断学习、自我提高的同时，时刻关注相关环境的变化和合作单位的实力消长等情况，以期能够在工作中不断地进行创新，来适应千变万化的旅游市场。

（六）良好的人际关系和较强的交际协调能力

善于沟通和人际协调是做好计调工作的基本条件。这要求计调人员对内要具有良好的团队合作意识，借助团队力量、发挥团队作用，共同做好旅游产品的生产销售工作；对外在与相关单位的协作过程中，具备较高的谈判水平，善于人际沟通并能广交朋友，在工作中态度谦虚谨慎，并能够时刻维护本旅行社的声誉。例如，计调人员在与合作单位进行工作洽谈时，就要做到既保持双方合作愉快、不伤和气，又要尽力为本单位争取到最优惠的协议价格，来确保企业的经济效益，实现共赢。

（七）较强的应变能力

对于团队运作过程中出现的突发情况、紧急事件，计调人员要沉着冷静，快速地做出判断并正确地加以解决，以保证团队服务质量。当然，对于有关重大问题，还要及时地请示汇报，避免擅自盲目地决定。

（八）扎实的知识功底和较强的运用现代信息技术能力

知识面宽，功底扎实，具备较强的语言表达能力和写作能力，能够高质量地完成各种统计报表和分析报告，并且在设计行程时，能够适当地加入一些恰如其分的修饰语言，以吸引游客的眼球，激发他们的参团欲望。计调人员还要熟练掌握现代通讯技术和计算机操作技术，能够熟练地运用各种办公辅助软件来提高工作效率，节约操作成本；同时还能够快速地使用传真机、互联网和卫星定位系统等现代通讯手段进行查询和联络。

第二节　旅行社计调的工作内容与操作程序

【导入案例】

某旅行社接待计划书

国别：韩国	在中国旅游时间：2007/4/15—2007/4/22	Wonder Travel Service（豪华团）		团体全包价	
韩国组团社：釜山东航旅行社	旅游团名称：釜山东航旅行社 代号：FSSH-07041 联系人：李见树 联系电话/传真：××××××	领队姓名：李民亨	团队人数：16人		
		男：8人	女：8人	大人14人	12岁以下小孩2人
国内组团社：上海云秋旅行社	代　号：07-15-22	联系人：王东	联系电话：020-845231888	传真号码：021-64647876	
中国境内各地接待社	上海：上海春秋国际旅行社　联系人：李××联系电话：021-64647876 杭州：杭州文澜国际旅行社　联系人：陈××联系电话：0571-×××××× 桂林：桂林松海国际旅行社　联系人：赵××联系电话：0571-×××××× 北京：北京韩泰国际旅行社　联系人：张××联系电话：010-8888××××				
中国境内行程安排					
旅游线路	上海 → 杭州 → 桂林 → 北京				

城市	抵离时间	入住饭店	用餐	活动内容	备注
上海	第一天 2007/4/15 DH2576 7：35 韩国釜山飞抵上海虹桥机场 第二天13：00乘汽车赴杭州	上海花园饭店	一早三正包餐	上海豫园 东方明珠	
杭州	第二天下午14：40抵达杭州汽车东站 第三天晚上20：51 KH5490 飞桂林	杭州黄龙饭店	一早一正在黄龙饭店；到达杭州第一天晚餐在香天阁安排费用自理的风味餐；到达杭州的第二天中餐在湖滨饭店用中餐	西湖 灵隐寺 六和塔 茶叶博物馆	安排浙江菜风味餐（费用自理）一餐
桂林	第四天游桂林 第五天晚 XZ2379 航班 17：18飞北京	桂林翠圆宾馆	二早四正	游漓江 象鼻山 芦笛岩	机场税自理
北京	第六、七天游北京 第八天上午8：15 GB4507 航班回韩国釜山	北京景丽宾馆	三早四正	长城 颐和园 故宫	

附表：游客信息

序号	客人姓名	国籍	年龄	性别	职业	游客关系	备注
1	李民亨	韩国	45	男	建筑设计师		
2	车武赫	韩国	30	男	园林专家		
3	车安英	韩国	33	女	建筑学院教师		
4	田英丽	韩国	39	女	建筑学院教师		
5	宋恩彩	韩国	22	女	建筑学院教师		
6	李俊基	韩国	41	男	建筑学院教师		
7	张娜拉	韩国	35	女	建筑学院教师	母亲	大床
8	今英	韩国	10	女	学生	女儿	
9	姜虎东	韩国	34	男	工程师		
10	尹恩慧	韩国	62	男	工人		素食者
11	MC.刘	韩国	38	男	工人		
12	李英爱	韩国	27	女	教师		
13	江惠敏	韩国	31	女	教师		
14	云康长	韩国	51	女	教师		素食者
15	占云成	韩国	31	男	教师	父亲	大床
16	占计山	韩国	9	男	学生	儿子	

一、旅行社计调工作的内容

旅行社计调工作的核心内容是制定旅游团队计划和落实旅游产品组成元素的采购任务，是旅行社产品由开发、营销、组团成功到具体计划实施阶段之间的重要衔接环节。计调工作在旅行社中的地位日益重要。计调工作进行得科学、合理、准确，更具人性化并符合旅游者心理要求，就可以为导游人员提供一流的服务创造便利的条件，是最终提高旅游者满意度的重要保证。旅行社计调的具体工作内容如下。

（一）产品设计和行程制定

产品设计和行程制定通常包括市场调查、产品方案的拟订与选择、产品定价、新产品的研制与试销、投放市场、检查完善、搜集反馈信息等环节。有关内容已在第三章第二节"旅游线路设计"和第四章第一节"旅行社产品的定价"中论及，不再赘述。

（二）计调工作的计价和报价

【导入案例】

20人团队的"北京4日3晚游"报价。

分项报价如下：

（1）交通：包车1200元/天，路桥停车费共1800元；

（2）住宿：90元/间夜；

（3）餐饮：3早餐5元/人次，7正餐20元/人次；

（4）6大景点门票小计260元/人；

（5）旅行社责任险4元/人；

（6）导游服务费 10 元/人天；

（7）赠送纪念品 12 元/人。

我们可以先计算出总成本，再加成后为报价。若旅行社将利润率定位为 20%，所报价格应为：

团队总成本=1200×4+1800+90×10×3+20×7×20+5×3×20+260×20+4×20+10×4×20+12×20=18720（元）

成本+利润=18720×（1+20%）=22464（元）

每人价格=22464/20=1123.2（元）

至此，得出这条线路的报价为 1123.2 元。当然，在实际操作中，可以适当加价作为还价、优惠的余地，也可运用定价策略进行调整。

1. 计调部的内部计价

（1）地接社的计价方式：这是指当旅行社作为地接方时，在向组团社进行报价时通常采取的一种计价方法。具体内容包括：①各景点门票费用；②行程中所列明的酒店住宿的费用；③行程中所含的早餐及正餐的费用；④交通（包含所需的大小交通）费用；⑤导游服务费，等等。

此外，有的团队还会要求在行程中另外安排一些特殊的项目，诸如：品尝风味餐、乘坐特种交通工具、参观非常规行程内的景点和观看各种演出等，这就需要在以上报价内容的基础上额外附加相关费用。

（2）组团社的计价方式：作为组团社，一般是根据市场的需求或外联人员的要求，按照具体的行程安排，有针对性地进行核算。此外，为了使外联人员在与其他旅行社竞争时赢得更多的市场份额，计调人员在进行计价时，还要做到及时并且准确。

计价方式一般是在地接社的地接报价基础之上，加上往返其间的大交通费用、本地接送机场或车站的费用、全陪的费用、保险费用和包、帽等其他成本费用，来进行综合的核算；或者按照地接社的计价方式，直接对食、住、行、游等项目进行分项明细核算。

2. 计调部的对外报价

对外报价是指旅行社产品销售人员根据旅游市场的需求，把对旅行社产品确定的价格呈报给旅游中间商。通常采用总报价和分项报价两种形式。地接社计调部门在报价时，应注意核实相关分项产品的最新变动价格，正确预测团队到来时旅游产品可能存在的涨价空间（如黄金周比平时上涨 50%~80%），然后向组团社报价。即在上述计价的基础上，加上其他必须附加的费用，诸如旅行社需上缴的税金和需要保证的利润等，并连同行程安排和接待标准，完整地报知给组团社或外联人员。

计调在对外报价时应注意以下几方面问题：

（1）对旅行社利润应进行合理的计算，一般是在分项产品集合价格（成本价）基础上添加利润，作为线路产品的总价。对海外团队也可采用服务费总价包干的方式报价，以避免繁琐的核算。

（2）报价应及时准确，不宜反复修正报价，尤其对海外团队，一旦确定价格，原则上组团社都不会同意临时修改，如果出现报价与实际接待价的倒挂，地接社就只能自担损失。

（3）报价应具有一定的灵活性，如针对接待难易程度和季节差异给予不同的报价。例如，国内部分景区、购物店、自费项目点会按照游客人数给予地接社和司机、导游一定的佣金或回扣，地接社在报价时同样可以考虑给予长期合作的组团社一些让利，使组团社可以借机降低参团价格，吸引更多的客源。

（4）报价时一定要明码标价，不能搞模糊收费，应清楚地标明旅游团性质、具体行程、接待标准、游览项目等。特别要注意一定向旅游者说明哪些参观游览项目是自费的。

【导入案例】

星星旅行社接待质量计费说明。

1. 接待标准

豪华团：三星级涉外饭店双人间、空调旅游车、十菜一汤、独立成团。

标准团：二星级酒店或同级标准、空调旅游车、八菜一汤、散客拼团。

2. 计费范围

景点间交通费、房费、餐费、行程内空调旅游车车费、行程内所列景点第一门票、专项费、行程内各地优秀导游服务费、旅行社责任险。本旅行社保留因不可抗力因素或当地导游对行程顺利调整的权利，但行程游览的景点不减少。

3. 不含费用

各旅游等级均不含人妖表演费、航空保险费，火车、汽车团不含途中餐费，香格里拉不含骑马费、藏民家访问费，丽江不含玉龙雪山大索道费、丽江云杉坪小索道费。

声明：旅游价格在节假日期间上浮 30%左右。

备注：如在行程中遇旅游地方政策性调价，我社有权对此行程报价做出相应调整，并及时通知到每位游客。

通过该案例，我们对报价说明有了直观的了解，在现实操作中，一定不要忽略报价说明，要明确、清楚地告知旅游者，避免不必要的纠纷，这既是对旅游者合法权益的保护，也是对旅行社的保护。

3. 利润核算

在旅游团队相关工作结束之后，计调部还需根据对内计价成本和对外报价进行利润核算。

对于地接社来说，利润空间通常包括景点给予的门票折扣、酒店给予的房间价格折扣和导游的服务费等方面；而组团社的利润核算方法，则通常是将对外报价和地接成本、相关费用之间的差价，作为单位客人的盈利，然后再将团队游客人数进行累计，之后结出整团的利润。

二、计调部的工作流程

（一）接待计划的内容

计调部的业务基本上都是围绕着相关的旅游接待计划来进行的。一份完整的接待计划通常包括旅游团的基本情况和具体要求、日程安排和游客名单三个主要部分。

1. 旅游团的基本情况和具体要求

（1）团名、团号、组团社名称。

（2）团队人数。

（3）团队类别：考察团、观光团、疗养团、会议团等。

（4）团队服务等级：豪华团、标准团、经济团。

（5）自订和代订项目。

（6）用餐要求，如有素食者或其他用餐特殊要求的需另外注明。
（7）对地陪的要求：如语种、水平、性格等。
（8）如需全陪，其姓名和联络方式等。
（9）组团社负责人姓名及联络方式。
（10）接待各方联系人的姓名及联络方式。

2. 日程安排

（1）游览日期。
（2）出发城市和抵达城市。
（3）各目的地之间所使用的交通工具（飞机、轮船、火车等）及具体的抵离时间。
（4）在各地安排的主要参观游览项目、餐饮及风味品尝、文娱活动和其他特殊要求的内容。
（5）住宿情况（需详细注明住宿的地点，如酒店的名称或是在某种交通工具上）等。

3. 游客名单

游客名单中，需列明旅游者的姓名、性别、国籍、生日、身份证号码或护照号码、分房要求（单人间或双人间）等相关资料。此外，对于有特别要求的重点团队，还应注明客人的身份、游客领队的电话和姓名以及接待安排时需注意的其他具体事项。

（二）计调部工作的常规流程

在对接待计划有了全面、详细地了解之后，计调人员就需要围绕计划进行逐项、分步骤的落实。常规的业务流程通常包括：

1. 接收计划

计调部在接收到外联人员和各组团社递交的旅游计划后，要进行及时地处理，分门别类、编号登记，并按照轻重缓急的顺序及时送报相关领导、财务以及计划中涉及的有关合作部门或机构。具体分类和编号方法可视本公司或部门规定自定。

2. 发送计划

计调部应将分类整理好的计划，提前发送给民航、铁路、车船公司、酒店以及本社订票中心、导游部等相关单位或部门，以便其能够及时了解接待计划，做好充分的接待准备工作。具体提前的时间，视团队和市场情况而定，最好做到及时发送。

3. 确认计划

为了确保接待计划的顺利实施，杜绝各种责任事故的发生，计调部要对所发送的计划进行逐一地书面确认，以使各接待部门明确自己的接待任务并做好相关的落实工作，这是计调部业务流程中至关重要的一个环节。同时，要求其工作人员必须认真负责、耐心谨慎，并坚持书面确认的原则，以做到无一疏漏。具体内容包括：

（1）行：确认行程中各种交通工具的具体标准和相关票务的预订等；
（2）游：确认相关的陪同人员以及景区门票的购买等；
（3）住：确认各酒店星级、位置、名称和用房天数及间数（单间、双人间、陪同床）等；
（4）食：确认各用餐地点、标准和人数，并注明是否有其他特殊用餐要求等；
（5）购：确认购物地点、次数和是否有购物限制要求等；
（6）娱：确认相关娱乐项目的安排等。

4. 更改计划

旅行团在旅游过程中，可能会发生各种变化，这就需要计调人员及时完整地以书面形式通知各相关单位和部门，并将签收、确认后的变更单按时间顺序与原计划存放在一起，以备查阅。其变更的内容主要包括：

（1）人数的增加或减少；

（2）因人数的变更引起的其他相应变更；

（3）交通工具的更改，如航班抵离时间发生变化等；

（4）因交通工具或时间的变更，相应的用餐时间和地点及其他方面的调整等；

（5）其他内容的变更，如突发事件引起的相关变化等。

5. 归档计划

旅行团行程结束后，还需进行结算、统计等后续工作。这就要求计调部门必须将相关的记录作为原始资料归档收存，建立团队业务档案库，通常留存的时间是2~3年。

6. 统计计划

为了更好地发展业务，扩大市场份额，适应市场变化，在日益激烈的市场竞争中立于不败之地，旅行社必须对各项经营活动进行认真全面的统计，并进行科学有效的分析，从而及时调整经营方针与经营策略。因此，影响旅行社经营情况的一切数量关系，均是计调部统计工作的内容，具体包括：

（1）客源统计：对客源情况的统计分析，主要是将本社一年内或各个月份接待的人数、天数，各客源国（地区）的客源数量、客源流向、淡旺季的分布等旅游现象数量方面的资料，通过图表形式形象、清晰地反映出来，以利于决策部门从中发现问题、找出规律，更好地开拓市场。

（2）合作单位情况统计：由于旅行社与民航、铁路、汽车公司、饭店、餐厅、旅游景点、定点商店等方面都建立有长期并且相对稳定的合作关系，因此，这就有必要对各单位的合作情况进行全面地统计分析，以便今后更好地进行彼此间的合作。

三、与旅行社相关部门的沟通

（一）计调部与市场部、接待部的协调

1. 与市场部的协作：主要是计划的往来交送，团队更改通知的及时下达。

2. 与接待部的协作：主要是陪同的甄选与安排。

（二）计调部与财务部的协调

计调部与财务部的协调主要是彼此间及时提供信息，以保障结算准确，使团款及时到账。

（三）计调部与售后服务部门的协调

计调部可利用统计汇总的相关资料和数据，建立客户档案库，与售后服务部门一起，进行售后跟踪服务，并及时了解客源市场的新需求，在巩固原有客户的基础上，不断地推出更加符合潮流的新型旅游产品，不断扩大客源市场。

当然，作为中心环节的计调部门，在进行相关的内部协作时，还要发扬团队精神，营造和谐合作氛围，使旅游业务有条不紊、井然有序地进行。

第三节 计调采购业务

【导入案例】

不够格的"三星"

李小姐利用周末参加了一家旅行社组织的"周末休闲2日游"活动,并与旅行社签订了旅游合同,双方约定住宿标准为三星级酒店。星期六的游览活动结束后,导游员将旅游团安排在一家酒店入住。李小姐进入房间后发现,客房设施陈旧,水龙头里流出的水都是浑浊的,房间似乎很久都没人住了,散发着霉味。李小姐当即找到旅行社导游,认为入住的酒店不是三星级,要求更换。导游员坚持所安排的酒店是三星级,并让李小姐查看了悬挂在大堂墙上的三星级酒店的标牌。但是,李小姐仍然对酒店的星级标识怀疑,并提出投诉。

旅行社在采购服务产品时,一定要在合同中明确规定产品的等级、规格,要求导游不折不扣地执行。上述案例中,旅行社安排的虽然是三星级酒店,但设施陈旧,服务质量已达不到要求。旅行社计调人员在采购时不能贪图便宜,而应该对酒店进行严格考察,选择同星级且质量有保证的酒店进行合作,对于不能为游客提供满意服务的酒店,应及时从采购合作商中予以剔除。

旅行社计调采购业务是指旅行社计调人员为组合旅游产品,以一定的价格向相关产品供应商购买单项旅游服务产品的行为。旅行社购买的单项服务产品构成旅行社产品的组成部分。旅行社通过计调采购业务提供旅游者所需的各种旅游服务,保证团队的正常运行;在旅行社产品成本中,由计调部门采购的相关旅游服务产品成本占据主要地位。因此,加强计调业务管理,对于降低旅行社线路报价、增强企业竞争力具有十分重要的意义。

一、旅游服务采购网络的建立

计调部的核心工作,就是通过与旅游相关行业签订合作协议并进行统筹计划和协调安排,以使旅游产品各个环节的服务供给得到保障。因此,与旅游相关行业建立广泛的协作网络是计调部管理工作的重点,也是旅游服务采购的基础。同时,高质量采购协作网络的建立,还能保证旅行社在旺季时能以最合理的价格购买到所需的产品,在淡季时通过同业合作等方式继续广招客源。

所谓旅游采购协作网络的建立,是指旅行社通过与其他旅游企业、旅游相关行业或部门,就合作内容与合作方式达成共识后签订的合作协议,用以明确双方的权利和义务及违约责任,并依靠法律手段来保障协议的合法性。

根据旅游产品的组合性,旅游采购协作网络的建立一般由以下几个方面所组成。

(一)旅游交通企业

旅游交通是旅游业三大支柱产业之一,包括航空公司、水上客运公司、铁路运输公司及旅游汽车公司等。旅游交通是旅游者顺利进出旅游目的地的必要条件,也是影响其相关旅游活动形式和规模的重要因素。因此,现代旅游者外出最关心的要素之一就是能否安全、方便、舒适、快捷、准时地抵离旅游目的地。

据统计，在对旅行社的投诉中，相当一部分就是因为旅游交通没能按照旅游合同中规定的时间、类型或等级等要素履行相应的标准而发生的。因此，旅行社就必须与这些单位保持密切的协作关系，建立代理网络，经营代售业务，以保障旅游行程的顺利进行，并且在合作过程中，本着互惠互利的原则，以实现双方共赢。

1. 与交通部门合作的步骤

（1）向交通部门申请建立合作关系，并签订正式合同书及确定合同量。

（2）与交通部门和票务部门保持联系，及时更新各种交通工具的运行时间和票价。

（3）将各种票务规定整理打印后分发给各业务部门，并报财务部门备案。比如提前预订的时间要求、订票时应交付的订金的百分比、改或退票的损失比例等。

（4）与财务部门及销售（外联）部门协商，设计和印制一些单据，比如机、车票的报账单及预订单、订金报账单、变更或取消的报账单及通知单等。

（5）根据接待计划实施订票和购票。

（6）明确取票的手续和报账的程序等。

2. 与交通部门合作的注意事项

以下这些要素，在团队接待的实际操作过程中通常都会对其质量和利润产生决定性的影响：

（1）预订时应注意那些因线路、季节不同而时常有所变化的交通票价，以及儿童票价的相关优惠政策。

（2）在预订或确认机票时，应注意准备相关证件。

（3）预订火车票时，应注意硬、软卧的差价及上、中、下铺的差价等。

（4）在预订汽车时，应注意其车况、车内设施和车价（净车价或全含价）等。

（二）旅游饭店

选择不同星级标准和地理位置的饭店，用来满足不同旅游者的多样化需求，也是旅游产品组合中至关重要的环节。因此，旅行社必须在准确地了解旅游饭店的具体位置、周边环境、硬件设施、服务质量、价格定位等情况后，选择合作伙伴，并与之建立长久、稳定、融洽、互利的协作关系网络。

旅行社计调部门订房的目的有二：一是满足客人的要求，向客人提供合同中约定的饭店房间，从而保证接待工作的质量，使旅游团队顺利进行旅游活动；二是利用合作关系、结合市场状况、考虑季节因素，最大限度地降低采购成本，为旅行社争取最大经济效益。

1. 与旅游饭店部门合作的步骤

（1）认真研究组团社发来的传真或客人的要求，弄清楚旅游者要求的住宿标准。

（2）根据旅游者的住宿要求，在已签订协议的合作饭店中选择符合要求的旅游饭店。

（3）电话联系该饭店营销部，传真发送订房通知单。在订房通知单上准确填写订房要求，尤其是对团号、入住时间、入住标准、入住人数、房价（是否含早餐）、有无特殊要求等项目必须正确、清楚、完整地填写。订房通知单示例如表 5-1 所示。

表 5-1　XX 旅行社订房通知单

收件单位	×××大酒店	发件单位	××旅行社
收件人	王×经理	发件人	陈××
传真号	0371-6362××××	传真号	0371-6776××××
团号	JQD20100730A		
入住时间	2010年7月30日	入住人数	22+3
入住标准	双人标间	价格	×××元/间（含早餐）
中晚餐标准	无	特殊要求	无
备注：	该团22+3已确认入住，敬候光临！ 王× ×××大酒店营销部（印章） 2010-7-20　　11:00		
请确认！谢谢合作！		负责人签字	张××
		发件日期	2010-7-20　10:00

（4）注意查收饭店的回传。饭店收到旅行社的订房传真后，一般会较快地作出回复，并在旅行社发出的传真上签注相应意见，再回传给旅行社，如表 5-1 所示。

（5）登记存档。收到饭店的确认传真后，计调人员应立即登记，并按照发团日期顺序排列存档。若同一天有几个团队确认传真，可按收到回传的时间先后排列存档。

2. 订房业务中常见的问题及应对措施

（1）饭店无房，无法确认预订。此类问题一般多在旺季出现。每当此时，计调人员应该立即与其他的协议饭店联系订房；实在无法解决，就要请示经理，提高预订价格。经过这些努力后，基本上就能预订到所需的客房。为了防止类似现象的发生，计调人员在淡季时应前往旅游目的地实地考察饭店，应注意与多家饭店签订订房协议，选定的客房类型及价格也应该多样化，同时还应努力与饭店营销部的人员建立起良好的人际关系。

（2）无法拿到理想房价。由于预定时间离入住时间太近或预订的房间很少，计调人员订房时无法拿到理想的房价。遇到这种问题，计调人员应该与平时有业务往来的或有良好人际关系的实力较强的旅行社联系，委托其计调人员帮助联系订房，并以其旅行社的名义入住。实力较强的旅行社同意这样操作的理由在于：若本年度采购量增大，来年与饭店签订合同时讨价还价的能力将大大加强。

（3）因故临时增加或减少甚至取消订房。计调人员在工作中常遇到此类问题，此类问题处理起来有一定的难度。对此类业务，计调人员要尽早办理，越早越主动。增加订房时力争原价增订，如果难度较大，也可以同意饭店涨价，但要将涨价的情况告诉组团社或客人，由对方承担涨价部分的费用。对于减少或取消订房，一般旅行社与饭店在签订协议时有明文规定，计调人员在处理时既要考虑按协议办，又要应对灵活，把损失减少到最低程度。

（三）餐饮服务企业

均衡的营养搭配，色、香、味、形的感官享受，清洁、优雅的就餐环境，专业到位的用餐服务，都会给旅游者尤其是海外旅游者留下深刻的记忆和难忘的体验。因为对一个现代旅游者来说，品尝独具风味的异地美食不再仅仅是旅途需要，而且还很有可能成为其旅游的主要目的。因此,计调人员在选择餐饮网点时,首先要考虑到地理位置的多样性,以便根据行程的要求就近安排用餐,同时还要考虑到不同客人的饮食习惯和饮食口味。此外,由于餐饮采购是旅游服务中选择余地最大、受人为因素影响最大的一项内容,所以,此环节还将直接影响旅游者对所购买旅游产品的最终评价。因此,计调部门在安排具体行程时,应相对灵活地多选择几家餐厅作为游客的用餐基地,并经常征询旅游者和导游人员的意见并进行实地检验,以建立健全旅游餐饮网点。

1. 与餐饮服务企业合作的步骤

(1) 先实地察看旅游定点餐厅的位置、环境、卫生设施、停车场地、团餐及风味餐的餐单等,然后根据国家旅游行政管理部门规定的用餐收费标准,与其洽谈相关事宜并签订协议书。

(2) 与财务部门协商印制专用单据。

(3) 将相关内容整理列表、打印后分发给各业务部门,并报财务部备案。比如签约餐饮单位的名称、电话、联系人姓名、风味特色、不同等级团餐和风味餐的价格等。

(4) 根据接待计划或订餐单,将具体事宜下达给接待部门及导游人员,以便其做好接待准备工作。

(5) 根据费用结算单(参见表 5-2),在与财务部门共同复核后定期结账付款。

表 5-2 餐饮费用结算单

付款单位				用途		日期	
旅行团名称				人数		陪同签名	
项目	餐费标准			酒水标准			
	客人	全陪	地陪	司机	可乐	汽水	啤酒	矿泉水
数量								
金额								
合计金额(大写)								
备注	须本单位陪同签名,数量必须大写,涂改无效,无公章无效。							

2. 与餐饮部门合作的注意事项

(1) 选择餐厅时应注意其地理位置的合理性,尽可能避免因用餐影响行程安排等类似情况的发生。

(2) 订餐时及时将团队客人的特殊用餐要求转告餐厅,以免出现不愉快的场面。

(3) 提醒餐厅在费用结算单上必须有导游人员的签字并加盖旅行社的公章,否则视为无效单据。

(四) 旅游景区

旅游景区是旅游产品的中心组成部分,也是旅游行程中的重要内容,还是开发新型旅游产品的关键,更是一个国家或地区旅游业赖以生存和发展的最基本条件。因此,为了满足不同层次旅游者的多样化旅游需求,旅行社就要与各旅游目的地的旅游景区管理部门保持良好的协作关系。

1. 与旅游景区合作的步骤

(1) 针对相关内容进行洽谈并签订协议书,如景区门票的协议价(包括车辆的进园费用)、景区内外是否有停车场以及收费情况、结算的方式和时间等。

(2) 与景区协商后印制专用结算单(参见表5-3)。

表5-3 游览结算单

游览参观券存根	中国×旅行社游览参观结算单
团名(团号):	旅游团名称(团号):
人数:	旅游团人数:(大写)
地点:	收款单位:
陪同:	陪同签名:
日期: 年 月 日	日期: 年 月 日

(3) 将与景区相关的具体事宜整理列表、打印后分发给各业务部门,并报财务部门备案。如签约景区的名称、电话、联系人姓名、团队参观游览的路线等。

2. 与旅游景区合作的注意事项

(1) 旅游景区的结算单据上必须加盖旅行社的公章和导游人员的签字,否则视为无效凭证。

(2) 旅行社还应与景区中的游船、缆车等附属部门建立合作关系并签订协议,以方便旅游团队的游览活动和导游服务工作的顺利开展。

(五)旅游定点商店

每到一个旅游目的地,旅游者总希望能够带回些有当地特色的纪念品,或馈赠亲友,或留作收藏以示纪念,因为大多数旅游商品都是当地旅游资源、旅游特色的外在表现形式,而且恰当合理的购物活动还能为国家创收。因此,为了使购物活动成为旅游活动中丰富多彩、不可缺少的一部分,也为了使旅游者在节省旅游时间的同时避免遭受到不良商贩和黑店的蒙骗,旅行社必须选择信誉度高、服务质量好的购物商店,并与之建立相对稳定的合作关系。具体合作的步骤为:

1. 根据国家及地方旅游行政管理机构的有关规定,与旅游定点商店签订相关协议。
2. 将所签约的商店名称和相关规定整理列表、打印后分发给各业务部门。
3. 与财务部和相关业务部门协商,设计、印制结算单据,并明确其使用方法。
4. 在兼顾国家、集体、个人三方利益的基础上,由财务部根据所签协议中的规定及旅行社的内部分配政策和奖励措施,对相关工作人员进行奖励。

(六)娱乐行业

现代旅游者日益增长的旅游需求之一,就是在旅游活动中开阔视野、增长见识,了解旅游目的地的文化内涵、风土民情,享受艺术视觉美。因此,在行程中适当地增加一些娱乐活动,比如民族歌舞、地方戏剧、中国功夫表演等,这样不仅可以缓解旅途疲劳,而且还可以充实、丰富旅游行程,给旅游产品增姿添色,同时也起到了民间文化交流的作用。具体合作的步骤如下:

1. 与娱乐单位进行相关事宜的洽谈并签订协议书,如预订门票的方式、优惠价格、演出形式等。

2. 将有关规定整理列表、打印后分发给各业务部门，并报财务备案。如签约单位的名称、地址、电话、联系人姓名，以及节目的种类和演出时间、门票价格，等等。

3. 与签约单位保持联系，及时了解最新节目信息，并报知各业务部门。

4. 与有关部门协商后，设计、印制相关单据，并明确其使用方法，如预订单、变更或取消单等。

5. 根据接待计划或订票单，实施订票并把订票情况及时准确地传达给接待部门和相关人员。

6. 与财务部门按协议内容共同复核后进行结账工作。

（七）保险公司

旅游保险是旅游活动得到社会保障所不可忽视的重要手段和方法。它是当旅游者在旅游过程中遇到各种意外事故而导致经济遭受损失和人身受到伤害时，由相关部门给予其经济方面的一种补偿。按照国家旅游局的规定，旅行社必须为旅游者投保"旅行社责任险"，并建议其另外购买"人身意外伤害险"，这不仅有利于旅行社减少因突发事件造成的意外损失，而且还可以更好地保护旅游者和旅行社的合法权益。因此，旅行社就非常有必要与实力强大、信誉度好的保险公司建立合作网。具体的合作步骤为：

1. 根据相关法律条文的规定和保险公司的要求，与其就游客的旅游保险等事宜签订协议。

2. 将协议中有关内容进行整理、打印后分发给各业务部门。

3. 将每一名投保游客的资料送发给保险公司，并要求其及时书面回复确认，之后与相关的承保书一起作为投保的依据。

4. 当旅游途中发生意外事故时，要以最快的速度通知保险公司，并及时向身处第一线的导游人员了解真实情况，在必要时可进行现场考察，同时在保险协议规定的期限内向保险公司呈报书面材料。

5. 进行索赔时，真实地向保险公司提供相关方面的证明等。

（八）地接社

在接团过程中，旅行社要经常和各旅游目的地的旅行社进行业务往来，这就需要建立起广泛的地接合作网络，以保障不同旅游团的各种需求。作为组团方，对其合作伙伴的甄选要有严格的标准，并全面、综合地对其资质进行不定期的考查和定期的考核。同时，双方本着互惠互利的原则，加强沟通协作，当遇到困难和问题时，能够相互体谅，协商解决，以共同招徕更多的旅游者。

（九）导游公司

导游人员身处接待第一线，其服务质量的好坏与旅行社的经济效益，乃至旅游目的地国家或地区的旅游形象、社会形象都密切相关。导游职业本身的客观性质决定了它具有自由职业者的性质，现在很多导游基本上处于半自由职业化的状态，导游协会和导游公司成为导游管理部门。旅行社外聘导游，应通过正规的导游公司，这样便于加强对导游人员的管理。合理处理旅行社与导游公司之间的利益关系是合作的基础。

二、服务采购的管理

为保障旅游产品各要素的落实，确保旅游接待服务工作的顺利进行，实现降低生产成本、增加经济效益、提高服务质量的目的,并为旅行社今后的产品开发打下基础,必须重视对旅游服务采购的管理。

(一)建立广泛的采购协作网络

为了使旅行社产品的供应能够得到保障,旅行社必须和相关的旅游服务供应企业建立广泛、相对稳定的协作网络。特别是在供不应求的情况下,能够使旅行社有更多地机会购买到紧缺的服务产品。在出现供过于求的情况时,通过协作网络,旅行社还可以获得更加优惠的交易条件。要建立和维持广泛的协作网络:一要善于运用经济规律,与协作企业建立起互利的协作关系;二要善于开展公关工作,促使企业领导之间及有关购销人员之间建立起良好的人际关系。

(二)加强采购合同的管理

合同,也叫契约,是当事人双方(或多方)为了实现某一合作目的,依法订立的有关权利和义务的协议,并且对当事人双方都具有法律的约束力。旅游采购合同,则是旅行社为购买各种旅游服务项目而与旅游企业或相关部门订立的各种购买契约。由于旅游采购不是一手交钱、一手交货的简单交易,而是一种预约性的批发交易,是一次谈判、多次成交的业务形式,并且在谈判与成交之间既可能存在时间间隔,又可能存在数量差距,因此,针对旅游采购的这种特点,旅行社与协作部门签订经济合同就显得十分必要。同时,签订合同,也是当事人为了避免和正确处理可能发生的纠纷而采取的一种行为,其目的就在于确保各自经济利益的实现,使双方免受或减少不必要的损失。

采购合同的基本内容有合同标的、数量与质量、价格与付款方式、合同期限、违约责任、采购合同的存档等六个方面。

(三)正确处理保证供应和降低成本的关系

保证供应与降低成本,是旅行社采购工作中两个同等重要的任务,都是为了使旅行社获得最大经济效益。

在保证供应方面,由于旅行社能否满足游客在旅游过程中的各方面需求并兑现关于产品的承诺,很大程度上取决于其能否采购到相关的旅游产品。例如,没能使旅游者乘坐计划中的交通工具、住上计划中的酒店、欣赏到旅游协议中的景点等,这些都会引起旅游者的不满甚至投诉,从而影响到旅行社的声誉和客源。再如,在旅游旺季时,由于采购业务量大,所需产品常常处于供不应求的紧张状况,假如旅行社的采购工作不得力,预订不到相关产品,就会失去很多客户,或使已经成行的团队退订,造成更加严重的经济损失。总之,旅行社的采购工作就是保证提供给旅游者所需要的各种旅游服务,这是旅行社业务经营中一个非常重要的环节。此外,由于我国旅游业发展历史较短,基础较为薄弱,因而在客流量短期内大幅度上升的情况下,常常会出现旅游产品供不应求的紧张情况。因此,确保按质按量地提供各种旅游服务的前提就是必须重视采购工作这个环节。

在降低成本方面,由于在旅行社的产品成本中,直接成本占绝大部分,因此,旅行社降低成本的主要着眼点,应放在决定直接成本高低的关键性因素——采购价格上。目前,我国旅行社业的价格竞争日益激烈,以致企业利润呈不断下降的趋势,在此情况下,如果某家旅行社的采购价格比别的旅行社低,就可能以此争取到更多的客源;反之,则会失去许多客户。由此可见,降低采购价格对增加旅行社的营业额和营业利润具有越来越重要的意义。同时,旅行社所出售的产品特别是系列产品,由于其从报价到成交有一个时间差,少则数日,多则

1 年以上，因此，如果在此期间某些旅游服务价格大幅度上涨，就可能导致消费者不满和客源的流失，而假若自行消化上涨的价格，又会降低利润甚至出现亏本。所以，如何尽可能地保持产品成本的稳定，同样是采购工作的一项重要任务。

然而在现实中，两者又常常是矛盾的。因此，旅行社要根据不同的情况来灵活地对待和处理两者之间的关系，或者说，就是在不同时期用不同的策略来协调这对矛盾。即在供应紧张时，侧重供应，调动所有的关系全力以赴保证供应；在供应充足时，侧重降低成本，尽可能多地扩大利润空间。也就是说，当某种旅游服务出现供不应求时，谁能按质按量地获得各种预订，谁就能在市场上具有更强的竞争力，并以此获得更多的利润。这不仅能显示自己的运营实力，还能赢得潜在的客源市场，所以，在供应紧张时，旅行社的采购工作应该以保证供应作为主要的采购策略；反之，当某种服务供过于求时，保证供应已不成问题，旅行社就应致力于通过获取更优惠的价格，来降低成本，以增强自己的竞争力和获得更多的利润，换句话说，在供应充足时，应该以降低采购成本作为主要的采购策略。

（四）正确处理集中采购与分散采购的关系

按照商业惯例，批发价格是低于零售价格的，并且批发量越大，其价格也就越低。因此，旅行社作为中间商，应把旅游者的需求集中起来向旅游服务供应企业集中采购。它通常包括两个方面：一是把本旅行社各部门所接到的订单集中起来，统一地进行对外采购；二是把集中起来的订单按照相关内容，尽可能地集中在少数几家供应商那里进行采购，以通过最大的购买量来获取最优惠的价格。

然而，在供过于求的情况下，分散采购也可能更易于以较低价格获得旅游者所需的服务。究其原因，是因为集中采购数量虽然很大，但其中远期预订较多，并具有相当的不确定性，因而在较长的预订期内，由于种种原因，其实际采购量很有可能有所减少，也就是说，计划量中存在一定的退订率。因此，当卖方对买方计划的可靠性缺乏足够信心时，就不一定会将价格定得较低，而分散采购由于多是近期预订，在预订时通常已有确定的客源，因而，采购的可靠性要远高于远期预订。所以，卖方迫于供过于求的压力，通常也愿意以低价格出售其产品。

另外，对于中小型旅行社，则可以在自愿的基础上结成采购联盟，其目的就是将原先较为分散的购买力集中起来，以体现出集中采购的优势。

（五）正确处理预订和退订、预订和增订之间的关系

旅行社的采购是一种契约性的交易方式，并且旅游产品的特点决定了它与其他产品不同，即旅游者只有在购买了该种旅游产品，并到旅游目的地进行实地消费后，才能实现其价值与使用价值之间的转换。

因此，旅行社通常会在年底，根据其计划采购量，即参照往年的实际客流量和对来年的市场预测，与相关企业洽谈第二年的业务合作事宜。但一般情况下，计划数额与实际需求之间总会存在一定的差距，这就要求旅行社具有良好的预测和应变能力，并能处理好预订和退订、预订和增订之间的关系。即在实际运作过程中，如果计划预订量大于实际需求量，就需要临时退订，产生退订费用；反之，计划预订量小于实际需求量时，就需要临时增订，产生增订费用。当然，由于买卖双方立场不同，对退订和增订的期限、数额和相应的费用，也有着截然相反的期望。通常买方旅行社希望退订的限期越晚越好，增订的限额越高越好，退订的费用越少越好，而卖方则正好相反，但通常退订期限越晚，退订费用就越高，最高可达到

销售价格的 100%。

因而在正常的情况下，旅行社要对自己往年的客流量进行精确的统计，并对来年市场的状况进行准确地预测。同时，在与相关行业签约时，还应充分考虑到各种特殊情况发生的可能性，以便拟定临时退订和临时增订的相关条款，尤其是对非常事件和不可抗力等原因造成退订的规定，更要详尽明确，以合理地维护自己的权益，避免双方发生不必要的纠纷。因此，如果买卖双方都能以互惠互利、相互理解、相互支持为原则，着眼于长久合作，是能够达成共识并共同解决好预订和退订、预订和增订之间的矛盾关系的。

当然，买卖双方协商的结果不可避免地要受到市场供求状况的影响，通常供过于求的市场状况有利于旅行社获得更为优惠的交易条件。除此之外，双方协商的结果还取决于旅行社的采购信誉，如果在过去的几年当中，其采购量一直处于稳步增长的状态，并且其计划采购量与实际采购量之间的差距较小，那么卖方也愿意提供较为优惠的条件。当计划变更后，相关采购工作的调整通常应遵循三条原则：

1. 变更最小的原则。将因计划变更所涉及的范围控制在最小限度，尽可能对原计划不作大的调整，也尽量不引起其他因素的相应变化。

2. 宾客至上的原则。旅游计划是旅游活动的依据，旅行社一旦同旅游者达成约定后，尽量不随便更改，尤其是在旅游活动过程中。对于不可抗拒因素引起的行程变更，应在尽力保护游客利益的基础上做好相关的后续工作。

1. 同级变通原则。变更后的服务内容应与最初的安排在级别上力求一致。

思考与练习

1. 简述计调工作的重要性。
2. 计调工作具有哪些职能特点？
3. 简述计调工作的常规业务流程。
4. 什么是旅行社旅游服务采购？

第六章 旅行社接待管理

本章提要

本章主要介绍了旅行社接待业务的内涵和特点，团队接待的原则和散客的接待类型，以及大型和特种团队的接待规范。通过学习，使学生能够按照基本流程，熟练操作旅行社团队接待业务，能够制定较规范的大型团队接待方案。

旅行社的接待业务是指旅行社为已经购买了旅行社产品的旅游者，提供一系列实地旅游服务的一项综合性工作。旅行社的竞争力不仅来自产品开发、设计，更来自接待服务。因为旅行社提供接待服务的过程与旅游者消费旅游产品是同步进行的，所以旅行社的接待服务对旅游者评价旅游产品及旅行社的服务质量起到了决定性作用。接待工作质量优劣影响旅行社的声誉，进而影响旅行社的客源市场，最终决定着旅行社的生存和发展。按照旅游产品的组合类型可以将旅行社接待业务分为团体旅游业务、大型及特种旅游业务、散客旅游业务及会展旅游业务等若干种。

【导入案例】

郑州×××旅行社 1003-ZLT-0011 团接待计划

团体质量分级：A级□ B级 □ C级 □

旅游时间：2010年01月01日至2010年01月09日

人数：38+1

用房：15间双人房+4间大床房+1陪同床

组团社团号：1003-ZLT-0011

接待计划一览表

日期	旅游行程	交通	购物点	用餐			住宿
				早餐	午餐	晚餐	
1/1	郑州—大连	飞机					大连
2/1	大连—旅顺—大连—烟台 旅顺军港—东鸡冠山景区—蛇博物馆—西炮台—旅顺双塔—东北参茸批发行—星海公园—圣亚海洋极地世界—星海湾广场—俄罗斯风情一条街	轮船	1个	√	√		船上
3/1	烟台—蓬莱—威海 蓬莱八仙过海风景区—文化广场—烟台新区市容	大巴	1-2个	√	√	√	威海
4/1	威海—青岛 车游威海市政府—滨海公园—定远舰景区—远眺刘公岛—海产超市—韩国精品服装城	大巴	1个	√	√	√	
5/1	青岛 崂山—流清河—青蛙石—八水河—龙潭瀑—瑶池—潘涛峰—棋盘石—华严寺	大巴	1个	√	√	√	

续表

日期	旅游行程	交通	购物点	用餐 早餐	用餐 午餐	用餐 晚餐	住宿
6/1	青岛—泰安 栈桥—小青岛—五四广场—音乐广场—车游八大关—汇泉湾广场	火车		√		√	
7/1	泰安—曲阜 孔庙—孔府—孔林—土特产商店—木鱼石展厅	大巴		√	√		
8/1	曲阜—泰安 游泰山（摩崖石刻、南天门、天街、玉皇顶）	大巴	1个	√	√		
9/1	济南—郑州 泉城广场—趵突泉—大明湖，乘飞机返郑州	飞机		√	√		
入门参观	蓬莱八仙过海风景区、定远舰景区、崂山、孔庙、孔府、孔林、泰山、趵突泉、大明湖						
报价							

该团队是郑州×××旅行社的自联团。该团队旅游行程区域跨度大，时间较长，涉及旅游交通环节多。此团队是组团社的重点客户，并且组团社对游览景点、住宿床位、餐饮等方面有特殊要求。另外由于团队对各地的交通、游览、住宿、购物等安排的计划性强，因此在操作接待业务时需要格外的仔细和认真，对每项任务的预订和落实都要做到保质保量、万无一失。具体接待流程如下：

旅行社计调人员接到旅行社团队接待计划书或境外中间商交给的接待任务后，就要开始着手编制接待计划的工作。

负责交通票务的人员要开始着手预订郑州至大连的机票。

由于该团队旅游行程涉及辽东半岛和山东半岛，因此考虑在这两地各找一家地接社负责各区域内的旅游行程。大连旅行社需安排：大连和旅顺游览活动、两地的用车，大连住宿、餐饮及大连至烟台的轮船。该团队对住宿有特殊要求，要4间大床房，计调人员与地接社接洽接待计划时要将客人的特殊要求明确提出。该团队在辽东半岛活动结束后还有山东半岛的行程，因而组团社计调人员要督促大连地接社确保如期落实大连至烟台的轮船。由于山东半岛的第一站是烟台，因而考虑在烟台选地接社负责整个山东半岛和泰安、曲阜的旅游行程。烟台地接社负责安排整个山东段游览活动及全段用车，包括青岛至山东的火车、济南至郑州的39张飞机票、威海及青岛的住宿；在泰安的住宿无需地接社预订，但是地接社必须予以确认，以保证该团队在该地住宿的落实。

随后组团社计调部向接待部发送该团队的接待任务书，由计调部或接待部选派合适的全陪导游。导游员在出团前要做好自身的各项准备工作，导游员接到任务书后首先要仔细阅读和研究接待任务书的内容，熟悉团队旅游计划，掌握接待内容、标准及特殊要求，严格按照任务书的内容进行操作。全陪导游员要与票务人员确认此次出行的大交通，郑州至大连的飞机票。核实大连和烟台地接社的负责人和地接导游员。确认在旅游目的地的游览活动安排、住宿标准、用餐标准、各环节交通的安排及游客的特殊要求等，同时确认游客的名单及身份证号码，核对机票信息。

组团社接待部安排召集所有游客召开行前说明会，介绍旅游团前往的旅游目的地相关情况、此次旅游的行程安排、各项服务的内容及标准，出行前需要准备的事项，旅游过程中需要注意的各类问题等。

团队临出发前，该团队如发生参团人员、旅游行程等方面的调整，组团社计调人员须在第一时间通知票务重新落实调整后的郑州至大连的机票，通知大连、烟台地接社调整接待计划，并催促地接社确认调整内容的落实。全陪导游员要再次与计调部核实团队接待计划的调整情况，不能发生任何细节的疏漏。

在团队出发当天，全陪导游员应严格按照旅游计划，提前到达旅游团集中地点，提前向机场询问所乘坐班机有无时间变化。

第一节　团体旅游接待服务的管理

一、团体旅游和团体旅游接待的含义

团体旅游是指由 10 人以上组成、采用包价形式、有组织地按预定的行程计划进行旅游活动的群体游客旅游。团体旅游接待则是旅行社对游客群体提供旅游服务的过程。这个过程既是游客对其购买的旅行社产品的实际消费过程，也是旅行社产品的价值最终实现过程。团体旅游接待分为入境团体旅游接待、出境团体旅游接待和国内团体旅游接待三种类型。

二、团体旅游接待业务的共同特点

无论是入境团体旅游、出境团体旅游还是国内团体旅游，在接待业务上都有如下共同之处：

1. 计划性强

团体旅游接待业务是旅行社事先与旅游中间商或组团社签订协议，按照预订的计划来安排旅游者的活动日程和食、住、行、游、购、娱，因此对团体旅游者的接待必须严肃、认真、全面地按照接待计划行事，除了人力不可抗拒的原因外，旅行社不得擅自修改旅游团的旅行路线、旅行时间、服务等级等；否则便是违约，不仅会对旅游团的整个旅游活动造成严重影响，引起旅游者的不满和投诉，而且会给旅行社带来经济损失。如果确有特殊原因需对接待计划进行修改，如更换旅游景点，须征得多数旅游者的同意，并签书面意见。

2. 衔接要求高

旅游团的旅游活动由于时间相对较长，一般游览几个城市，涉及旅游者食、住、行、游、住、食、购、娱多个方面，因而要求接待工作必须环环相扣，紧密衔接。如果有一个环节脱节，必将影响下一环节的顺利进行，甚至影响整个旅游团的旅游行程，尤其是在旅游活动即将结束时，若有一个环节脱节，有可能危及旅游者按计划离开旅游目的地，从而将对旅行社的声誉和经济利益造成重大损害。所以，做好旅游团各项活动之间的衔接是旅行社做好接待工作的重要方面。

3. 协调工作多

团体旅游接待是一项综合性很强的业务，需要旅行社做好各种协调工作。它不仅贯穿于旅游团接待之前、接待过程中和接待结束之后，而且涉及多个方面。

首先，为了接待好旅游团游客，旅行社要同交通部门、住宿部门、餐饮部门、游览景区

景点、娱乐部门和购物部门做好沟通和协调工作，以适时地、保质保量地提供旅游团游客所需要的服务。其次，在为旅游团游客服务的既有客源地组团社委派的旅游团领队，也有代表目的地组团社的全程导游人员和代表当地接待社的地方导游人员，他们分别代表不同旅行社的利益，在共同为旅游团游客服务的过程中难免有意见相左或不协调之处，从而也要求进行相互之间的友好协商。最后，旅游团的游客来自四面八方，具有不同的社会背景、生活习俗、宗教信仰、文化程度和价值观念，从而对某些问题的态度和看法不甚相同，甚至产生分歧和摩擦。为了使全团旅游活动的步调一致，旅行社的接待人员也要协助领队做好团员之间的协调工作。

三、团体旅游接待的个性特点

（一）入境团体旅游接待的特点

1. 停留时间较长

从多年我国接待境外旅游团队安排的日程来看，入境旅游团队在我国旅游目的地停留的时间一般比较长，少则一周，多则十几天，甚至一个月。

2. 外籍人员多

入境旅游团队多以外国旅游者为主体，另外还包括我国香港、澳门和台湾地区的旅游者，他们的文化传统、生活习惯、审美观、语言、宗教信仰与我国旅游目的地的居民有较大差异。即使由华侨或外籍华人组成的旅游团队，也由于多数旅游者长期居住在国外，其生活习惯、语言、价值观也已发生了重大变化，因而要求陪同人员具有较高的综合素质，较强的外语会话能力。

3. 预订期长

入境团体旅游从境外旅游中间商通知目的地旅行社旅游团出发日期起到旅游团实际抵达目的地，往往需要一段较长的时间，因为旅游客源国旅行社（组团社）和旅游目的地旅行社（接待社）要就旅游团的活动日程、人员数量和构成、旅游者的特殊要求等进行多次磋商与调整。另外两地旅行社为旅游者办理出入境手续、预订交通票、集合旅游者、落实各项旅游服务等都需要一定的时间。这样，相对于国内团体旅游，入境旅游预订期要长。

4. 活动日程变化多

由于旅游团是由各方面的人员组成，他们的兴趣爱好、身体状况、性格特征各异，加上境外人员的个性自由，因而常常引起活动日程发生变化，如出发时间的变化、乘坐交通工具的变化、游览景点和娱乐活动的变化等。因此，要做好旅游接待工作，使旅游活动顺利进行，便需要在不影响总体接待计划实施的情况下适时做出必要的调整。

（二）出境团体旅游接待的特点

1. 活动日程稳定

出境（含边境）旅游的活动日程都是事先经过国内组团社和目的地国家（地区）接待社经多次协商、周密安排的，具体的接待标准和内容都是先做了安排并签订了协议，一般不会发生变化，比较稳定。

2. 消费水平高

我国出境旅游团在境外旅游期间一般都要求乘飞机、坐豪华车、下榻较高档次的饭店，尤其是购物欲望十分强烈，往往采购的商品价值高、数量大，其消费水平甚至超过了入境旅游者。

3. 外语水平低

除少数人外，我国出境旅游者普遍外语水平低，既不懂目的地国家的语言，又不会英语，以至在同当地人接触中闹出不少误会，甚至上当受骗。因此，在组织出境旅游团时，组团社应委派外语水平好、责任心强的人员当领队，在境外充当旅游者翻译，帮助他们克服语言障碍。

4. 文化差异大

出境（含边界）旅游者，有许多人是第一次到旅游目的地国家（地区），而且相当多的人是第一次出国门，因此缺乏对旅游目的地国家（地区）的历史文化、风情习俗等的了解。尤其是到西方国家旅游，中西方文化差异大，同时出境旅游者精通外语者很少，大多数人基本上不能在目的地用外语进行交流，从而增大了出境旅游者与旅游目的地国家人们交流的障碍，加重了出境陪同人员的工作负担。

（三）国内团体旅游接待的特点

1. 预订期较短

国内旅游团由于无需办理护照和签证手续，从旅游者进行旅游咨询到成团出发，往往在一周左右，因而预订期较短，以至客源地旅行社来不及用书面形式通知目的地的接待社，只好先用电话通知，然后补发书面的旅游计划。这种情况要求接待社的人员在接到旅游计划后能在较短的时间内安排好当地的活动日程，做好接待的各种准备工作。

2. 日程变化小

国内旅游者由于对出访地区旅游项目比较了解，参团前做出了比较理智的选择，因此他们要求旅行社恪守所签协议，对于旅行社对日程做出变更的反映比入境旅游者更加强烈，常常对由此造成的损失要求索赔。所以，对国内旅游者的接待，除不可抗拒因素外，要慎改活动日程。

3. 消费水平差别大

国内旅游者虽然目前总体的消费水平较低，但同一旅游团内，由于不同旅游者收入水平差异大，在旅游消费水平和对设施档次、旅游活动（如有的要求多游览，有的则青睐于购物）等方面的要求差别也较大，因此，旅行社的接待应根据其不同要求有适当的灵活性，在满足大多数旅游者的同时，尽可能照顾少数旅游者的需求。

4. 讲解难度大

国内旅游者在出游之前，一般对即将前往的旅游目的地有一定了解。另外，绝大多数国内旅游者具有一定的文化积累，对于导游讲解过程中使用的历史典故、成语、谚语等比较熟悉，有的甚至就是某些方面的专家。因此，导游人员在导游讲解中要十分熟悉景区景点的内容，全面掌握有关旅游知识，生动地向旅游者进行讲解。随着现在技术和媒体的进步，人们获得旅游信息的渠道越来越多，对旅游知识的了解也更加全面和专业，因此对导游员的讲解要求越来越高。相比较而言，接待入境旅游团时，由于大多数海外游客对中国的旅游目的地不太了解，导游员只要外语水平过关，景点景区的导游讲解内容不必太深太细。

5. 接待服务难度大

随着人们生活水平的不断提高和生活观念的改变，国内旅游者越来越多，旅游经验越来越丰富，旅游意识和法律意识越来越强，他们对旅游服务的要求也来越来越高，因此旅行社接待服务的难度也就越来越大。旅行社只有顺应旅游团队的需要，策划适应市场需要的各种旅游产品，满足不同消费层次的需求，才能提高旅游者的满意度，赢得更多的客户。

四、团体旅游接待的原则

从事团体旅游接待业务经营的旅行社，包括旅游目的地各个城市或旅游景点所在地的所有接待型旅行社，一部分经营入境旅游产品的组团社，大部分经营国内旅游业务的旅行社和少数经营出境旅游的旅行社。

对于旅行社来说，团体旅游接待是一项十分特殊的业务。一方面，为了保证接待服务的质量，旅行社应对接待服务过程和内容进行规范化管理；另一方面，由于旅游团成员具有不同文化背景、不同生活习惯和不同个人爱好，旅行社在强调规范化的基础上，还应注重接待服务的个性化，以满足不同旅游者的需求。因此旅行社团体旅游接待中应坚持规范化和个性化相结合的原则。

（一）规范化原则

团体旅游接待服务的规范化，是指旅行社按照一定的标准向旅游团提供旅游过程中的各种相关服务。为了加快我国旅行社行业与国际旅行社行业的接轨，国家旅游局颁布了《旅游行业对客人服务的基本标准》。按照这一规定，旅行社在接待服务过程中必须坚持下列标准：

1. 标准化

团队接待标准化的内容主要有几个方面：实行"三定"，即安排旅游者到定点旅馆住宿、定点餐馆就餐、定点商店购物，并确保向旅游者提供符合合同规定的服务。采取必要措施以保证旅游者人身财产安全，完善行李交接手续，保证旅游者行李运输安全和准确无误。旅行社和委派接待的导游人员必须通过全国导游人员资格考试，取得国家旅游局颁发的导游人员证书，并在接待前做好一切相关的准备工作。旅行社应将文娱活动作为固定节目安排。对不同国别、肤色、职业、性别、年龄的旅游者要一视同仁，热情接待。

2. 程序化

团体旅游接待服务的程序化，是指旅行社和根据接待服务的特点，对接待服务的每一个环节和每一道程序都做出详细规定，并据此向旅游团提供接待服务。

接待服务程序化是旅行社和保证团体旅游接待服务质量的有效措施。接待服务程序能够使旅行社在接待过程中减少事故隐患，保证接待过程中各个环节工作的落实，从而提高旅行社接待服务的质量。同时，接待服务程序化还有利于旅行社对接待服务质量的监督和管理，使得接待服务和接待管理有章可循。

（二）个性化原则

旅行社接待服务的旅游者来自不同地区和国家，他们有着不同的生活习惯、文化背景、宗教信仰、价值观念和个人爱好，对旅游接待服务的要求也有不同程度的差别。旅行社应针对旅游团成员的不同特点，在坚持规范化原则的同时，在力所能及的范围内充分照顾到旅游者的个性化要求，提供富有个性化和人情味的服务，使旅游者感到温馨和愉快。

第二节 散客旅游接待服务的管理

【导入案例】

导游小雅的烦恼

四川某旅行社导游小雅接待了一个由安徽、上海、北京等地旅行社零星组织的散客旅游团。其中有13位客人来自上海的3家旅行社,2位客人来自北京某旅行社,5位客人来自安徽的2家旅行社。团队主要游览九寨沟、黄龙2处景区。但从第一天早晨出发起,团队矛盾就十分尖锐。

首先是北京客人抱怨不停,因为上车晚,他们的座位被安排在车厢后部,一路颠簸难忍,而他们的接待标准却是团队中最高的:豪华等;途中用餐时,北京客人餐标高,导游安排他们单独用餐,上海和安徽客人都是标准等,18人安排了2桌。但上海客人纷纷挤在一桌,留下安徽5人享用一桌,结果出现了上海人不够吃,安徽人吃不了的现象。

住宿时必须有一位上海人与安徽人住一间客房,但上海人宁可要了间三人房,也不愿与不认识的人住;游览时,上海、北京、安徽客人分别行动,导游很难整队,而且一旦安徽人迟到,上海人就吵个不停,而上海人迟到,安徽人也不服气地说闲话;客人之间还因为争抢前排座位发生抓扯,让小雅十分头疼。

更重要的是,由于各地旅行社与客人签订的合同有所不同,如北京客人行程中包括了都江堰水利工程,安徽客人的费用中包含了烤羊晚会。其结果是安排北京客人游览都江堰水利工程时,上海、安徽客人无事可做,又不愿自费游览,足足等候了3个小时,见了导游就叫苦不迭;而当小雅安排了安徽客人的烤羊晚会时,北京、上海人都表示不愿参加,小雅无奈只好为客人退费(正常情况下烤羊晚会至少得有10人参加才保本),导致安徽客人大骂导游违背合同,吵着要投诉。小雅一路都在处理矛盾,一路都被客人埋怨,感觉烦死了。

散客旅游又称自助或半自助旅游,它是由游客自行安排旅游行程,零星现付各项旅游费用的一种旅游形式。

随着旅游者自主旅游意识的不断增强,各项旅游条件的不断改善,散客旅游将会有越来越快的发展,散客旅游人数将会超过参加团队旅游的人数。旅行社应不断扩大散客旅游接待业务,并加强散客旅游接待业务的管理。

一、散客旅游接待业务的特点

(一)批量小,批次多

散客旅游多为旅游者个人单独外出或与家属、亲朋好友结伴而行,同团体旅游相比,散客旅游的批量一般比较小。但随着散客市场规模的日益扩大,散客旅游形式呈现批次多的特点,如家庭出游、自驾车旅游、恋人同游、结婚旅游等,有的旅行社一天要接待几批甚至十几批游客,而且每批旅游接待的要求不同,有的只是要求代订住房、代购车票,有的只是咨询、了解信息,有的只需要带路、陪同服务,有的只需专门翻译,因而使得旅行社的散客接待业务显得很繁杂。

(二)预订期短

散客旅游决定的过程比较短,相应地使散客旅游接待形成了预订期短的特点。散客往往要求旅行社能够在较短的时间内，为其安排好旅游线路、旅游服务和办妥各种旅行手续。为此，要求旅行社具备较高的旅游线路的设计能力、多种旅游商品的采购能力、多种旅游信息的掌握能力以及与各种旅游企业人员进行协调的能力。

（三）接待难度大

有的散客是商务、公务旅游者，他们的费用多由所在的企业、单位全部或部分承担，而且很多属业务交际应酬活动，因而，消费水平较高，对旅游接待的要求也较高。

有的散客旅行前常缺乏周密的安排，而在旅行过程中往往临时变更旅行计划，提出多种新的要求，或旅行前突然由于某种原因而临时取消旅行计划。有的散客是专门项目的旅游者，或做某项学术访问、考察，或专门到一地旧地重游、追思往事，或专门探亲访友，叙叙旧情。

散客消费水平高，旅游计划随意性大，专项旅游涉及面广、要求多，这些无疑增大了旅行社的接待难度，从而对散客旅游接待人员的业务能力、知识面等提出了较高的要求和标准。

二、散客旅游接待业务类型

散客旅游接待业务主要包括单项委托接待服务、旅游咨询接待服务和选择性旅游接待服务三种类型。

（一）单项委托接待服务

单项委托接待服务主要包括接待散客来本地旅游的委托、赴外地旅游的委托和在本地的单项委托等三种情况的服务业务。

1. 接待散客来本地旅游的委托服务业务

接待散客来本地旅游的委托服务业务，是指散客旅游目的地的旅行社接受通过散客居住地旅行社委托的有关接待和其他服务的业务。散客旅游目的地旅行社在接到外地旅行社的委托通知后，立即按照通知的要求办理散客所委托的有关服务项目。如果散客旅游者要求旅行社代订住房、代购车票，旅行社散客部门应迅速提供落实住房、购买车票的服务，并及时将落实情况反馈给委托旅行社。如果认为无法提供散客旅游者所委托的服务项目，应在接到委托旅行社委托后的24小时内发出不能接受委托的通知。

2. 接待散客赴外地旅游的委托服务业务

旅行社散客部在接到散客旅游者提出赴外地旅游的委托申请后，必须详细询问散客的旅游要求，认真检查其身份证件。如果散客旅游者委托他人代办委托手续，旅行社应让其出示委托信函及委托人的身份证件。散客旅游者应在离开本地前三天到旅行社办理赴外地旅游的委托申请手续。如果散客旅游者在离开本地前不到三天到旅行社办理赴外地旅游的委托申请手续，原则上不应接受，如果散客旅游者因种种原因坚持要办理委托申请手续，旅行社应讲明有关情况并及时将委托代办情况通知散客旅游者，以不影响散客旅游者的旅游为原则。散客接待部门工作人员在为旅游者办理赴外地旅游委托手续时，应根据旅游者的具体要求，逐项认真填写委托代办书（单）（参见表6-1）一式四联。填好后，请旅游者（或其委托人）仔细阅读后签字，同时提醒旅游者如果在旅行社办理旅游委托后又要求取消或变更旅游委托时，应至少在出发前一天到旅行社办理取消或变更手续，而且要交纳加急长途通讯费并承担由此造成的损失。委托代办书（单）的第一、第二联交给旅游者（或其委托人），第三、第四联由旅行社留存。

表 6-1 旅行社委托代办书（单）

姓名	性别	国籍	人数	男/女	成人	2~11岁儿童	备注	
							金额	手续费
委托代办项目	1.预订　月　日乘　航班/火车/轮船　赴　省　市/县　票　张							
	2.预订　月　日　省　市/县　星级饭店　间　夜							
	3.预订　月　日　接/送　机场/车站/码头							
	4.其他委托　翻译　陪同　其他							
合计	人民币　万　仟　佰　拾　元							
承办旅行社	盖章：　　　　经办人：　　　　电话：							
委托人	签字（盖章）：　　联系电话：　　地址：							

出售日期：

3. 接待散客在本地的单项委托服务业务

有些散客旅游者在到达目的地前并未向旅行社提出单项委托服务的要求，但到当地后，由于某种需要会向旅行社提出单项服务的要求。旅行社接待这类旅游者时，应首先详细问清旅游者的要求，说明旅行社所能提供的服务项目及收费标准，在取得旅游者同意后，协助并指导旅游者办理单项服务委托手续，待旅游者办好手续并交纳费用后，及时通知接待部门委派导游人员为旅游者服务。

（二）旅游咨询接待服务

旅行社咨询业务的范围很广，主要包括旅游交通、饭店住宿、各项有关设施、旅游景点、各种旅游产品价格、旅行社产品种类、旅游质量保证等方面。旅行社在接待以上咨询服务时虽然不收费，但应意识到这是潜在的旅游者向旅行社发出的旅游需求信息，是扩大旅游产品销售和提高经营收入的一条重要渠道。因此，旅行社应通过认真的接待服务，因势利导，引导旅游者购买本旅行社产品。旅游咨询业务分为电话咨询服务、信函咨询服务、人员咨询服务、网上信息服务四种。

（三）选择性旅游接待服务

选择性旅游亦可称为小包价旅游，根据国际旅游市场的发展趋势和我国实行双休日制度后出现的周末旅游热潮，不少旅行社已将目光转移到选择性旅游这一大有潜力的新市场，纷纷推出各种各样的选择性旅游产品，以增加旅行社的经济效益和社会效益，扩大知名度。我国有的地区甚至出现专门经营选择性旅游产品的旅行社。

三、散客旅游者接待业务的管理

（一）设计选择性旅游产品

旅行社应针对散客旅游者的特点设计出各种适应散客旅游者需要的选择性旅游产品。尤其要多提供那些具有丰富文化内涵和浓郁地方与民族特色的产品，增加产品的参与性，以满足散客旅游者追求个性化和多样化的消费心理。比如"半日游"、"一日游"等包价产品，游览某一景点、品尝地方风味、观赏文娱节目等单项服务产品，"购物游"等组合旅游产品。

选择性旅游产品的价格应为"组合式"，即每一个产品的构成部分均有各自的价格。旅行社应将这些产品目录放在门市柜台或赠送给代销单位，供旅游者选择。

（二）设立门市柜台和销售柜台

旅行社应根据散客旅游者的客源结构、旅行习惯等特点，有针对性地开展门市招徕业务。除了在门市设立柜台外，还应在当地的航空港、火车站、长途汽车站、码头、旅游饭店等处设立销售柜台，招徕散客旅游者。

（三）建立预订系统和代理网络

散客旅游的购买方式多为零星购买，随意性强，从而对高效、便利、准确的预订系统有着强烈的要求。因此，旅行社应采用以计算机技术为基础的网络化预订系统，保证散客旅游者能够自由、便利地进行旅游预订和委托。同时，为进一步扩大旅行社散客旅游的接待业务和市场占有额，也为了更好地做好对散客旅游者的接待服务工作，旅行社应与其他地方的旅行社建立相互的代理关系，代销对方的旅游产品，有条件的话还应争取与海外经营出境散客旅游业务的旅行社建立代理关系，为其代销选择性旅游产品。

（四）及时采购

选择性旅游具有品种多、范围广、订购时间短的特点，因而选择性旅游的接待服务工作较为复杂和琐碎。为此，旅行社的采购工作应及时迅速。旅行社应建立和健全包括饭店、餐馆、旅游景点、文娱场所、交通部门等企业在内的采购网络，确保旅游者预订的服务项目得以按时实现。同时，旅行社还应经常了解这些企业和单位的价格、优惠条件、预订政策、退订手续等情况及其变化，并尽量多了解同类企业的价格、服务质量等情况，多加比较，以便在保障旅游者服务供应的前提下，尽量降低产品价格，扩大采购选择余地，增加旅行社的经济效益。

（五）搞好接待

选择性旅游者多由来自不同地方的散客临时组成，各自都不熟悉了解，各自的旅游目的、需求也不相同，与团体包价旅游的接待相比，选择性旅游团队的接待工作难度较大，为此，需要配备经验比较丰富、独立工作能力较强的导游人员。在接待过程中，导游人员应组织安排好各项活动，随时注意旅游者的要求和反映，在不损害全团旅游者整体利益、确保接待服务质量的情况下，尽量满足大家的个人需求。

【案例分析】

散客团的接待技巧

散客团一般是客人在一地相聚，出于暂时相同的目标而组成的，从众心理现象不很明显，给导游工作带来一定的困难。

2009年春天，导游员小孙带一个由9人组成的散客团去草原。一位叫珍的美国女士，临上车前不知什么原因跟其他8个人吵了一架，上车后，表情漠然，跟人也不讲话。导游员小孙给大家讲解完后，便坐在珍旁边跟她交流，这才使她情绪稍有好转。可谁知一到草原，这位小姐脸色又"晴转多云"，并大声指责小孙，说这不是真正的草原，蒙古包也只是为游客搭设的，她付了钱到这里不是来看其他旅游者的，并声称要马上返回呼和浩特市。小孙耐心地跟她讲：这里只是我们吃饭和休息的地方，活动时我们要到草原深处去，你一定能看到真正的草原；我们还要去牧民家里做客，你一定能看到真正的蒙古包。

按照我们中国人的心理，人家敬你一尺，你就应该还人家一丈。外国人可不这样，该怎样就怎样，一切以自我为中心。这不，活动时珍又旧病复发了，骑马、骑骆驼要先骑，马匹有限，她却骑在马上不下来。无奈小孙只好做其他人的工作，让她多骑一会儿。参观完牧户后，珍又要求离团独自步行返回旅游点。小孙说："你对大自然的热爱是令人敬佩的。可这十几公里至少要走到半夜，到了半夜你迷了路怎么办?而且像你这样年轻漂亮的女士单独活动，很容易出危险的。"一句话说得所有人都笑了，珍也不好意思了。

晚会上，为及早消除珍和其他人之间的隔阂，小孙代表其他8人为珍唱了一首苏格兰民歌，珍很感动，也给大家唱了一首歌。大家争相表演，使这次旅游的气氛达到了高潮。

第二天返回呼和浩特市途中，在车上小孙向客人讲道：感谢大家的合作，使我们的草原之行十分愉快。珍小姐让我感谢大家对她的谅解，由于她工作的那家公司要破产，加上其他原因，情绪一直不好，给大家带来麻烦。她希望大家能谅解她，并真诚地希望能和大家交朋友。一席话赢得了热烈的掌声，珍对小孙的感激就更甭说了。

第三节 大型和特种旅游团接待服务管理

【导入案例】

神农架迎来大型旅游团队

2013年5月19日，正值第三个"中国旅游日"。一支有600多名游客的大型旅游团队从武汉集结前往神农架旅游。这支由武汉宝中旅负责组团、神农架神韵旅行社负责地接的大型旅游团队，一大早就分别乘坐20辆旅游大巴从武汉集结出发。下午4点多，车队浩浩荡荡地开进了神农架南大门。

"导游，那台车好像写的是旅游执法"，一位眼尖的游客问道。导游回答："是的，是神农架旅委的执法车，因为我们属于大型旅游团队，神农架旅委规定，超过500人以上大型旅游团队进入神农架，地接社都必须提前向旅委报告，包括行程、车辆、食宿和线路安排。前几天，旅委就专门对我们的接待方案进行了很严格的检查，为了确保安全，这台执法车就是专程赶过来的。"

这批团队到达的前三天，旅委就收到了神韵旅行社的特殊团队报告，并当即就有关工作做出安排。一是严格检查并指导地接社做好团队接待方案，落实相关细节，确保平安有序；二是会同相关部门对关键环节进行检查，特别是景区安全、食品安全、酒店安全进行核查；三是协调公安、交警、运管等部门做好旅游车辆安全通行保障；四是协调旅游集散中心集中换乘游览；五是组成专班进行全程服务，确保万无一失。

在3天的旅程中，这批来自全国各地的600多名游客，在神农顶、天生桥、神农坛、官门山等景区，一路欢声笑语，一路热情欢畅，一路信步踏歌，流连忘返。5月21日中午，600多名游客结束了神农架之旅，于当晚10点全部平安抵达武汉。

随着人们生活水平的提高以及各地旅游接待设施的日趋完善，几百人甚至上千人共同出游的大型国内旅游团队已不鲜见。大型团队因为规模大，环节多，接待细节复杂，相比较接待普通团队更具有挑战性。

一、大型旅游团接待服务的特点与操作

操作大型团队的旅游活动，其难度及要求比一般观光旅游团队都要高。在接待方面，对导游翻译的要求也较高，必须具有一定的专业知识、良好的外语基础、热情的服务态度、严

谨的工作作风、良好的身体素质、敏捷的思维，以及能代表中华民族传统风格的仪容仪表。在安排大型团队时，对操作人员的要求更高，即要求操作人员具有较高的业务水平、宏观的控制水平、严谨的工作作风；否则就无法满足客人的意图，无法根据客人的需求进行安排，以至于完不成接待任务。

1. 大型团队的特点

大型团队的特点首先是人数众多，一般都在百人以上，甚至上千人。这种团队人员构成较为单一，多由来自同一家单位的员工或来自同一所学校的教师和学生构成。在具体的交流和活动中，都以整体行动为主，强调组织性和纪律性，一般不允许个人自由活动。在时间上，这种团队基本上能依据时间表进行活动。

2. 大型团队的操作规范

大型团队基于人数众多、时间较长、活动范围较大、内容多的特点，在具体操作、安排上务必谨慎、细心，对游客的食、住、行、游、购、娱等方面都必须一丝不苟地加以周到安排。在安排中，必须从宏观调控到微观调节一步不漏。为此，大型旅游团队的安排接待必须有完整的接待体制图，有完整的书面计划。书面计划一般由以下几部分组成：

（1）接待体制图，包括一般事故与紧急事故对策。

（2）制定与各相关接待单位的联络事项、要求、时间，以及配合细则。

（3）详尽的相关情报或对方信息，信息越多越准、越有胜利的把握。所谓"不打无准备之仗"，就是指在具体行动之前，必须掌握应该拥有的情报。

（4）整个团队的行程示意图，以掌握在行程中哪些地方万一发生事故与哪些单位联系。

（5）各地简介、概况、风俗、气候等，保持整体的统一性和正确性。

3. 团队抵达前的组织和准备工作

团队抵达前，召开参加本次接待工作人员的动员会。会议内容主要包括以下几方面：

（1）强调做好接待服务的重要性。

（2）要求每个导游根据回程计划，事先准备有针对性的导游词。

（3）要求统一日程、标牌、胸卡。准备好导游旗、话筒、对讲机（或手机）等途中用品。

（4）配备一名随团医生，准备好各种药品。

（5）仔细研究确认游览点所需时间及各车辆如何出入，统一指挥调度，使之运行畅通。

（6）确定客人就餐时的桌号及桌上放置的标志，重点客人和我方领导应有桌签。

客人由各车导游按规定入口引进餐厅，以使数百人能迅速对号入座而不致堵塞通道。

旅游团抵达前夕的准备工作：

（1）各有关单位再次确认活动日程和确切的时间。

（2）检查接待人员的精神准备和物质准备，通知每人的车号、客人数、房号。

（3）部门经理亲临机场（车站、码头）查看迎接团队的场地、乐队站立的位置、停车点。

（4）先安排专人到下榻饭店，与客房部经理等共同检查房间内各种设施是否完好可用。

（5）车队领导联系安排好出车顺序，车上贴好醒目车号和标志。

一个旅行社的组织能力和指挥能力是非常重要的，如果没有精心周密的设计和踏实的组织工作，将难以顺利、圆满完成大型旅游团的接待任务。

二、特种旅游团接待服务的特点与操作

【导入案例】

大型宗教旅游团的朝圣之旅

2002年10月5日,中国台湾法鼓山佛教泰斗圣严法师率领500名佛家弟子,组成2002年我国大陆佛教圣迹巡礼团到达南岳,进行宗教文化交流,该宗教旅游团队由来自中国台湾、美国、澳大利亚、加拿大四个国家和地区的500名华人佛家弟子组成,是应中国佛教协会邀请,在来中国大陆进行宗教界友好访问与佛学文化交流途中,慕名专程前来南岳旅游交流的。这是南岳衡山近年来接待的在湖南省规模最大的国际宗教旅游团队。

当天上午9时,巡礼团抵达南岳,南岳区旅游、宗教主管部门在"天下南岳"牌坊举行了盛大的欢迎仪式。随后,巡礼团一行分乘20辆高档空调旅游车前往南岳三大古刹——祝圣寺、南台寺、福严寺参观访问,与南岳区主要领导和南岳佛教协会会长释惟正进行了亲切友好的交谈,并在磨镜台拜谒了佛教南禅七祖怀让和尚墓。

自古以来,南岳就是名扬海内外的宗教文化胜地。近年来,南岳衡山大打名山牌,努力挖掘宗教文化内涵,推出了"宗教朝圣游"等一系列的宗教文化旅游项目,吸引了大批游客和宗教旅游团队,进一步加强佛教界的交流与合作,增进海内外佛教徒的友谊,共同弘扬中华民族的佛教文化。

特种旅游团是指该团成员具有同一体质特征或同一特殊旅游目的的旅游团。例如,夕阳红旅游团、学生春游团、朝圣旅游团、摄影旅游团、探险旅游团等。

《中华人民共和国旅游法》第2章第10条规定:"旅游者的人格尊严、民族风俗习惯和宗教信仰应当得到尊重。"第11条规定:"残疾人、老年人、未成年人等旅游者在旅游活动中依照法律、法规和有关规定享受便利和优惠。"这两项条文充分说明,旅行社在接待特殊团队时,需要格外用心、细致,做到尊重旅游者、爱护旅游者。

特种旅游团的团员有时可能有大量、甚至全部都是老人或少年,他们体力弱、怕寂寞、爱听讲解,老人怀旧、盼尊重,小孩好奇、好动。因而对这些人的接待管理应以安全与劳逸结合为重点:不去危险崎岖、人多混乱的地点;行程不能安排得太满、游览节奏必须放缓;要指派责任心强、耐心好的导游员接团。例如,无锡康辉旅行社成功地策划了一系列适合老年人的"大手笔"、"大动作",如"百位老人潇洒东南亚"、"五千老人相约无锡大合唱"等。其中"千位老人游三峡"之旅中,康辉旅行社随团配备了6名医生,与120急救中心建立了随时紧急救援的联系,并对有慢性疾病的老人进行了特别照顾,产生了良好的经济效益和社会效益。

残疾人旅游团的成员坐轮椅,自尊心很强。对其接待应提前与所有该团要涉足的单位、景点打招呼,求取通力合作;要事先踩点弄清是否有无障碍通道、准备好帮助抬车的足够人手,要指派力大、慎言、责任心强的导游员接待。

入境探险团成员往往见识多、胆子大,不易听从导游劝告与指挥。探险必然存在风险,对其接待的管理要重点抓好合同中有关安全责任、风险、事故处理的文本措辞及接待过程中的安全预防措施;要派出责任心特强、体力好、外语过硬的导游翻译跟团。万一出了严重安全事故,一定不要擅自作主,要立刻报告市外办并做好事故及医疗的取证工作。

每个特种旅游团都有各自的特点与特殊要求,此处不一一列举。总之,对待特种旅游团

的接待准备远比标准团繁重很多，导游人员需经选派，接待工作要强调因团而异，旅行社经理应亲自过问并检查特种旅游团的接待工作。

【案例分析】

一次失败的团队接待

国家旅游局主办的全国导游资格考试教材研讨会在某市召开，来自各省的106名旅游局官员与旅游院校专家云集该市。考虑到大多数代表来自学校，为了减轻学校负担，承办单位与承接的旅行社将住宿安排在一家设备相当于一星级的招待所，按中等偏上的水平用餐。

在3天会议期间，没有安排夜间外出的文娱活动，只安排了一次餐厅舞会，由于无气氛、彼此又不熟悉，舞会草草收场。

第4天旅行社组织未到过该市的60名代表市内一日游。代表们分乘两辆大巴，带团的导游是来自当地某旅游学院的2名在校学生，人长得很美，也较灵活，但刚取得导游证，只带过几次团。

游览到第二个人潮涌动的大景点时，由于导游缺乏经验，控团失败，导致代表走散，结果多花了1个半小时方才把人找齐。游到黄昏晚饭时，还差一个较远的宋城没有游览。因部分代表强烈要求游完计划内景点，当即决定晚饭后兵分两路，一部车载要休息的代表回招待所，另一部车去宋城游览。不料，因两部车外形相同，暮色中，两位欲去宋城的代表上错了车，等到发现时已无法换车，只好下车打的去宋城。

第5天下午开闭幕会。当国家旅游局某司长作总结发言时，不料，招待所会议厅的空调突然坏了，时逢盛夏，大汗淋漓的司长无奈地笑道："看来省钱也不一定好！会后，不少代表向国家旅游局领导反映：这次的住宿与餐饮质量太差了，还是上次在深圳的三星级酒店办班好。"

请问：旅行社在接待这次大型会议团队中，错在哪里？

思考与练习

1. 简述团体旅游接待的共性特点。
2. 旅游团队出发前，组团社全陪导游员需要确认与落实的事项？
3. 散客旅游具有哪些特点？
4. 旅行社门市业务的内容是什么？

第七章　旅行社财务管理

本章提要

本章主要介绍了旅行社财务管理的概念及其方法，分析了旅行社应收账款管理的重要性和管理方法，使学生熟悉旅行社经营核算业务的主要内容，掌握旅行社流动资产与固定资产管理。通过学习，能够从整体上掌握旅行社财务管理工作的特点、方法及目标。

第一节　旅行社的财务管理工作

【导入案例】

新疆280家旅行社遭恶意欠款每年不下1000万元

由于旅游业务操作自身存有漏洞，再加上2008年我区旅行社行业经营不景气，旅游业欠（逃）款事件频繁发生。

关亭是新疆绿洲中国旅行社长江路营业部总经理，专门经营散客集中发车的旅行社，从10月初开始收账，至今还有130多万元的外债没有收回。青年路好家乡附近某青年旅行社散客部欠款数万元后人去楼空，其他的10多个债务人不是手机关机就是电话不在服务区，失去联系已有月余，至今没有任何消息，让他更加忐忑不安，食不知味。

不仅关亭一个人心事重重，新疆胡杨旅行社总经理朱学科最近也是夜不能寐，7万多元的欠款至今没有收回，对方电话欠费、关机，朱学科到处打听债务人的下落，仍然杳无音信。敦煌中华平安旅行社刘经理近日来到新疆，一直奔波在寻人讨债的路上。喀什一家旅行社被欠款5万多元，债务人失踪。

今年刚成立的海航旅业幸运旅行社也未能幸免，连日搜寻也没有结果。11月12日晚，得到"蒸发者"在乌鲁木齐出现的消息，散客部负责人小王连同其他受害人连夜追讨，晚上10点多还在追讨的路上……

据众多旅行社反映，这些"蒸发者"往往欠数家的旅游款，少则上千元，多则数十万元。乌鲁木齐碱泉街路一旅行社员工9月份欠款20多万元后"蒸发"，新华南路农机公司附近一家旅行社员工欠款数万元后突然消失。

"欠逃事件屡屡发生的一个重要原因就是旅游供应商不好监管，不少是不正规的旅行社。"胡杨旅行社总经理朱学科认为，部分承包、挂靠的部门，形形色色的办事处，冒名顶替无照经营的"江湖旅行社"也混入其中，他们不用在旅游局缴纳至少10万元的风险保证金，只需要向挂靠社交数千元的租金，就可以挂靠或承包经营旅游业务，往往赚足腰包后就瞬间"蒸发"。

遇到此事件，被挂靠的旅行社自然不会负责，完全否认有挂靠行为，将责任推得一干二净。乌鲁木齐河滩北路某旅行社的负责人表示："欠款属个人行为，与总社无关。"

"这完全是一本良心账",关亭说,为了降低风险,他们也曾找到被挂靠的旅行社签署为下属部门负责的协议,但没有一个成功。只能直接与合作的部门签协议,到头来还是人去楼空。

新疆大西部国际旅行社散客中心计调曾伟凡表示:"公司今年吸取了去年欠逃的教训,除了老客户外,今年一律采取现款交易。"

"亲兄弟,明算账。"自治区旅游局旅游执法总队总队长曹志新表示,这种现象旅游局也很难管理。"现款交易是避免欠逃事件发生的唯一手段。"他认为,现金交易尽管会使业务量受影响,但要敢于摆脱恶性循环的泥潭,形成行业自律,齐心协力共同抵制害群之马。

旅行社的财务状况直接影响着企业的生死存亡,重视旅行社的财务管理工作,才能使企业走上良性发展之路。旅行社财务管理是旅行社管理的重要组成部分,它在旅行社经营过程中,始终处于制约和促进全局发展的重要地位。旅行社的管理者根据其资金运转客观规律,通过对资金筹集、资金运用和资金分配等管理,实现旅行社利润最大化和企业价值最大化的目标,使旅行社财务状况处于最优化状态。

一、旅行社财务管理的概述

(一)旅行社财务管理

旅行社财务管理是指旅行社利用货币形式,通过预测、计划、核算、分析、监督与控制,对旅行社的资金运动和业务收支进行综合管理,促使旅行社遵守国家法律与规章制度,改善经营管理,加强经济核算,提高旅行社的经济效益。财务管理是随着旅行社企业规模不断扩大而出现的一种管理职能。

(二)财务工作的特点

目前,我国中小型旅行社的这项管理职能基本缺失,企业高级管理人员的主要精力全部放在旅游业务的扩大与管理上,财务管理则采取外包或简单处理的模式。由于旅行社行业的特殊性决定了旅行社的财务管理具有复杂性和实效性的特点。

1. 复杂性

财务工作的复杂性主要体现在旅行社业务涉及旅游六要素及金融、通信等多个行业。旅行社与旅游者、旅行社之间,旅行社与各类旅游产品要素供应商之间都有相应的财务往来,业务活动较为繁琐、复杂。

2. 实效性

财务工作的实效性体现在旅游活动具有季节性和一定的时间限制,因此,旅行社必须在一定的时间段内完成各种财务结算。例如,某国际旅行社与其海外批发商在合作中实行团费按月结算,每月海外批发商都能将团款按时到账。合作一个季度后财务发现,每次到账的金额与团队应收款数额不符,经核实发现每个月都会少付1~2个团的团款,一个季度下来竟达数万元。如果企业不主动与外方旅行社的财务及时核对并催要漏付团款,对方将作为企业的收益入账。

这充分说明了旅行社财务管理的时效性和复杂性。所以,坚持旅行社企业的财务管理,不仅有助于提高企业经营管理的水平,而且还可以直接提高企业的经营管理效益。

二、旅行社财务管理的目标

旅行社财务管理的目标,是旅行社企业财务管理活动所希望实现的结果,不同的旅行社有着不同的财务管理目标,主要表现形式有以下三种:

(一)利润最大化

旅行社作为旅游市场的竞争主体,只有加强资金、运营成本、利润的有效管理,降低各项消耗,并且通过恰当的市场营销策略才能取得经营利润的最大化。因此,利润最大化是衡量一个旅行社企业经营管理是否成功的主要指标。

(二)资本利润最大化或每股利润最大化

由于利润最大化的局限性,人们又提出了资本利润或每股利润作为考察财务效果的指标,非股份制企业往往使用资本利润最大化指标,股份制企业则往往同时使用"资本利润最大化"和"每股利润最大化"两个指标。这两个指标能较全面地反映企业的盈利水平,因此在财务分析和财务预测中有着重要的作用。但这两个指标还是不能避免"不考虑风险、资金的时间价值以及经营行为短期化"等弊端。

(三)企业价值最大化

企业价值最大化,也就是人们常说的股东财务或所有者权益的最大化。"企业价值=权益价值+债务价值"这一目标,规避了上述目标中无法体现的风险因素和资金的时间价值,同时体现了对资产保值、增值的要求。企业价值最大化能否受投资报酬率、风险、投资项目、资本结构、股利政策,以及企业应负的社会责任等因素的影响,反映到旅行社的经营活动中,就是一项经营计划。例如,一项新的旅游产品的研发,收购另一家旅行社,或者重新制定一项市场促销计划,只有在其预期产生的未来净现金收益超出实施这项计划的初始现金支出时,才会增加公司的价值。

三、旅行社财务管理的方法

旅行社财务管理的方法是指旅行社用来组织、指挥、监督和控制财务活动,以完成财务管理任务的手段。根据财务管理的环节,常用的管理方法可以分为:

(一)财务预测

财务预测是指旅行社根据财务活动的历史资料,考虑现实的要求和条件,对旅行社未来的财务活动和财务成果进行预计和测算。财务预测的目的,是为旅行社的计划管理提供信息,为财务决策提供依据。常见的财务预测方法,有时间序列法、回归直线法、量本利分析法、投资回收期预测法、现金流量法等。

(二)财务决策

财务决策是指旅行社财务人员在财务管理目标的总体要求下,从多个可以选择的财务活动方案中选择最优方案的过程。财务决策是现代企业经营管理决策的核心内容,财务决策的成功与否,将直接关系到旅行社的财务活动,甚至直接影响到企业的经济效益。

(三)财务计划

财务计划是在一定时期内以货币形式反映旅行社经营活动所需要的资金及其来源、财务收入和支出、财务成果及分配的计划。财务计划是企业财务预测和财务决策的具体化,是控制财务活动的依据。制定财务计划的方法很多,最常用的是固定计划法。它是由一定的财务指标体系组成的，确定财务指标的方法主要有平衡法、因素法、比例法、定额法等。财务计划法在旅行社的经营活动中，主要体现在年度财务预算的制定、执行和管理上。

（四）财务控制

财务控制是指企业在进行财务管理过程中，对财务活动施加影响或进行调节，以实现预定的目标。企业财务控制最常见的方法是防护性控制和反馈控制。防护性控制是指财务活动进行前，为使其按预定的目标进行，事先制定一系列制度、规定，以防止出现差异或偏离。例如，旅行社为了加强对企业运营成本和费用的管理，制定了成本和费用管理办法，明确规定了企业的成本和费用范围、费用的开支标准等。反馈控制是指在企业对财务活动的实际实施情况进行分析的基础上，找出计划与实际情况的差异及产生差异的原因，并采取相应的措施，调整预算或财务活动，以消除或避免差异的一种控制方法。

（五）财务分析

财务分析是指根据会计核算和有关信息资料，运用特定的方法，对企业财务活动的过程和结果进行评价与分析。财务分析的方法，主要有对比分析法、比率分析法、因素分析法等。在财务分析的实践活动中，必须综合运用各种方法，才能分析问题产生的原因，找到问题的本质，提出改进措施，最终达到改善企业财务状况、提高企业经济效益的目的。

第二节 旅行社会计核算的内容与方法

【导入案例】

团费核算赔了钱，"苦果"由谁吃

某旅行社接待一台湾团一行26人进行为期10天的游览，该团队预计是3月中旬来大陆，在北京、杭州、西安、桂林等地游览10天，计划在3月底结束行程。台湾组团社在2月份与国内一家旅行社确认了该团的接待。由于团队赴大陆机票一直未能订妥，直到3月初才告知某旅行社抵北京的时间为3月26日。接到团队最终确认后，由于组团社一时疏忽，急于订购旅游交通和酒店用房，没有发现团队的游览时间已经"跨入旺季"，没有及时告知组团社团队报价的变更，到团队即将出机票时，才发现旺季的机票已无折扣，酒店房价已成旺季价。整团跨季的差价为18700元，而利润仅有7000元，该团不但没有利润，还要倒贴。但台湾旅行商的讲法是，团队预告后，接待社并没有提到差额问题，也没向客人加收任何差价，损失不应由他们承担。而客人马上要出发了再说加价之事，也会有损于台湾旅行社的声誉。在双方的协商下，台湾旅行商愿将利润拿出5000元补贴，接待社也只有"自食苦果"了。

在旅行社行业运行中，熟悉旅行社的结算业务，正确区分正常情况的结算业务和特殊情况的结算业务，并能进行正确的核算。旅行社会计核算时以货币为计量单位，利用专门的方法，全面、系统、连续地反映经营业务过程和经营成果。另外在旅行社中，除少数新建旅行社和部分信誉较差的旅行社，在向其他旅行社及各种旅游服务供应部门或企业采购旅游服务时，必须采取现金支付的方式外，多数旅行社都利用商业信用进行结算。因此，在旅行社之间和旅行社与其他旅游服务供应部门或企业之间，产生了大量因赊购而造成的应收账款和应付账款。旅行社会计核算业务是对应收账款与应付账款的结算。此任务中主要提高在旅游行社财务工作中的业务核算和业务结算能力。

一、旅行社业务核算

(一) 组团业务核算

组团业务核算,主要包括审核报价、核算组团收入和核算组团成本等内容。

1. 审核报价

审核旅行社销售人员对外报价,是组团业务核算的一个重要步骤,财务部门根据旅游团(者)的旅游行程、旅游团队登记,以及旅游时间等对销售人员填报的报价单进行审核。审核的内容,主要包括报价的淡季、旺季价格是否准确;报价单上的各项价格是否准确、全面;报价在时间、空间上是否一致,等等。目前,很多旅行社审核报价的权力已经下放给部门负责人,由部门经理对业务人员的对外组团报价进行审核。这就大大减轻了财务部门的工作量,同时提高了对客户的响应速度,但同时也增加了旅行社对组团业务的管理难度。

2. 核算组团收入

组团社通过招徕旅游团(者)和组织旅游团(者)进行旅游所获得的收入,称为组团营业收入。这种营业收入主要由综合服务费、房费、餐费、城市间交通费和专项附加费组成。为了避免不必要的收款障碍,旅行社一定要坚持"先收费、后接待"的原则,要求旅游者在出游前的规定时间内,必须交付全部旅行费用,否则取消其参加旅游团的资格。旅行社在核算组团收入时,应根据与旅游者或地接社达成的旅游协议,审核其所支付的旅游费用和付款承诺。

3. 核算组团成本

核算组团成本是考核旅行社在经营中的成本开支是否合理,对于不合理的开支,要采取有效的措施予以纠正,以达到降低成本和增加企业经济效益的目的。在组团成本中,最主要的是旅行社从旅游要素供应部门采购旅游服务的费用,也称之为营业成本或直接成本。旅行社在核算组团成本时,主要是检查所采购的旅游服务是否按照合同上双方约定的价格进行结算。在具体旅游操作实践中,旅行社往往采用"营业成本=营业收入-毛利"和"毛利=旅游团(者)人数×停留天数×人天计划营业收入"等方法来计算营业成本。同时,旅行社还应该根据接待计划和全陪填写的各地支出情况,预先逐团列支,等各地接社的结算单寄到后,再分别列入各地核算单位的结算账户。

旅行社的组团成本,主要由组团外联成本、小包价成本、劳务成本和其他服务成本构成。在组团成本核算实践中,中介费等佣金费用的管理,成为旅行社组团成本核算的一个值得重视的问题。由于它属于灰色地带的支出,管理难度大,而且涉及金额往往不菲,如果管理不善将成为组团利润管理的黑洞。

(二) 接待收入核算

1. 审核结算通知单

结算通知单是接待旅行社向组团社收取接待费用的凭证,由旅游团的全陪填写并由地陪签字。如果没有配备全陪,则由接待旅行社的地陪负责填写结算通知单。结算通知单转交给财务部门后,财务部门根据接待计划、变更通知等有关文件,对结算通知单的内容进行逐项审核。审核的重点是组团社名称、计划号码、旅游者人数、等级、抵离时间、活动项目、计价项目等,与接待计划和变更通知是否一致;各项费用计算是否正确;填写项目是否齐全;有无地陪的签字确认等。目前,审核结算通知单多见于以入境旅游为主要业务的部门或旅行社。以接待国内游客为主要业务的旅行社，已经把审核结算通知单的工作下放到部门，而且目前国内旅游接待，绝大多数贯彻"团走款清"的基本原则，只有与企业建立了长期合作伙伴关系的组团社才有一定的信用额度。

2. 核算接待收入

核算接待收入是接待旅行社业务审核的一个重要内容。旅行社的接待业务收入，主要由综合服务费、房费、餐费、城市间交通费和专项附加费组成。接待旅行社在计算接待收入时，要采用同组团社事先确定的结算方法，计算出旅行社因提供接待服务而应该得到的综合服务费收入及其他各项收入。接待旅行社计算各项费用时，应该注意旅游团的等级和接待的季节，避免出现诸如少收款项、错算旅游者接待标准、等级和季节差价，以及金额计算等差错。

3. 核算成本费用

接待旅行社在审核营业成本时，应该按照收入和支出配比的原则进行成本核算，严格审核应付给饭店、景点、旅游汽车公司、餐馆等旅游要素服务部门的款项，做到"分团核算，一团一清"，对盈利少的团队要严格审核，查出亏损团的原因。目前，在中国旅行社行业，根据自己的业务规模及管理流程的不同，分别采用单团成本核算、批量成本核算等方法。随着市场竞争的日益白热化，很多旅行社的团队主要利润来源于客人的小费（外团）、客人的自费旅游项目和旅游购物的回佣。因此，旅行社财务部门核算成本费用的工作难度进一步增大。很多旅行社为了强化成本核算，便采取事先确定毛利率的做法，如果成本费用超支，就用上述灰色收入予以弥补的办法加以控制，虽然收到了一定的效果，但旅游团成本费用核算的问题仍未能从根本上得到解决。

二、旅行社业务结算

通常旅行社在具体的业务实践中都是采用信用结算。因此，旅行社之间（国内旅行社企业之间、国内旅行社和海外旅行社企业之间）经常会出现大量的因赊销或赊购而出现的应付账款和应收账款。旅行社业务结算，主要是指对应收账款和应付账款的结算。我国旅行社业界已经出现过多次因国外旅行社破产清算而导致国内旅行社巨额经济损失的事件。因此，中国旅行社业界非常重视业务结算环节的管理。关于应收账款的管理，将在后面的章节中进行详细阐述，下面介绍一下旅行社之间的费用结算。

（一）正常情况下的结算业务

旅行社之间的费用结算，通常包括综合服务费用、房费、餐费及其他费用。

1. 综合服务费用结算

综合服务费用是地接旅行社最主要的利润来源之一。综合服务费用的结算，主要包括审核结算内容、确定结算标准。

（1）审核结算内容

财务部门工作人员在审核综合服务费结算内容时，应对照旅游计划和导游员填写的结算通知单，对所需结算的各项费用进行认真审查。旅行社之间结算所涉及的综合服务费用，一般包括市内交通费、杂费、领队减免费、地方导游费、接待手续费和接待宣传费等。

结算公式为：综合服务费＝实际接待旅游者人数×实际接待天数×人天综合服务费

旅游团内成年旅游者达到 16 人时，应免收 1 人的综合服务费，这就是业界执行的 16 免 1 制度；旅游者携带的 2~12 周岁儿童（不含 12 周岁）按成年旅游者 50%的标准收取综合服务费；12 周岁及以上的儿童和少年旅游者，按成年旅游者的标准收取综合服务费；2 周岁以下的儿童，在未发生费用的情况下，不收取综合服务费，如发生费用由携带者现付。

（2）确定结算标准

旅游者在一地的停留时间满 24 小时的，按一天的综合服务费结算；超过 24 小时未满 48 小时的或停留时间未满 24 小时的，按旅行社相关标准结算。目前，我国旅行社采用的结算标准，主要有三种：国旅标准（按用餐地点划分综合服务费结算比例）、中旅标准（按抵、离时间分段划分综合服务费结算比例）、青旅标准（按旅游者停留小时划分结算比例）。综合服务费结算标准如表 7-1 所示。

表 7-1 综合服务费国、中、青结算标准

国旅标准	用餐地点		综合服务费（扣除餐费）	
	用早餐（7:00）地点		33%	
	用午餐（12:00）地点		34%	
	用晚餐（18:00）地点		33%	
中旅标准	抵达当地时间	百分数	离开当地时间	百分数
	0:01~9:00	100%	0:01~9:00	20%
	9:01~11:00	85%	9:01~11:00	30%
	11:01~13:00	70%	11:01~13:00	60%
	13:01~17:00	45%	13:01~17:00	80%
	17:01~19:30	35%	17:01~19:30	100%
	19:31~24:00	15%		
青旅标准	停留小时数		综合服务费（扣除餐费）	
	4 小时内		按 10 小时结算	
	4~10 小时内		按 15 小时结算	
	11~18 小时内		按 18 小时结算	
	18 小时以上		按实际停留小时结算	
	去外地一日游当天返回驻地的外地接待旅行社		按 16 小时结算	

2. 房费结算

房费结算分为自订房和代订房两种情况。自订房的房费，由订房单位或旅游者本人直接向饭店结算；代订房的房费，由订房单位或旅游者把房费交给接待社，由接待社向饭店结算。结算公式为：房费＝使用房间数×实际过夜数×房价。

在团队接待过程中，旅行社一般安排双人房间，有时因人数或性别原因可能出现自然单间。由此产生的房费差额，一般根据事先达成的协议结算。在实际运作中，单间差一般由住在单间的客人支付。旅行社按照饭店的规定，在旅游团离开本地当天中午 12 时以前办理退房手续。因接待旅行社退房延误造成的损失，由接待旅行社承担；如果旅游者要求延迟退房，则由旅游者直接向饭店现付房差费用。

3. 餐费结算

餐费结算一般也有两种方式，一种是将餐费（午餐、晚餐）纳入综合服务费一起结算；另一种是将餐费单列，根据用餐人数和次数结算。计算公式为：餐费＝用餐人数×用餐次数×用餐标准。

4. 其他费用结算

其他费用是指时间交通费、门票费和专项附加费。在结算这些费用时，应根据双方事先达成的有关收费标准处理。

5. 价格优惠

价格优惠，主要体现在旅游业界执行的"16免1"和"儿童优惠"。

（1）"16免1"，是指旅游团队每16人减免1人的综合服务费、饭店房费、专项附加费（不含交通费），减免优惠费用由接待旅行社承担。

（2）对随父母来华旅游的外国儿童，综合服务费标准一般是2~11岁按成人标准的50%收取，12岁以上则按成人标准收费。

（二）特殊情况的结算业务

业务结算的特殊情况，主要有跨季节的结算、团队登记变化的结算、晚间抵达或清晨离开的旅游团队结算。

1. 跨季节的结算

中国旅行社业界多以每年的12月初至次年的3月底为旅游淡季，其余的月份为旅游旺季或平季。旅游者在一地停留时间如果恰逢淡季与旺季交替时，旅行社应按旅游者在该地实际停留期间的季节价格标准分段结算。

例如，某旅游团一行，于3月30日抵达洛阳游览，并于4月2日离开该市前往北京。接待社将每年的12月初至次年的3月底作为旅游淡季，其余的月份作为旅游旺季或平季，该旅行社淡季团体包价旅游的综合服务费票准为85元/人天，平季和旺季综合服务费标准为95元/人天。那么，洛阳旅行社对该团每人应收的综合服务费为：85元/人天×2天+95元/人天×2天=360元。

2. 等级变化的结算

（1）因分团活动导致等级变化的结算。旅游团在成行后，因某种原因要求分团行动并导致旅游团等级发生变化时，应按照分团后登记的等级收费和结算。结算的方式有两种：一是旅游者现付分团后的新等级费用标准和原等级费用标准的差额；二是由接待旅行社征得组团旅行社同意后按新等级标准向组团旅行社结算。

（2）因部分旅游者中途退团造成等级变化的结算。参加报价旅游团的旅游者，在旅游途中因特殊原因退团，造成旅游团队因退团后不足10人而发生等级变化时，原则上仍然按照旅游团的人数和等级标准收费和结算。退团旅游者离团后的费用由旅游者自理。

3. 晚间抵达或清晨离开的旅游团队的结算

包价旅游团队，在晚餐后抵达或清晨前离开某地时，接待旅行社按照人数和等级标准向组团旅行社结算接送费用。计算公式为：接送费＝人数×计价标准。

例如，河南康辉旅行社接待一个马来西亚团，全团共有成年旅游者15人，于2010年4月21日晚21:30抵达郑州机场。该团在郑州游览1天后于4月23日清晨6:30乘机离开前往杭州。该旅行社到机场的接达费为20元/人，该旅游团的综合服务费为100元/人天。那么，该旅行社应得到的综合服务费及接送费收入是：100元/人天×15人+20元/人×2天×15人=2100

元。

（三）结算汇款方式

旅行社之间的结算，根据各自情况制定计价结算办法和方式，由组团社和接团社之间共同协议商定。多采用汇付方式，分为电汇、信汇和票汇三种类型。

第三节　旅行社成本费用管理

【导入案例】

精打细算才是旅行社发展之道

某一全国百强旅行社，海外组团业务能力极强，每年海外游客的接待量在全省可谓首屈一指。虽然营业额颇高，但公司的收入却不太理想。是何原因造成呢？通过财务报表分析，每年外联人员赴海外的销售费用高达 60 余万元，只通讯费一项每月高达万元。虽说家大业大，浪费点儿没啥，但是不当家不知柴米贵，有些费用支出明显是无谓的浪费。后来该公司把各部门销售、通讯等费用的支出由部门自行承担。部门经理由于想超额完成公司下达的指标，并能拿到超出部分的奖金，开始控制成本的支出。比如前往海外销售的时间缩短，工作效率提高。与海外的联络改为 MSN 的网络联系，大大节省了国际长途的费用。严格部门员工差旅费报销制度，让员工养成节约成本的习惯……部门各出妙招、相互借鉴，大大降低了成本费用，公司利润明显增长。

旅行社行业的成本费用管理，是旅行社财务管理的重要内容之一。旅行社管理者通过对成本费用的分析、核算和控制，可以达到不断降低经营成本，提高经济效益的目的。通过了解旅行社成本费用的构成，掌握成本管理的方法，从而有效控制和降低成本，实现利润最大化。

一、旅行社成本费用的构成

（一）旅行社的营业成本

旅行社营业成本是指旅行社在经营过程中所发生的各项直接支出。主要包括房费、餐费、交通费、文娱费、行李托运费、票务费、门票费、陪同费、劳务费、宣传费、保险费（现已改为旅行社建议旅游者自愿购买）、机场建设费、专项活动费等代收代付的费用。

（二）旅行社的费用

旅行社的费用包括营业费用、管理费用、财务费用及特殊支出。

1. 营业费用

营业费用是指旅行社各营业部门在经营过程中所发生的各项费用。主要包括运输费、装卸费、包装费、保管费、保险费（指营业部负担的财产保险费）、燃料费、水电费、展览费、广告宣传费、邮电费、差旅费、洗涤费、清洁卫生费、低值易耗品摊销、物料消耗、经营人员的工资（含奖金、津贴和补贴）、职工福利费、工作餐费、服装费及其他营业费用。凡属营业部门发生，且不易计入营业成本的费用，均列入营业费用。

2. 管理费用

管理费用是指旅行社组织和管理经营活动而发生的费用，以及由旅行社统一负担的费用。

主要包括行政经费（指旅行社行政管理人员的工资、福利费、工作餐费、服装费、办公费、差旅费、会议费、物资消耗及其他行政费用）、工会经费、职工教育经费、旅行社责任保险费、劳动保险费、待业保险费、劳动保护费、董事会费、外事费、租赁费、咨询费、审计费、诉讼费、排污费、绿化费、土地使用费、土地损失补偿费、技术转让费、研究开发费、税金、燃料费、水电费、折旧费、修理费、无形资产摊销、低值易耗品摊销、开办费摊销、交易应酬费、坏账损失、上级管理费及其他管理费用。凡属管理职能部门发生或不宜分摊的费用，均列入管理费用。

3. 财务费用

财务费用是指旅行社为筹集资金而发生的费用，包括旅行社在经营期间发生的利息净支出（指旅行社经营期间支付给银行的、贷款利息抵减存款利息收入后的净支出）、汇兑净损失（指外汇业务结算中，由于汇率变动而发生的汇兑损失，扣除汇兑收益后的净损失）、金融机构手续费、加息及筹资发生的其他费用。

4. 特殊支出

特殊支出是指有些支出不能计入营业成本和营业费用。主要包括为购置和建造固定资产、购入无形资产和其他资产产生的支出；对外投资支出和分配给投资者的利润；被没收财物的损失；支付的各项赔偿金、违约金、滞纳金、罚款，以及赞助、捐赠支出和国家规定不得列入成本费用的其他开支，均列入财务费用。

二、旅行社成本费用管理

（一）旅行社成本费用的核算方法

旅行社成本费用核算可以根据旅行社的经营规模和范围分别实行单团核算和部门核算。

1. 单团核算

单团核算是以旅行社的每个旅游团队作为成本核算的对象，按团队进行费用归集和分配的一种核算方法。采用这种方法，应对不同的支出采用不同的归集和分摊方法。对于房费、餐费、车费等直接支出应逐项核对，按项登记；对于订票手续费、行李搬运费等按人数分摊；对营业费用、管理费用等间接费用，按人天数分摊。单团核算法采用一团一价，有利于旅行社之间的款项结算，能如实、直观地反应某个旅游团的经营成果，有利于旅行社进行正确的财务决策。但单团核算法工作量较大，一般适用于业务量不大的旅行社。

2. 部门核算

部门核算是以旅行社内部直接创造利润的业务部门作为成本核算对象，按部门归集和分配费用，计算出各部门盈亏情况的一种核算办法。采用部门核算法有利于旅行社认清自身在细分市场上（海外、国内）的占有率，为企业经营管理及市场开发决策提供依据。同时提高各部门的工作积极性，增强内部的竞争意识，从而全面提高旅行社的经济效益。这种核算方法适用于业务量较大的旅行社。

（二）成本费用的管理和控制

旅行社对于成本费用的管理和控制，主要是通过制定成本费用标准、建立日常控制制度、进行定期检查与考核挂钩等办法来实现。

1. 制定成本费用标准

根据本企业的实际情况和经营目标，参照其他旅行社的成本费用标准，制定本旅行社的成本费用标准，是成本费用管理的第一步。常用的方法有分解法、定额法、预算法。

（1）分解法。分解法是指将目标成本费用按照成本费用项目进行分解，明确各成本费用项目应达到的目标和降低的幅度。在此基础上，企业内部按部门对各成本费用项目指标进行归口分解，各部门再把成本费用指标分解落实到各岗位或个人，然后由个人或各个岗位分别制定各项费用支出目标和控制措施，对分解指标进行修订。各项修订后的指标，要以实现目标成本费用为标准进行综合平衡，即形成了各项成本费用开支的标准。

（2）定额法。定额法是指旅行社首先确定各种经营成本或费用的合理定额，并以此为依据，制定成本费用标准。能直接确定定额的成本费用，都应制定标准成本费用。不能直接确定定额的成本费用，也要比照旅行社行业平均水平确定成本费用开支标准限额。

（3）预算法。预算法是指把企业的经营成本和各项费用，划分为固定成本费用（与经营收入增减无关）、半固定成本费用（与经营收入不成比例的增加）、变动成本费用（与经营收入成比例增加），然后按照业务量来分别制定预算，作为成本控制的标准，业务量不同，成本费用的预算也不同。

综上所述，三种方法在中国旅行社企业中都有不同程度的应用。其中，定额法是应用比较多的一种。近几年来，预算法管理也开始在一些大型旅行社企业中广泛应用。这充分说明了中国旅行社企业成本费用管理意识的提高。

2. 旅行社成本费用的日常管理和控制

（1）建立成本费用管理信息系统。目前，一些管理意识领先的旅行社，已经建立了自己的成本费用管理信息系统，利用信息系统来对旅行社经营活动过程中的成本费用进行控制。该信息系统主要包括：指标、标准、定额输入系统；成本费用核算、控制、反馈系统；成本费用统计分析、预测系统。这样企业高层管理者就可以随时了解按业务量进行划分、按部门进行划分的成本费用开支情况，如果发现重大偏差，可以及时纠正，有效防止成本费用开支失控的情况。

（2）实行责任成本费用制度。为了加强企业的成本费用控制，很多旅行社还实行了责任成本费用制度，把负有成本费用责任的部门作为成本费用责任的中心，使其对可控成本费用负完全责任。通过责任成本费用制度，把经济责任落实到旅行社的各个部门，推动部门成本费用管理的有效实施。

（3）对重点部门或岗位进行重点控制。旅行社通过统计分析，对那些占企业成本费用比重较大的部门或岗位，以及那些月标成本费用实现困难的部门进行重点监控，严格执行已制定的成本费用标准，对这些部门或岗位的成本费用进行认真检查和监督，以达到降低成本费用、提高经营利润的管理目标。

3. 进行定期检查与考核挂钩

在进行检查与考核的过程中，旅行社管理者应该重点做好下列工作：

（1）检查成本费用计划的完成情况，分析确认成本差异的原因；

（2）评价各部门和个人在执行成本费用控制方面取得的成绩和不足，相应地给予奖励和惩罚；

（3）进行认真的分析总结，将一些先进的经验进行标准化，同时在企业内部大力推广，实现成本费用管理制度的科学化和标准化。

第四节　旅行社收入管理与利润管理

【导入案例】

"煮熟的鸭子也会飞"——在旅游界并不是笑话

作为一名旅游战线忠诚的"战士",在这个没有硝烟的战场上奋勇前行,感触最深的是旅游处处有"变数","煮熟的鸭子也会飞"在旅游界是常事。尽管拿到了海外团队的接待权,并不意味着颇丰的利润就进入囊中,也就是在旅游活动没有结束时,不要认为利润已经到手。

4月牡丹花会是河南接待旅游业务一年中盈利最多的时间,团量很大且利润较好。一个香港团80多人,2万多元的利润没赚到,却争到了劳累与抱怨。团队抵达洛阳入住三星级酒店时,酒店方声称早晨已经通知旅行社计调人员,由于上批客人不能按时退房,因此交过订金的房间不能提供。计调人员没有站在旅行社的角度去争取用房,而是答应了酒店可以介绍其他的用房给该团队。80多人,被分散到了2家快捷酒店,客人异常抱怨。香港组团社要求接待社为该团在郑州提升酒店星级,改住五星级2晚,并安排一顿特色餐来安抚客人。其结果是该团最终是白忙活一场,责任虽然是酒店方的违约,但计调人员难脱干系,如果据理力争酒店也不会轻易违约。因此计调人员被公司处以3000元的处罚,由于酒店入住费用已现付,后来取消与该酒店的合作关系。

作为以营利为目的的旅游企业,旅行社通过向旅游者提供各种旅游服务获得其所预期的营业收入和利润。利润源于旅行社的营业收入,只有营业收入增加了,利润才可能增加。只有在旅游活动完成后才能计算营业收入,因为其中有着不可预知的变故。同时,利润又是旅行社在一定时期内的经营成果,利润的多寡反映了旅行社经营水平的高低。因此,旅行社管理者必须重视对营业收入和利润的管理。

一、旅行社收入管理

旅行社通过向旅游者提供各种旅游服务,获得其预期的营业收入和利润。旅行社的利润来源于营业收入,它是一定时期的经营成果,利润的高低反映旅行社经营水平的高低。

（一）旅行社营业收入的构成

旅行社的营业收入是指旅行社在一定时期内,由于向旅游者提供服务而获得的全部收入。主要包括:

1. 综合服务费收入

综合服务费收入是指为旅游团（者）提供综合服务所收取的综合服务收入。它包括导游费、餐饮费、市内交通费、全程陪同费、组团费和接团手续费等。

2. 房费收入

房费收入是指旅行社为旅游者代订饭店的住房,并按照旅游者实际住房等级和过夜天数收取的住宿费用。

3. 城市间交通收入

城市间交通收入是指旅游者为旅游期间在旅游客源地与旅游目的地之间,以及在旅游目的地各城市或地区之间,乘坐各种交通工具所付出的费用而形成的收入。

4. 专项附加费收入

专项附加费收入主要是指旅行社向旅游者收取的汽车超公里费、风味餐费、游江费、特殊游览门票费、文娱费、专业活动费、保险费、不可预见费等收入。

5. 单项服务收入

单项服务收入主要是指旅行社接待零散旅游者和委托代办事项所收取的服务费、代理代售国际联运客票和国内客票的手续费，以及代办签证费等收入。

（二）旅行社营业收入的管理

在旅行社的营业收入中，代收代支的款项占了很大比重。根据这一特点，旅行社应该加强管理，准确地对其进行确认和时间上的界定。

1. 确认营业收入的原则

按照国家的有关规定，旅行社在确认营业收入时，应实行权责发生制。根据权责发生制原则，旅行社在符合以下2个条件时，可确认其获得了营业收入。

（1）旅行社已经向旅游者提供了合同上所规定的服务。

（2）旅行社已经从旅游者或组团旅行社处收到团款，或取得收取团款权利的凭据。

2. 界定营业收入时间的原则

（1）入境旅游。旅行社接待境外旅游者到境内旅游，以旅游者离境或离开本地时，作为确认其营业收入实现的时间。

（2）国内旅游。旅行社组织国内旅游者在国内旅游，接团旅行社应以旅游者离开本地时，组团旅行社应以旅游者旅行结束返回原出发地时，作为确认其营业收入实现的时间。

（3）出境旅游。旅行社组织中国公民到境外旅游，以旅游者旅游结束返回原出发地时，作为确认其营业收入实现的时间。

二、旅行社利润管理

（一）利润的构成

旅行社的利润由营业利润、投资净收益和营业外收支净额构成，是旅行社一定时期内经营的最终成果。

1. 旅行社营业利润

旅行社营业利润是指营业收入扣除营业成本、营业费用、营业税金、管理费用和财务费用后的净额。

2. 旅行社投资净收益

旅行社投资净收益是指投资收益扣除投资损失后的数额。投资收益包括对外投资分得的利润、取得股利、债券利息、投资到期收回或中途转让取得的款项，高于投出资产账面净值的差额。投资损失是指投资不当而产生的投资亏损额，或指投资到期收回或中途转让取得的款项，低于投出资产的账面净值的差额。

3. 旅行社营业外收支净额

旅行社营业外收支是指旅行社兼营与旅游业务无直接关系的其他各项业务的收入或支出。旅行社营业外收支净额是指营业外收入减营业外支出后的差额。营业外收入包括固定资产盘盈和变卖的净收益。确实无法支付而按规定程序批准后，转作营业外收入的应付账款、礼品折价和其他收入等。营业外支出包括固定资产盘亏和毁损、报废后的净损失、非常损失、赔偿费、违约金、罚息和公益性捐赠等。

（二）利润管理

利润管理是旅行社财务管理的一项重要任务，主要内容是确定目标利润和进行利润分配。

1. 确定目标利润

旅行社应在每个营业之初确定其将在这个营业期内获得多少利润，即确定目标利润，以便采用各种方便、可能的方法来实现这一目标。计算公式为：

目标利润＝预计营业收入－目标营业成本－预计营业税金－营业费用

旅行社在确定了目标利润之后，可以用"量、本、利分析法"测算需要多少业务量，需要降低多少成本和期间费用，才能实现目标利润。计算公式为：

保本销售量＝固定成本费用总额÷[单位销售价格×（1－税率）－单位变动成本]

实现目标利润销售量＝（固定成本费用总额＋目标利润）÷[单位销售价格×（1－税率）－单位变动成本]

目前我国绝大多数旅行社都同时经营多个旅游产品，受市场供求关系、旅游市场竞争激烈程度，以及产品的等级规格、内容档次等影响较大。因此，应用"量、本、利分析法"有一定的难度，所以很多旅行社都是参考以前经营年度的平均成本和营业收入，按上述公式进行计算。

2. 利润分配

利润分配是旅行社利润管理的另一项重要内容，由于旅行社的体制不同，利润分配方式也存在一定的差异。目前，我国的旅行社主要分为股份制旅行社和非股份制旅行社两种类型。

（1）股份制旅行社。按照国家的有关规定，股份制旅行社在依法向国家缴纳所得税后，应首先提取公益金。然后按下列顺序分配剩余的利润：

①支付优先股股利；

②按公司章程或股东会决议提取任意盈余公积金；

③支付普通股股利。

（2）非股份制旅行社。非股份制旅行社应该依法向国家缴纳所得税后，按照下列顺序分配税后利润：

①支付被没收财物损失和各项税收的滞纳金、罚款；

②弥补旅行社以前年度亏损（根据国家有关规定，旅行社发生亏损，可用下一年度的税后利润弥补延续5年未弥补的亏损）；

③提取法定盈余公积金（根据国家有关规定，旅行社提取的法定盈余公积金，应为税后利润的10%；法定盈余公积金已达旅行社注册资本金的50%后，可不再提取，旅行社提取的盈余公积金用于弥补亏损或按规定转增资本金）；

④提取公益金（旅行社提取的公益金，主要用于职工集体福利支出）；

⑤向投资者分配利润（旅行社以前年度未分配的利润，可并入本年度利润一并分配）。

第五节　旅行社资产管理

【导入案例】

坑你到死没商量

洛阳国际旅行社在20世纪90年代中期入境业务如火如荼,主要是接待大批台湾客人,团队量之大令业内人羡慕。但好景不长,一年后凤凰却萎缩成了一只麻雀,是何原因呢?在双方合作之初,台湾组团社还比较守信,对团款实行月结。团量越来越大之后,对方称其业务繁忙实行季结,因为之前付款挺及时,洛阳国旅答应了对方的要求。而团款实行季结后却不是那么准时付款了,团款越欠越多直到1年后多达百万元。欠款多了,团却没了。洛阳国旅派专人到台湾去催要团款,却给了重重一击。台湾组团社做了1年后,突然间失踪,旅行社也注销了,可谓人间"蒸发"。本该获取的巨额利润却变成了累累负债,欠了全国很多旅行社接待团款,众多酒店的房费、航空公司的机票费,等等。

资产管理是旅行社财务管理的一项重要内容,资产是旅行社所拥有的全部资本的具体化。旅行社凭借其所拥有的资产经营各种旅游产品,并获得预期的经济收益。如果不重视流动资产的管理,辛苦获得的利润将化为乌有。虽然旅行社的资产构成与旅游酒店、旅游交通等其他旅游企业基本相同,主要包括流动资产、固定资产、无形资产和其他资产等,但是各种资产所占的比例却与其他旅游企业相差甚远,具有一定的特殊性。因此,旅行社的资产管理方式亦有别于其他旅游企业,我国多数旅行社资产管理的重点是流动资产管理和固定资产管理。

一、旅行社流动资产的管理

流动资产是旅行社可以在一个营业周期内将其转化为现金或者耗用掉的资产。流动资产又可划分为货币资产和债款资产。旅行社的行业性质决定了它和其他行业相比,流动资产比重较大,在保证企业现金流正常的情况下,如何能加速企业流动资产的流动速度,让流动资产为企业创造更大的价值,是旅行社资产管理的一项重要内容。

(一) 货币资产管理

旅行社的货币资产,主要包括现金和银行存款。对于货币资产的管理,也就是业内人士常说的旅行社对现金的管理。旅行社企业具有现金流富裕的特点,而且旅游旺季的现金需求量很大。因此,很多业内人士都对企业的现金管理非常重视。旅行社的现金管理,主要包括完善现金收支的内部控制、加速现金回收和控制现金支出三个方面。

1. 完善现金收支的内部控制

建立完善的内部现金收支控制制度,是旅行社避免不合理的资金开支和防止资金被挪用和侵占的重要举措,应严格做到:(1)建立处理现金业务的合理分工和内部监督制度,使各种错误可以得到有效避免和纠正,对于资金的侵占和挪用,只有在财务相关人员合谋的情况下才有可能;(2)建立现金事项的会计日常处理规程;(3)实行"收支两条线"管理,将现金收入和现金支出的业务分开;(4)将经营现金和记账的业务分开,即"管钱的不记账,记账的不管钱",不能采取会计、出纳由一人兼任的情况;(5)营业收入的现金,必须当天或次日存入银行;(6)所有的支出超过一定额度的,必须使用支票,尽量减少现金的使用量;(7)对库存现金和银行存款,由内部稽核人员实施经常性和突击性的检查。

2. 加速现金的回收

由于旅游市场的激烈竞争，掌握客源的旅行社根本不愁找不到接待社。因此，中国旅行社界"先收款、后接待"的原则不可能得到有效执行。在入境游接待上更是体现了这一点，有些市场的结算周期竟然长达3个月或者半年。这对旅行社的资金周转是个很大的挑战。目前，入境旅游接待的某些市场延期结算，已经成为行业惯例，如何加快现金回收和尽量减少坏账损失就变得非常重要。旅行社业界经常采用的方法，是鼓励组团社先付款。例如，如果组团社先付或现付，可以给予旅行社一定比例的折扣；如果延期支付则享受不到这样的优惠。另外，旅行社还采取尽快寄出发票或以传真形式发出团队账单的办法，督促组团社尽快付款。

3. 控制现金支出

旅行社希望加速收款，从而可以更早地使用现金。同时，旅行社还应尽量控制资金支出，争取资金在自己账户上的滞留时间，获得更多的资金沉淀。旅行社业界控制现金支出的方法主要有：

（1）加强采购管理，与旅游要素服务单位尽量达成"月结"或"季度结账"的协议。一方面，根据企业的资金量争取最大限度的现金结算折扣；另一方面，可以寻求滞留现金的理财收益。

（2）在保证自己信用的前提下，把对外支出的结算周期拉开，不要集中在一个时间点上，避免出现现金流断裂的危机；同时，可以利用组团、接待量大的优势从合作伙伴处获得一定的资金支持。

（3）运用"浮游量"，旅行社账簿上的现金数字，很少能反映企业在银行的实际可用现金量，一般情况下，旅行社在银行的可用现金大于账簿上的现金余额，其差额即浮游量。它主要产生于旅行社从支票开出到最终被银行结算的时间差。

（二）债权资产的管理

债权资产的管理，主要是指对旅行社应收账款的管理。应收账款，很久以来就是一个困扰中国旅行社业界的老大难问题，至今仍不断听到业内人士议论某旅行社因应收账款过大，造成坏账过多而被拖死的消息。

1. 应收账款产生的原因分析

（1）市场竞争的原因。激烈的市场竞争导致垫款接团，成为旅行社一个重要的开发旅游市场的手段。其对扩大旅行社的产品销售虽然起到了积极的作用，但也埋下了应收账款的隐患。

（2）地接社的原因。地接社想提高其在地接旅游市场中的份额，其销售人员为了提高自己的业绩，也经不起组团社的威逼利诱。

（3）组团社的原因。可能是组团社财务紧张，资金不足；即使有钱也不愿意马上付给接待社，用别人的钱为自己赚更多的钱；出于质量保障的原因，如果有一部分应付账款，可以起到控制接待社保证服务质量的作用；当然也不排除少量的组团社以赖账让自己获益。

2. 应收账款管理不力导致的后果分析

如果旅行社对于应收账款管理不力，将会对企业的经营带来很多不良后果。主要包括：

（1）大量的应收账款将导致接待旅行社背上沉重的财务负担，资金周转变慢，随时都可能面临旅游产品要素供应商和银行等金融机构联合逼债，导致资金流断裂，使企业面临倒闭的危险。

（2）如果应收账款集中在几个组团社，那么将会导致组团社的胃口大增，随时以拒付应收账款为理由"挟天子以令诸侯"，提出各种对地接社不利的条件和无理要求，使地接社面临进退两难的窘境。

（3）如果企业没有很好的应收账款政策，那么拖欠款项的组团社有可能会以破产倒闭的方式让企业的应收账款变成坏账，给企业带来巨额损失。

（4）如果企业制定了严格的应收账款责任管理制度，也会造成一些不良的影响。比如开发市场力度越大且客户越多，营销人员的催账压力就会越大的问题。一旦对客户的信用程度把握不住，营销人员将会面临"赔了夫人又折兵"的不利局面，不但得不到相应的业务提成和奖励，而且还可能会因产生大量的坏账而被罚款，直接影响外联人员的市场开发力度。

3. 应收账款政策的制定

应收账款政策又称信用政策，主要包括信用标准、信用条件和收账政策。旅行社要想管理好应收账款，就必须制定合理的信用政策。

（1）信用标准。信用标准是旅行社同意为客户提供商业信用而提出的基本要求，通常以预期的坏账损失率为判别标准。旅行社的信用标准严格，只对长期合作、信誉好的优质客户提供垫款接待，则会减少坏账的损失，但可能会不利于扩大销售；反之，如果信用标准宽松，虽然会增加市场销售收入，但也会相应地增加坏账损失和应收账款的机会成本。在具体的旅游业务实践中，旅行社可以重点考察客户的资本、品行、能力、担保和外部环境等五个要素，以此判断为客户提供信用的风险。①资本的多少，代表客户的财务实力，即客户的股东权益大小。资本实力强大，代表着企业承担风险和债务的能力强。②品行，是指客户承诺责任、履行偿债的一种诚意，即客户的信誉和形象。如果该客户在旅行社圈内经常赖账、劣迹斑斑，那么业内人士对其品行的评价肯定很差，与这样的客户合作，一定要注意尽量不给予信用。③能力，是指客户对债务的偿还能力，可以根据历史纪录和业内的评价进行推断。④担保，是指客户能够提供的作为偿债保障的资产。⑤外部环境，是指外部的经济发展趋势对企业的影响，也可以是某项政策对客户履行债务的影响。

（2）信用条件。信用条件是指旅行社要求客户支付赊销款项的条件，主要包括信用期限、折扣期限和现金折扣等。信用期限，是指旅行社为客户规定的最长付款时间；折扣期限，是指为客户规定的可享受现金折扣的付款时间；现金折扣，是指客户提前付款时给予的优惠。

（3）收账政策。收账政策是指信用条件被违反时，旅行社采取的收账策略。如果采取积极的收账策略，则应收账款会减少，坏账损失的可能性也会大大降低，但会增加收账的成本，如通讯费开支等；如果采取消极的收账策略，应收账款和随之形成的坏账损失则会增加，但收账费用却会相应降低。

4. 应收账款的日常管理和控制

应收账款管理的主要目的是保证制定合理的信用政策，并且保证信用政策在企业的经营实践中得到有效的贯彻执行。具体包括以下五个方面：

（1）提高旅游服务质量，使自己的产品成为畅销产品。这是解决应收账款的根本出路，只有大力加强对旅游服务质量的管理，提高自己的服务口碑，才能掌握市场的主动权，成为强势旅游品牌，旅游者才会更加主动地选择旅游企业的产品。

（2）将给予组团社的利益放在明处。目前，很多旅行社并不在乎是现付或者延期支付。他们关心的是接待社能否保证服务质量，提高组团社在游客中的形象。因此，可以制定联合开发旅游市场、给予广告支持、给予一定幅度的现金折扣等政策,鼓励组团社与本企业建立战略合作关系。这样,以公开的利益需求来换取组团社的合作诚意,打消组团社通过应收账款保证服务质量的忧虑和赖账的可能性。

(3) 提高对组团社的服务质量。如果接待社的服务质量不稳定,经常有质量投诉,销售人员业务素质差,售后服务不到位等,都会导致组团社客户的不满。因此,接待社应该提高对组团社的服务质量,主要包括加强旅游产品质量的管理,制作内容丰富、形式新颖的产品手册,经常举办针对组团社产品的说明会,对组团社计调人员和市场销售人员进行产品知识和市场营销知识的培训等,以求达到"顾问式营销"的效果。

(4) 重视组团社客户的资信调查和分析。收集客户的信用资料,收集途径包括直接调查、客户财务报表、信用评估机构、银行、旅行社的经验等。拥有信用资料后,可以对应收账款进行分析,考察组团社客户的信用变动情况。应收账款的账龄分析法和比较应收账款的回收期法,在日常业务实践中经常使用。这样,可以将产生呆坏账的损失控制在一个可知的范围内。如果客户出现一些异常变动,如突然要求延期付款、企业资金紧张,或银行系统故障、或有意找碴不付款、组团社的员工大量流失、组团社涉足其他领域的投资,等等,都有可能是恶意赖账的前兆。

(5) 应收账款管理制度化、程序化。应收账款管理的制度化、程序化,要求地接社将应收账款的管理同产品开发、市场营销、服务质量管理等旅行社日常管理工作融为一体,有效进行目标的分解和设定。同时,制定激励员工积极催款的奖励制度,对员工进行各种催款技能的培训,制定合理的收账程序(一般是信函通知、电话催收、派员面谈、法律诉讼等四个步骤)。

5. 应收账款的常用收账技巧

(1) 理直气壮。收账时若能信心满怀,遇事有主见,往往能出奇制胜,把本来已经没有希望的欠款追回;反之,则会被对方牵着鼻子走,本来能够收回的货款也有可能收不回来。不要认为催收太紧会使组团社不愉快,影响以后的交易,恰恰相反,组团社客户欠款越多,支付越困难,越容易转向购买其他接待社的产品,就越不能稳住这个客户。所以,还是加紧催收才是上策。

(2) 额小为妙。在设定组团社客户信用额度的时候,一般不宜过大,宁肯多结几次账,也不能任由应收账款越来越大,款项越大越难收回。如果客户一开口就要很大的信用额度,而且不太关心服务质量和价格,同这样的组团社合作,往往具有很大的潜在风险。

(3) 条件明确。与组团社合作,要清楚地规定交易条件,尤其是对收款日期,要作出没有任何弹性的规定。例如,"团队行程结束一周后付款",这样的规定非常容易发生扯皮现象。另外,双方合作的交易条件不能由双方口头约定,必须使用书面形式(合同、契约、收据等),并加盖组团社客户单位的合同专用章。若仅盖上经手人的私章,几个月或半年之后再去结账时,对方有可能说,这个人早已调走了,其所签的合同不能代表我们单位;有的甚至说我们单位根本没有这个人。如果加盖的是单位的合同专用章,无论经手人如何变动,对方都无法推脱或抵赖。

(4) 事前催收。对于支付账款不干脆的组团社客户,如果只是在合同规定的收款日期前才催收,很有可能收不到款,必须在事前就催收。在事前上门催收时,要确认对方所欠金额,并告诉他下次收款日一定准时前来,请他事先准备好这些款项。这样做,一定比收款日当天来催讨要有效得多。

（5）直切主题。对于付款情况不佳的组团社，一碰面不必跟他寒暄太久，应直截了当地告诉他你来的目的就是专程收款。如果收款人员拐弯抹角、吞吞吐吐、羞羞答答的，反而会使对方在精神上处于主动地位，在时间上做好如何对付你的思想准备。

（6）耐心守候。看到组团社客户有另外的客人时，不要走开，一定要说明来意，专门在旁边等候。因为组团社不希望他的客人看到债主登门，这样做会搞砸他别的生意，或者在亲朋好友面前没有面子。在这种情况下，只要所欠不多，一般会赶快还款。在等候的时候，还可听听该组团社与其他客人交谈的内容，并观察对方内部的情况，也可找机会从对方员工口中了解到对方现在的经营状况到底如何，说不定你会有所收获。

（7）坚持不懈。如果经过多次催讨，对方还是拖拖拉拉不肯还款，要表现出一定的耐心，或者在侦知对方手头有现金时，或对方账户上刚好打入一笔款项时，就即刻赶去，逮个正着。

二、旅行社固定资产管理

（一）固定资产折旧管理

固定资产折旧是指固定资产在使用过程中，由于使用损耗等转移到费用中的那部分价值，通过提供服务，从所取得的营业收入中得到补偿，为企业今后的固定资产更新筹集资金。

1. 固定资产计提折旧的范围

（1）房屋和建筑物。

（2）在用的机器设备、运输车辆。

（3）季节性停用、修理停用的设备。

（4）融资租入的设备。

（5）以经营租赁方式租出的固定资产。

2. 固定资产计提折旧的方法

计提折旧的方法主要有四种：直线折旧法、工作量折旧法（按设备工作小时分摊折旧法）、年限总和折旧法与双倍余额递减折旧法。

（1）直线折旧法。直线折旧法也称平均年限法，即根据固定资产的预计使用年限和预计净残值，按照年限等额计算提取折旧的方法。其计算公式为：

年折旧额＝（固定资产原值－预计净残值）/预计使用年限

（2）工作量折旧法。工作量折旧法也称按设备工作量分摊折旧法。其计算公式为：

工作量的折旧额＝（固定资产原值－预计净残值）÷设备预计实际使用寿命

（3）年限总和折旧法。该法以固定资产原值扣除净残值后的余额，与一个逐年变动的折旧率相乘，来计算各年折旧额的一种方法。其计算公式为：

固定资产年折旧额＝（固定资产原值－预计净残值）×当年的折旧率

（4）双倍余额递减折旧法。该法以固定资产年初折余价值，乘以一个固定不变的折旧率，来计算折旧额的计算方法。折余价值即固定资产净值，是固定资产原值扣除累计折旧额的余额。折旧率是直线法的2倍。其计算公式如下：

年折旧率＝2÷折旧年限×100%

采用该法计提折旧，由于净值逐年递减，在折旧率不变的情况下，净值永远无法摊完，所以计算中，通常在折旧年限到期前2年，改用直线法计提折旧。

（二）固定资产修理、盘盈盘亏及清理

旅行社的固定资产一般种类不多，价值不会太大，但仍应建立账册，加强管理，核实在固定资产使用中是否存在账实不符的情况，以保证固定资产安全完整。旅行社发生的固定资产修复费用，可以计入当期成本费用。对数额较大、发生不均衡的修理费用，可以分期摊入成本费用，也可以根据修理计划分期从成本中预提。

旅行社固定资产发生盘亏或毁损，应按该项固定资产的净值扣除过失人及保险公司赔款后的差额计入营业外支出。固定资产发生盘盈时，应按固定资产净值及时入账计入营业外收入。出售或报废清理的固定资产，应按其变价净收入与其净值的差额，列入营业外收入或营业外支出。

【课外阅读】

旅行社对拖欠款的管理

旅行社之间相互欠款已经成为中国旅行社行业的老大难问题。在目前的买方市场条件下，目的地接待社无法采用"先付款，后接待"的经营方式，也不能一概拒绝旅游中间商的延期付款要求。

然而，信用条件过宽虽然能够使旅行社获得较多的客源，但会导致更大的坏账风险。一旦对方赖账或破产，就会使拖欠款项的旅行社蒙受重大的经济损失。以往，我国的不少旅行社都吃过这种苦头，甚至走上"关门"的不归路。

中国康辉旅行社股份有限公司采取了下列措施，以加强对拖欠款的回收和尽量减少拖欠款的数额。

（1）总经理亲自过问客户的挂账和催讨事宜，要求各营业部门每月向总经理汇报一次，检查员工催讨欠款的工作效果。

（2）将催讨欠款同各营业部的经济利益挂钩。凡在经营中获得利润但是未能将欠款收回的部门，根据欠款金额的比例缓发部门应得奖金，留待以后视其收回欠款的数额按比例补发。

（3）制定切实可行的信用制度和标准。对于那些信誉好、付款及时、经济实力雄厚、送客量大且与本旅行社长期保持合作关系的旅游中间商，最多允许其在旅游者旅行结束后 3 个月内付款；对于那些信誉较差、送客量小、付款不及时或是初次合作的旅游中间商，则不允许挂账，必须支付现金。

由于将拖欠款的回收效果同相关部门的经济利益直接挂钩，各部门开始重视对拖欠款的催讨和回收，并取得了显著的成效。目前，该旅行社的不良债权已经大幅下降，旅行社的合法经济利益得到了有力的维护。

资料来源：梁智. 旅行社运行与管理[M]. 东北财大出版社，2002

第六节　旅行社财务报表与财务分析

【导入案例】

这样的管理者不能当

小石作为全国百强旅行的入境业务东南亚部经理，熟悉组团业务，且讲一口流利的粤语。因为他勤奋、有责任心，深受海外旅游商的信赖。多年来，他在旅游市场的开发与旅游产品

的推广方面，为公司业务的发展做出了巨大的贡献。新、马、泰等国赴本省的团队数量日益增多，公司赏识他的能力破格提升他为入境旅游中心的总经理助理。得到提升后，小石却坐不住了，财务报表看不懂，脱离了业务部门，对旅游市场的情况无法掌控，最后他提出了回到原来的岗位上工作。

财务报表是财务分析的基础。财务分析，即对旅行社的财务状况和经营成果进行分析和评价，它是财务管理的重要方法之一，也是旅行社一定期间财务活动的总结，为旅行社下一阶段的财务预测和财务决策提供依据。旅行社管理者应以各种财务报表的核算资料为基础，对旅行社财务活动的过程和结果进行研究与评价，以分析其经营过程中的利弊得失、财务状况及发展趋势，为日后进行经营决策提供重要的财务信息。

一、旅行社财务报表

旅行社财务报表是反映旅行社财务状况和经营成果的书面文件。主要包括资产负债表、损益表、现金流量表及其他附表。在此，我们主要介绍与旅行社经营关系最密切的资产负债表、损益表和现金流量表。

（一）旅行社资产负债表

资产负债表也称财务状况表，是反映旅行社在某一特定时期财务状况的报表。通过资产负债表，可以全面综合地了解旅行社资产、负债和所有者权益结构的合理程度、财务实力的雄厚程度、偿债能力的强弱、所有者持有权益的多少及旅行社财务状况的发展趋势。

资产负债表是根据资金运动的规律，即资产＝负债＋所有者权益这个会计恒等式设计的。从结构上看，资产负债表主要包括资产、负债和所有者权益三大类项目，分别列在表的左右两方。表的左方是资产类项目，反映旅行社拥有资产的情况；右方为负债及所有者权益类项目，反映旅行社所负债务和所有者权益的状况。金额栏设有年初数和期末数两栏，以利于该表的使用者掌握和分析旅行社财务状况的变动趋势。

（二）旅行社损益表

损益表也称收益表，是反映旅行社在一定会计期间生产经营成果的财务报表。编制损益表的依据是会计恒等式：利润（亏损）＝收入－成本费用。它提供了企业利润计划的完成情况、企业的获利能力以及利润增减变化的原因等财务信息，报表使用者可以据此了解和评价企业获利能力，预测企业利润的发展趋势。

（三）旅行社现金流量表

现金所起的作用，是不言而喻的。旅行社在经营活动过程中，会产生大量对旅游服务要素部门和企业的应付账款，以及电话费、员工工资等经营费用。这些款项都需要用现金来支付。如果不能及时获得经营活动所需的资金，旅行社的经营活动就会陷入严重的困难。通过对现金流量表的分析，可以大致判断企业的经营周转是否流畅。现金流量表可以向旅行社管理者及其他有关单位和部门，提供旅行社在一定会计期间内，现金和现金等价物的流入和流出情况，可以使他们了解旅行社获取现金和现金等价物的能力，并据以预测旅行社未来的现金流量。

二、旅行社财务分析

考核和评价企业财务状况和经营成果的指标，主要包括流动比率、速动比率、资产负债率、应收账款周转率、存货周转率、资本金利润率、营业利润率、成本利润率等。这8项指标分别反映和评价旅行社的偿债能力、营运能力和获利能力，如表7-2所示。

表7-2　财务状况和经营成果考核评价表

类别	指标	计算公式	目标和含义
偿债能力	流动比率	流动资产÷流动负债	评价企业以短期可变现资产支付短期负债的能力
	速动比率	（流动资产-存货）÷流动负债	评价企业快速变现资产，支付短期负债的能力
	资产负债率	负债总额÷资产总额	说明资产中用以负债融资的百分比
营运能力	应收账款周转率	赊销收入净额÷应收账款平均余额	测算从赊销客户处收回现金的能力
	存货周转率	营业成本÷存货平均余额	评价企业一段时期（年）内，存货转化为销售的次数
获利能力	资本金利润率	利润总额÷资本金总额	评价企业所投入资本的盈利能力
	营业利润率	利润总额÷营业收入总额	评价企业营业收入中的盈利比例
	成本利润率	利润总额÷成本费用总额	评价成本费用和利润的关系

旅行社是旅游业的龙头，是一种典型的服务性企业。相对于其他行业，旅行社运营不要太多的资本金，主要依靠提供劳务获取收益。旅行社的资本金利润率比一般的企业要高得多。因此，资本金利润率不是衡量旅行社盈利能力的主要指标。旅行社的成本费用占营业收入的比重很高，这是由旅行社企业性质决定的。一般情况下，旅行社的成本利润率都不高。因此，成本利润率也不是衡量旅行社盈利能力的主要指标。营业利润率才是衡量旅行社盈利能力的主要指标。不同的企业管理者看问题的角度往往不同，因此，他们所需要的信息也不同，有的人可能会特别偏重某一张表或某一个乃至几个指标。在企业管理实践中，每张财务报表提供的信息各有其不同的用途。上述所列财务指标，反映的是企业经营中的不同情况和不同问题。

思考与练习

1. 如何使旅行社的应收账款得到有效的控制？
2. 如何进行旅行社成本费用控制？
3. 如何分配旅行社利润？

第八章 旅行社的综合管理

本章提要

本章主要介绍了旅行社人力资源的管理，如何进行客户管理和有效的售后服务，旅行社的服务质量管理以及安全管理等方面的知识。通过学习，使学生熟悉和掌握旅行社人力部、质检部和安保部等部门的职责，从而为成为全面的旅行社管理人才奠定基础。

第一节 旅行社人力资源管理

【导入案例】

"回聘"使他死心踏地

A旅行社员工李明，1999大学毕业后就在一家知名的旅行社做总经理助理。其间，有不少公司想挖他，而且薪水开得很高，但是，都遭到了他的拒绝。这么好的机会，他为什么放弃呢？原来，早在2000年，该旅行社就已针对主动辞职员工设立"回聘"制度。2001年，李明曾向旅行社主动提出辞职，当他临走前，总经理对他说："你是名优秀的员工，只要你想回来，我们永远欢迎你，以后若有什么困难，尽管来找我。"这些话，使李明备感温暖，铭记于心。

第二年，他又回到了A旅行社，并且比以前更加努力地投入工作。他常常对同事说，他喜欢这里的工作环境。总经理待人和气，对于下属的工作从不多加指责，如果有不同意见和建议，总经理总是非常委婉地提出来，然后一同商量解决，给员工的承诺也能一一兑现；公司的同事非常热情，如果在工作中遇到困难，他们都尽心尽力地提供帮助。在这种良好的环境下工作，谁又愿意离开呢？

该旅行社面对人才流失，则采取了积极的挽救措施，针对主动辞职员工设立"回聘"制度，这从人力资源管理制度上体现了一种开明的态度，更多地表现了一种对人才的渴望，及时挽留了企业人才，避免了企业危机的发生。

一、旅行社人力资源概述

（一）旅行社人力资源

人力资源是指一定范围内的人所具备的劳动能力的总和，也称"人类资源"或"劳动力资源"、"劳动资源"。这种劳动能力构成了其能够从事社会生产和经营活动的要素条件。旅行社的人力资源除了具有一般人力资源的特征外，还具备受教育程度高、知识范围广、专用技术强等特征，是一种高素质的人力资源。旅行社的人力资源开发，是指旅行社以本行业对人力资源的特殊要求为依据，运用科学的管理方法，对其人力资源进行最优化的组合和利用，以获得最佳的经营效果。

(二)人力资源开发的内容

1. 制定科学合理的人力资源计划

人力资源开发部门应该以企业的经营管理目标为指导,研究旅行社经营管理和企业发展对人力资源的需求量和需求标准,做好旅行社人力资源数量和质量的预测,并制定人力资源开发计划。

2. 招聘和录用所需员工

人力资源开发部门应按照旅行社人力资源开发计划和相关部门或岗位对不同员工的基本素质、专业知识、专业技能和操作能力的标准,在旅行社内部或外部招聘和录用员工,达到人与岗位的最佳组合。

3. 建立完整的考核体系和奖惩制度

人力资源部门应按照旅行社的业务性质和岗位要求,制定出相应的考核制度和奖惩制度,作为科学地考核和评估员工的工作成绩,作为员工提升、调职、培训和奖励的依据。

4. 建立科学的薪酬福利制度

人力资源部门应根据国家和地方的相应劳动法律法规及旅行社的具体情况,建立科学的薪酬福利制度,以有效地激励员工的工作积极性。

(三)人力资源开发的任务

1. 造就优秀的员工队伍

根据旅行社经营发展的要求,广开才路,招纳贤才,形成一支符合旅行社经营业务要求的员工队伍;加强对员工队伍的培训和提高,不仅要提高其业务素质,也要提高员工队伍的政治思想素质,强化服务观念,使员工队伍从数量和质量上确保旅行社经营发展的需要;通过科学的管理和有效的激励方式,激发旅行社员工的主动性和创造性,使员工热爱旅行社,热爱本职工作,各尽所能地发挥出最大的效用,最终形成一支高素质的优秀的员工队伍。

2. 建立科学的人力资源开发利用体系

建立一套招聘员工的科学的程序和方法,为旅行社挑选一批事业心强、有培养前途的员工;建立一套科学的培训制度和方法,有效地提高旅行社员工的素质和能力;进行科学的定岗定员、优化结构、发挥最佳的群体效应;通过科学的管理和激励方法,创造一个良好的人事环境,使员工安心工作,乐于工作,进取向上,最大限度地发挥员工的积极性和创造性。

二、旅行社人力资源管理

(一)旅行社员工的选聘

1. 旅行社选择员工的标准

(1) 能力。能力是指一个人所具备的知识与才能,它包括人的智力创造力和特殊能力。旅行社在员工选用方面,应坚持学历与技能并重,适当向技能倾斜的原则。

(2) 性格。性格是一个人长期习惯形成的一种稳定的心理特征,是影响其工作绩效的一个重要因素。不同的工作岗位对于员工的性格有着一定的要求。旅行社在选择员工时,应详细了解员工的性格,根据其性格的优缺点合理安排其工作岗位。

(3) 价值观。每个人都有自己的价值取向,不同的价值观指导人的思维产生不同的行为。旅行社应选择那些具有与旅行社相同或相似的价值观的应聘者,以增加相互之间的认同感,避免因价值观差异所导致的损失。

(4) 业务知识。业务知识包括基本的文化程度、文化修养，一定的专业知识水平。尤其是旅行社的导游人员，需要通过全国导游资格考试，得到导游资格证书才能上岗。

(5) 身心条件。旅游一线从业人员需要充沛的精力、健康的体魄和良好的心理素质。一般来讲，旅行社招收新员工以中青年居多，主要考虑到他们身体机能处于人生的最好状态，能够胜任经常出差和销售工作。

2. 旅行社聘用员工的程序

(1) 制定用人计划

第一，进行职务分析。职务分析是指旅行社人力资源开发部门依据旅行社的总体发展目标和经营管理活动的需要，对旅行社各个岗位的任务、责任、性质及任职人员应具备的条件进行认真的分析研究，并做出明确的规定。

第二，提出岗位要求。旅行社人力资源开发部门应在职务分析的基础上，用书面形式详细规定每个岗位的工作内容、职责、要求及其特性，并且明确规定各个岗位的操作规程、标准和具体要求。

(2) 开展招聘活动

第一，部门申请。各部门根据本部门业务活动或管理工作的实际需要，依据旅行社的用人计划，向人力资源开发部门提出书面用工申请。

第二，申请审核。由人力资源部门根据旅行社的用人计划及相关规定，逐项审核用工部门的书面申请。审核完毕，决定是否同意进行招聘。如果拟招聘的岗位是部门经理、副经理或业务骨干，还应上报总经理批准。

第三，进行招聘。人力资源开发部门根据经过审核或批准的用工申请，进行招聘。招聘活动分为：内部招聘和外部招聘。

(3) 挑选及录用员工

旅行社在挑选员工时可采用履历表挑选和直接挑选两种方式。经过初试和面试后，择优录取。旅行社在经过挑选并决定录用后，应以书面形式正式通知应聘者。在经过应聘者的认可和接受后，双方依法签订正式录用合同。

（二）旅行社员工的培训

旅行社招收到新员工之后，要进行培训。人员培训是旅行社人力资源管理的一项长期重要内容，能够提高旅行社的经营管理水平，培养员工的适应能力，挖掘员工的潜在能力，增强旅行社的核心竞争力。

1. 旅行社员工培训的内容

(1) 职业道德培训

职业道德培训使员工了解国家发展旅游业的意义和旅行社在旅游业中的作用，帮助员工树立主人翁意识、职业自豪感和荣誉感；使员工了解本旅行社的经营目标、经营理念，自觉维护企业形象；培养员工正确的劳动态度和敬业精神，树立良好的服务意识，增强职业责任感，自觉养成良好的职业道德；增强员工的团队意识与合作精神，培养精益求精的工作作风。提高员工的遵纪守法意识和道德水准，自觉地遵守国家的法律法规，遵守旅行社行业的规章和本旅行社的各种制度，坚持诚信原则，树立正确的价值观，培养高尚的道德情操。

(2) 知识培训

旅行社应顺应时代，适应宏观和微观经营环境的变化，通过培训使员工掌握工作所必需

的大量知识,实现旅行社人力资源的现代化和知识化。知识培训的主要内容包括:

①专业知识,包括旅行社产品知识、旅行社市场知识、旅行社资本运营知识和旅游接待知识;

②旅游理论知识,包括旅游学知识、旅游经济学知识、旅游心理学知识、管理理论和消费者心理学知识;

③相关学科知识,包括地理、文化、自然、科技、历史、民俗、政治、经济、社会等相关学科的知识;

④旅游法规知识,包括旅游法规、经济法律法规、消费者权益法规等法律法规知识;

⑤其他相关知识,包括礼仪知识、外语知识、旅游电子商务等方面的知识。

(3) 能力培训

旅行社通过能力培训,使员工掌握完成本职工作所必须具备的各种能力。这些能力包括:

①业务能力,是指旅行社员工为开展相关的业务工作所必须具备的能力,包括旅行社产品设计与开发能力、旅游服务采购能力、导游接待能力、公共关系能力、谈判沟通能力、销售能力和应付突发事件的能力。

②管理能力,是指旅行社管理人员为保障企业的正常经营活动所实施有效管理活动的能力,包括决策能力、计划能力、组织能力、协调能力、信息汇集处理能力和财务管理能力。

③经营能力,是指旅行社为实施经营活动所应具备的能力,包括市场开拓能力、创新能力、实践能力、资本运营能力、语言运用能力和创新能力。

④学习能力,是指旅行社的员工为胜任工作岗位的要求和实现个人发展所具备的学习各种知识和技能的能力。学习能力包括严肃的治学态度、严谨的学风和理论联系实际的学习方法。

2. 旅行社员工培训的方式

(1) 岗前培训

岗前培训,是提高旅行社员工素质的重要措施。根据国家旅游局提出的在旅游行业中实行"先培训,后上岗"的制度,新员工在进入旅行社之后,应接受岗前培训。岗前培训的课程有旅行社介绍、敬业精神、服务观念、服务意识、操作规范、业务知识、导游知识、外事纪律、旅行社规范、规章制度等。

(2) 在职培训

在职培训又称岗位培训,是指对具有一定业务知识和操作实践经验的职工进行有组织的集中教育,不脱产或短期脱产的培训。培训的内容基本上贯穿于整个旅行社工作的过程。开展岗位培训能提高现有员工的业务素质,不断提高现有水平。

(3) 脱产培训

脱产培训是指旅行社的员工离开工作岗位到有关院校或培训机构接受比较系统的专业教育。学习的内容包括语言、政策法规、旅行社业务知识、导游知识、管理知识、旅游经济学、旅游心理学、旅游市场学等知识。其特点是学习的知识比较系统、全面,对于文化层次比较低或希望提高自己学历的员工较为适合。

(4) 适应性培训

适应性培训又称应用性培训或转岗培训,是指旅行社针对一些员工因工作需要,从一个岗位转向另一个岗位,工作内容完全变了,因此对转岗人员进行的培训,要求转岗的员工在短时间内掌握新的工作知识和技能。培训的方法可采用请专家上门讲课、现场观摩等。

（5）专题性培训

专题性培训是指旅行社针对员工在某些知识领域的需求，聘请有关专家或社内工作经验丰富的人员就某一个专题进行培训。培训的内容包括外国语知识、客源国（地区）的相关知识、旅游目的地国家（地区）的相关知识、旅游法律法规知识等。

三、旅行社企业文化建设

【导入案例】

康辉旅行社企业文化

康辉LOGO

康辉旅行社品牌标识寓意"健康、辉煌、快乐、光明、向上"，词义富有民族特色，欢乐吉祥。

它蕴涵三层含义：

一是预示着企业发展前途光明；

二是通过企业发展，造福国家、社会和大众；

三是给忙碌的您愉悦身心、放松心情，畅游世界。

康辉标识形似梅花，其意念为：

1. 梅花代表康辉坚定不移的发展道路；
2. 梅花变形为人手相连，象征康辉崇尚团结、合作的精神；
3. 梅花变形似五洲，象征康辉事业前途广阔，遍布五洲；
4. CCT为中国康辉旅行社有限责任公司英文China Comfort Travel缩写；
5. 上下半弧，分别代表天与地，象征康辉具天地之灵气，事业日新；
6. 深绿色为企业标准色，取海之碧绿，象征和平，体现康辉在天地之间传播生命之绿，点缀生活。

（一）旅行社企业文化的概念

旅行社企业文化是在一定的社会历史条件下，企业经营和管理活动中所创造的具有特色的精神财富和物质形态。它包括文化观念、价值观念、企业精神、道德规范、行为准则、历史传统、企业制度、文化环境、企业产品等。其中价值观是企业文化的核心。企业文化具有鲜明的个性和特色，具有相对独立性，每个企业都有其独特的企业文化。旅行社企业文化是旅行社个性的根本体现，贯穿于旅行社发展战略、经营管理之中，是旅行社生存和发展的灵魂，是旅行社企业核心竞争力的重要组成部分。

（二）旅行社企业文化的构成

1. 旅行社的物质文化

（1）企业环境。企业环境是指旅行社企业文化的外在象征，体现了旅行社企业文化的个性特点。旅行社的企业环境包括：工作环境，旅行社的工作环境是指为员工提供的工作氛围，体现了旅行社对员工情绪、需求、激励的重视程度；生活环境，旅行社的生活环境包括旅行社为员工提供的居住、休息、娱乐等生活服务设施和为员工及其子女提供的学习条件。

（2）企业标识。企业标识是旅行社企业文化的可视象征之一，主要包括旅行社的名称、标志等方面的内容，是旅行社企业文化个性化的标识。

2. 企业行为文化

（1）企业目标。企业目标是旅行社以经营目标形式表达的一种企业观念形态的文化。旅行社将企业目标作为一种意念和信号传达给员工，引导他们的行为。

（2）企业制度。企业制度是指旅行社的行为规范，是旅行社正常运转所必不可少的重要因素。旅行社企业制度的基本功能包括：企业价值观的导向；实现企业目标的保障；调节企业内人际关系的基本准则；组织企业生产经营、规范企业行为的基本程序和方法；企业的基本存在和功能发挥的实际根据。

（3）企业民主。旅行社的企业民主，是旅行社企业文化的一个重要方面，包括员工的民主意识、民主权利、民主义务等一系列参与企业经营管理的措施和活动，其核心是一种"以人为本"的价值观和行为规范。企业民主有利于确定员工的主人翁地位，改善管理者与被管理者之间的关系，提高旅行社在市场竞争中的应变能力。

（4）企业文化活动。它包括文体娱乐性活动、福利性活动、技术性活动、思想性活动。旅行社的企业文化活动具有功能性、开发性和社会性的特点。

（5）企业人际关系。人际关系是指人们在社会生活中发生的交往关系，体现了双方的互动行为。旅行社的企业人际关系具有两种基本形式：纵向关系，即旅行社的管理者与被管理者之间的上下级关系；横向关系，即旅行社员工之间的相互关系。

3. 企业精神文化

（1）企业哲学。旅行社的企业哲学是指旅行社的经营哲学，是对旅行社全部行为的一种根本指导。旅行社企业哲学的根本问题是旅行社的人与物、人与经济规律的关系问题。

（2）企业价值观。旅行社的企业价值观是指旅行社的管理者及其员工据以判断是非的一种标准，它指导旅行社的管理者及其员工有意识、有目的地选择某种行为去实现物质产品和精神产品的满足。旅行社的企业价值观，是旅行社企业文化的核心，为旅行社的生存与发展提供了基本方向和行动指南。

（3）企业精神。企业精神是指现代意识与企业个性结合的一种群体意识。旅行社的企业精神是旅行社全体员工经过长期培育，并且为他们所认同的一系列群体意识的信念和座右铭，也是旅行社在为谋求生存与发展、实现自身的价值体系和社会责任而从事经营的过程中，形成的一种人格化的群体心理状态的外化。

（4）企业道德。企业道德是指旅行社调整内外关系的职业行为规范的总和。它是一种内在的价值观念和企业意识。旅行社的企业道德是旅行社经营管理理论与实践的一种必然产物，也是旅行社在实践中求生存、求发展的主体性的强烈表现。

（三）旅行社企业文化的建设

1. 提高旅行社的物质文化

旅行社在建设企业文化的过程中，应大力增加对企业物质文化的投入，改善旅行社的企业环境。旅行社应努力做到：整顿旅行社的社容、社貌、社风；加强职工教育，注重智力投资和人才培养,丰富员工的业余文化生活,营造活跃的思想氛围;提升旅行社产品与服务的美誉度,树立旅行社完美的社会形象。

2. 加强旅行社的制度文化

旅行社的管理者应该加强企业的规章制度建设,切实弄清企业的家底,了解员工的心态,把握企业运行的脉搏。同时,旅行社的管理者还应该了解国家的政治、经济形势,把握政府的政策,掌握并预见市场动态和外界的变化,为旅行社创造一个良好的制度环境。

3. 丰富旅行社的精神文化

旅行社的管理者应努力促进企业文化的不断演进,建立起本企业的价值观,构筑出真正能反映企业特点并被员工所普遍认可的理念。另外,旅行社的管理者必须树立起能够真正鼓舞员工的斗志、激发员工热情、激励员工为企业的目标而拼搏的企业精神,从而促使企业管理体制步入更高境界。

第二节　旅行社的客户管理和售后服务

【导入案例】

旅行社客户管理系统的信息化运用

浙江省中国国际旅行社位于杭州,创建于 1954 年,前身为中国国际旅行社杭州分社。在为大众提供优质旅游服务的同时,旅行社在日常的运作中出现了客户管理方面的问题。传统的管理方法已经无法适应日益增长的客户数量,大量的客户资料信息需要进行合理的记录及分析,造成了客户资源流失的情况。在信息化时代自然要运用到信息化的管理方式,CRM 旅行社客户管理系统成了浙江省中国国际旅行社的首选。经过多方对比旅行社最终选择了管理 123 的旅行社客户管理系统。

由于旅行社在日常业务中的销售周期短,掌握客户合作密切程度、合作数量是应用 CRM 旅行社客户管理系统所要到达的主要目的。浙江省中国国际旅行社首先将企业自身的需求告知了管理 123 的销售人员,他们的需求主要表现在三个方面:一是客户资料管理;二是商务管理,即合约信息的管理,例如合约签约情况,包括数量、地区、线路等;三是事务管理,包括企业内部的市场活动、工作日历等。管理 123 的销售人员在了解了旅行社的需求之后,为它推荐了管理 123 的 CRM 旅行社客户管理系统。管理 123 旅行社客户管理系统以客户为中心,采用销售漏斗式管理,掌握每个客户的跟进状态,详细记录客户生命周期全过程所产生的信息,并可自动统计生成报表,帮助企业更好地获取客户、保留客户及提升客户价值,提高客户满意度和忠诚度,从而全面提升企业竞争能力和盈利能力。

管理 123 的 CRM 旅行社客户管理系统有一个很大的特点是,可以根据客户的实际需求进行相应的栏位设置。根据浙江省中国国际旅行社的实际需求,管理 123 的技术人员为旅行社制定了符合需求的栏位设置,其中包括具有行业特征的团号、计划号等。在有效沟通之后管理 123 为其提供了满意的 CRM 旅行社客户管理系统服务,将系统应用于日常企业管理之后也取得了令人满意的效果。将管理 123 旅行社客户管理系统应用于日常管理之后,旅行社的工作效率明显提高,实现了更加有效的信息化管理。

一、旅行社的客户管理

企业的发展经历了从"以产品为中心"、"以销售为中心"到"以利润为中心"几个阶段，如今已发展到"以客户为中心"，而且更深入和更实质地进入了"以客户满意为中心"的商业模式阶段。争取一个新客户需要投入的成本要比一个老客户多5倍！国际上一些非常有权威的研究机构，经过深入的调查研究以后，得出了这样一些结论："把客户的满意度提高5个百分点，其结果是企业的利润增加一倍"；"一个非常满意的客户，其购买意愿比一个满意客户高出6倍"；"2/3的客户离开供应商是因为供应商对他们的关怀不够"；"93%的企业CEO认为客户关系管理是企业成功和更有竞争能力的最重要的因素"；如同企业的产品有生命周期一样，客户同样也是有生命周期的。客户的保持周期越长久，企业的相对投资回报就越高，从而给企业带来的利润就会越大。由此可见保留客户非常重要。保留什么样的客户，如何保留客户是对企业提出的重要课题。

（一）客户管理概述

1. 客户

客户的含义很广泛，以下均属于客户的范畴：购买最终产品与服务的零售客户，通常是个人或家庭；将购买你的产品或服务并附加在自己的产品上一同出售给另外的客户，或附加到他们企业内部业务上以增加盈利或服务内容的客户；渠道分销商和特许经营者；内部客户，即企业内部的个人或业务部门。

2. 客户管理

客户管理是通过满足消费者的要求，甚至超出消费者要求的范围，达到使他们愿意再次购买的程度，并将偶然的消费者转变成忠诚的消费者的所有行为。客户管理的目的是：通过正确的方法与客户之间建立起良好的关系，使客户认识你，认可你，使客户由眼前的（短期的）的合作者变为长期的合作者，从而为企业创造更多的利益。

西方学者Gartner Group提出了"客户关系管理"的概念，即Customer Relationship Management，简称CRM，是指通过对客户详细资料的深入分析，来提高客户满意度，从而提高企业竞争力的一种手段。它主要包含7个主要方面：客户概况分析、客户忠诚度分析、客户利润分析、客户性能分析、客户未来分析、客户产品分析、客户促销分析。

客户关系管理是一个复杂的运营系统，它贯穿了客户识别、挑选、获取和保持的整个商业过程。旅行社的客户关系管理模式是一个围绕游客展开的循环系统，包括3大阶段、2大支撑。3大阶段即准备阶段、价值实现阶段、后续阶段；2大支撑是来自旅游需求方面的客户档案和来自供给方面的旅行社内部支持系统。旅行社通过这个闭环系统实现了对游客的售前、售中、售后服务，并通过有效的反馈监控机制和旅行社的支撑系统保证了游客体验，最终既实现了客户忠诚也带来了旅行社的盈利。客户关系管理实际上是一个分析客户价值、创造和传递客户价值、巩固和恢复客户价值的有机统一的价值链系统，在这个价值链中，旅行社的营销目标经历了从为游客满意做准备、达到游客满意到保持游客长期满意的过程。

美国哈佛商业研究报告表明：多次光临的顾客比初次登门者可为企业带来更多的利润。对于强烈依赖顾客消费的旅游业而言，稳定而忠诚的游客群无疑是旅游业宝贵的财富。因此，为了培育国内外稳定的消费群体，旅行社实施客户关系管理（CRM）将为游客提供更完备周到的售后服务和追踪联系。例如，开封的三毛旅行社，在国内较早地使用了租用型的客户信息管理系统 XToolsCRM（www.xtools.cn），主要作用是用来做客户信息的录入，将行业客户按类别分开，当进行促销时，就可以在系统中查询信息后，针对这些行业客户进行特色服务。在推出一些特价项目时，就可以根据在系统中查询出曾经预订过飞机票的人员，直接发送项目介绍的短信给他们，并附带机票特价信息。这样一来，方便了老客户对旅游新项目的了解，从而为旅行社带来经济效益的增长。

（二）旅行社的客户管理

1. 准备阶段

准备阶段是旅行社客户价值链运行的基础环节，这个阶段的工作包括：客户分析、市场细分、确定目标市场以及有针对性的宣传促销。根据帕累托 80/20 法则，即著名的"二八定理"认为，企业 80%的盈利来自最重要的 20%的顾客。因此，旅行社必须基于已有的客户展开分析，根据游客为旅行社带来的价值，将市场细分为有价值的客户、成长性的客户、需要淘汰的客户，根据不同的顾客类型决定投入到不同客户身上的成本。在确定目标市场后，旅行社要对有价值的客户和具有成长性的客户进行深入调查和研究，了解旅游者的消费行为、消费倾向、消费后的感受和意见，以及对旅行社旅游营销方式的接纳程度，并将客户意见及时反馈到旅行社的经营过程中，从而展开有针对性的线路开发和市场营销，达到招徕游客的目的。

例如，旅行社可以根据忠诚度的高低，区别不同的客户价值，进行不同的开发。

（1）小规模——低忠诚度的客户

这主要是针对小规模、易转移的散客旅游者来说的。此类客户对旅行社而言宛如"鸡肋"，管理成本高而盈利低。旅行社对此类旅游者只进行"前期示范性的加温"处理，满足其普及性的旅游需求而不进行针对性开发，尽量维持现有的关系。

（2）小规模——高忠诚度的客户

这是针对一部分重复购买率较高的散客和团队游客来说的。这部分顾客对旅行社提供的新的旅游线路和服务具有很高的忠诚度，有购买的意愿和兴趣，是最具成长性的客户。但是由于这些客户相对分散，旅行社投入的成本可能也比较高。旅行社要根据本身的资金规模决定对这部分顾客提供针对性服务的范围和界限，通过对这部分游客的会员管理，以让利、旅程赠送、免费观光、礼品馈赠、旅游热线预约等方式给予其一定优惠，通过提供适应游客需求的产品和超过游客期望的服务，使其向大规模高忠诚度转化。

（3）大规模——高忠诚度的客户

此类客户具有两大优点：一是可以发挥规模效应，所需要的平均客户支持小于其他类型的客户，是最具盈利性的客户；二是大规模客户的示范效果好，对其他类型客户的辐射能力强，可以帮助公司进行免费宣传。这类旅游者是旅行社目前最需关注的客户，对该类顾客管理的目标是保持他们对本旅行社的忠诚。为了达到这个目标，旅行社需要做的是：帮顾客制定出游计划、提供顾客喜欢的产品、为顾客提高附加价值。在旅游过程结束后要经常与旅游者沟通，经常邀请旅游者参加旅行社的联谊活动，或者是旅行社管理人员定期或不定期地主动上门拜访客户，征求他们对营销工作的意见和建议，通过跟踪调查，为这些游客提供特色的后续服务，提高他们的满意度，最终实现旅行社和旅游者的"双赢"。

（4）大规模——低忠诚度的客户

此类客户具有高度的不稳定性，因为此类客户的忠诚度虽然较低，但与其建立并保持关系的初期投入并不大，大规模带来了平均管理成本的降低。对此类顾客关系的管理主要采用随机抽样、进行电话交流并发放信息反馈卡，及时发现市场大规模需求的转变，通过强化企业品牌和提高服务质量来增加这部分游客对旅行社的信赖，促使其向高忠诚度的游客转变。

2. 创造价值阶段

这是旅行社客户关系管理价值链中最关键的环节。旅行社只有在游客的旅行中为其提供满意的服务，增强游客体验，才能留住游客，创造企业价值。离开了客户游程管理，准备阶段和后续阶段的工作都是空谈。根据以"游客为导向"的理念，旅行社在客户游程管理中必须做到：

（1）个性化

这个时代是个性化的时代。随着旅游者需求的多样化，大众旅游产品已不再具有竞争力，这就要求旅行社在提供服务的过程中，必须敏锐地捕捉市场需求，针对某一集中定位的目标市场，为游客量身打造个性化的产品，给顾客带来与众不同的独特体验。深圳国旅与《深圳晚报》联合主办的"深圳情旅"就是一个很好的例子。他们在游客游览过程中，举办"看家厨艺大赛"、"竹筏山歌对唱"、"榕树下面抛绣球"等活动，为旅游者创造交友契机，赢得了广大单身旅游者的欢迎。

（2）人情化

旅游经济是体验经济，旅游服务在游客游览过程中起着至关重要的作用。导游在游览过程中通过对游客无微不至的服务，建立起彼此间的情感联系与牢固的顾客忠诚度。例如，广之旅在公司内部推行"五心服务"，即热心的态度、贴心的服务、精心的安排、称心的导游、开心的旅程，始终如一地把满足客户的需求当作旅行社的第一要务，使游客的满意率达到98.6%。

（3）标准化

个性化是旅行社的灵魂，标准化是旅行社的生命。旅行社只有坚持服务程序和服务质量的标准化，才能提高旅游服务的效率，实现旅游服务与国际的接轨。例如，国旅总社2000年积极开展了ISO9001质量认证工作，明确了"诚信、优质、高效、安全"的质量方针，为游客满意提供了保证，为旅行社同行做出了表率。

3. 后续阶段

客户关系管理的真正目标是客户的长期满意，而不是一次性的交易。因此，旅行社的客户关系管理必须有一个延伸的阶段，以进一步巩固客户关系，恢复出现危机的客户关系。旅行社与客户关系的维持更多应该依靠一种情感沟通，通过从心理上影响游客的购买行为和意向，使其心甘情愿地与本社保持长期关系。例如，在客人返回后的第二天就向客人打问候电话，或在网上对客人问候，给客人寄送意见征询单、明信片等，逢年过节为旅游者赠送小卡片、小礼品，建立游客俱乐部，等等。

据调查，有68%的转移客户是由于旅行社缺乏售后服务的原因造成的。由于争取一名新顾客要比发展一名老顾客的成本高，旅行社必须高度重视游客的投诉。接到投诉后，要迅速进行调查，如果责任确实是属于旅行社方面的，要明确向游客道歉，赔偿游客损失。对于已经转移的游客要认真分析其转移旅行社的原因，利用提供旅游折扣或赠品等补偿客户，通过改进旅游产品和服务等恢复客户关系，最终实现客户满意和客户忠诚的目标。

在客户管理模式下，旅行社通过客户关系价值分类、有针对性的市场营销、高质量的游程管理和及时的游客跟踪服务，能够提供给游客更加个性化、人情化和标准化的旅游产品，从而提高游客对旅行社的满意度和忠诚度，相信通过引入旅行社的客户关系管理模式，未来旅行社的经营必将克服目前低盈利、低质量的问题，逐步进入低成本—高质量—高盈利的良性循环。

二、旅行社的售后服务

【导入案例】

广东飞马旅行社的成功经验

2002年农历九月初九，广东飞马旅行社组织了一个夕阳红团到广西贺州去玩。他们的旅程安排是到了贺州之后先去爬姑婆山，然后再到山下的路花温泉泡温泉。时间来回为1天。这个团的游客平均年龄都在60岁左右。所以这对于飞马旅行社来说是一项艰巨的旅程。他们不仅要考虑到旅客的安全，还要让旅客过上一个愉快的重阳节。在飞马旅行社周密谨慎的旅游计划安排下，这个旅程顺利结束。但这并不意味着飞马的服务结束了。九月初十，飞马旅行社负责售后服务的工作人员一一给参加旅游的游客打电话，向他们问候，顺便还咨询了游客对他们服务的有关意见，而且还寄去了节日礼物。这让游客非常满意，觉得没花错钱。

飞马旅行社每年都举行1次"飞马节"，旨在邀请一些有代表性的游客参加他们免费组织的持续3天的有意义的旅行。而这些游客都曾经参加过飞马旅行社所组织的旅游，是飞马旅行社的老顾客。而能成为这样的游客的条件是：在一年中参加飞马旅行社的次数不低于4次，且在每次的旅行中的表现都是比较好的。飞马旅行社实行这一举措以来收到了很好的效果，争取了不少的回头客，同时也引来了若干的新顾客。

飞马旅行社的服务宗旨是："顾客满意至上！尽量争取新顾客，不放过任何一位老顾客！"从飞马旅行社的成功经历可以看出旅游售后服务的重要性。售后服务对旅行社保持已有客源和开拓新的客源来说都是至关重要的。旅行社只有搞好售后服务，才能巩固和扩大客源。只有客源充足了，才能使旅行社在激烈的竞争中求得生存和发展！旅行社还要培养一种"顾客永远是对的"理念。只有懂得搞售后服务的企业，才是真真正正的经济人！

（一）旅行社售后服务的内涵

旅行社售后服务，是以老顾客为主要对象，解决客人遇到的问题，并通过富有人情味的服务和关系营销打动旅游者，使其建立与旅行社的良好关系，在旅游者行程结束后，主动与客人联络，促其重复购买的一种服务方式。旅行社的售后服务是对老客户新一轮的促销，通过它可以促使满意者重复购买，可强化无所谓者对旅行社良好的印象，尽力促成其重复购买，对于不满意者则可以化解其抱怨、不满，尽量减少负面影响。

（二）旅行社售后服务的方式

旅行社售后服务的方式有很多种，常见的有如下几种：

1. 问候电话：在旅游者返回后的第二天就向游客打电话，咨询他们玩得怎样，心情如何。

2. 生日及纪念日的祝贺：旅行社可选择一些特殊的日子加强同客人的联系，让客人感受到旅行社的关注和重视。

3. 促销性的明信片：旅行社可印刷一些优美风光的明信片，附上精心编写的祝福语，寄给游客，激发他们对已到景区的怀念和对新鲜景区的向往。

4. 书信往来：旅行社挑选一定的老顾客向他们写亲笔信。

第三节 旅行社服务质量管理

【导入案例】

先旅游，后付款

天津市天津开发区泰达国际旅行社有限公司自成立以来，就制定出了"体察客户心理、掌握客户需求、持续改进服务、达到客户满意"的服务质量方针。全体员工努力做到处处为客户着想，不断提高服务质量。

泰达旅行社在长期的旅游服务中发现，旅行社与客户产生矛盾的关键在于出行前的承诺与出游后的服务差距很大，因此客户感觉签约付款前主动权在己，一旦签约付款，则完全处于被动地位。对此，泰达旅行社为了彻底打消客户的担心和忧虑，让客户变被动为主动，放松心情，愉快出游，决定采用"先旅游，后付款"的方式签订合同。

2012年5月，天津开发区的哈那好医药器械公司计划组织180名职工前往张家界旅游。泰达旅行社在成团时，对客户出行费用采取以实际成本报价，旅行结束后如客人满意旅行社服务，再收取适当比例服务费的做法。这样做，一方面让客人可以无忧无虑地踏上旅途，另一方面也是对旅行社服务质量进行严格考验。赴张家界的旅行结束后，哈那好医药器械公司非常满意，并按照事前约定，全额给付了团款和服务费。事后，哈那好医药器械公司感觉泰达旅行社在实际人力、财力及服务等方面付出太多而回报太少，二者不成比例，打算增加服务费。但泰达旅行社本着诚信经营的服务宗旨，婉言谢绝了客户额外增付的费用，并对客户如此认同他们的服务深表谢意。

"诚信是根本，服务无止境。"天津泰达国际旅行社将诚信视为企业的生命，并会以此为基础，继续不断提高服务质量，精益求精。

一、旅行社服务质量管理

（一）旅行社服务质量管理的内涵

旅行社的服务质量管理是指旅行社为了保证和提高产品质量，综合运用一整套质量管理体系、思想、手段和方法所进行的系统管理活动。主要包括以下三个方面：

1. 旅行社的全面质量管理

旅行社的全面质量管理是指旅行社的一切经营管理活动，都要立足于设法满足旅游者的需求。全面质量管理，要求旅行社从产品质量、服务质量和环境质量三个方位进行全面的考察，实施全方位、全因素的管理。

2. 旅行社的全过程质量管理

（1）旅游活动开始前阶段的质量管理。在旅游活动开始前，旅行社质量管理的重点是加强对旅游产品的设计、宣传、销售和接待等方面的质量管理，严格控制信息收集、经营决策、操作实施和接待服务等环节的工作质量，防止出现吸引力差或不具有营利能力的产品，确实保证旅游产品的质量。

（2）旅游活动进行中的质量管理。旅行社在旅游活动开始后，应将质量管理的重点转移到对服务质量和环境质量的管理。

（3）旅游活动结束后的质量管理。在此阶段，旅行社质量管理的重点是旅游产品质量的检查和评定、提供售后服务及处理旅游者的表扬和投诉。旅行社的质量管理人员应主动征求旅游者的意见，认真听取旅游者的反映和感受，总结经验，以便进一步提高服务质量。

3. 旅行社的全员质量管理

旅行社的全员质量管理是指旅行社要求全体员工对服务质量做出保证与承诺，共同向旅游者提供服务。旅行社必须充分调动全体员工的积极性，不断提高人的素质，培养质量意识，全员参与旅行社的质量管理，以便从根本上保证旅行社的服务质量。

旅行社实施质量管理的意义在于：提高旅游者的满意度；提升旅行社的企业形象；创造良好的经济效益；提高员工的积极性；扩大客源的范围。

（二）旅行社服务质量的评价标准

1. 影响质量评价的因素

（1）有形因素。旅行社服务的有形性是指旅行社产品中的有形部分，旅行社和相关部门的硬件设施设备、服务设施的外观、宣传品的摆放和员工的仪表仪容等。由于旅行社产品的本质是一种无形的服务，而实现服务所借助的有形因素直接影响到旅游者对旅行社产品质量的感知。因此，旅行社产品中所包含的有形成分必然成为旅游者判断旅行社产品质量的重要因素。

（2）可靠性因素。旅行社产品的可靠性是指旅行社能够按时而准确地履行服务承诺的能力。由于旅行社的服务产品涉及多个相关部门，有很高的不确定性，因此旅游者在评价旅行社的服务产品质量时，最看重可靠性因素。只要旅行社在其提供服务的过程中出现不能兑现其承诺的行为，必然会导致旅游者对服务产品质量的不满。

（3）反应性因素。旅行社服务的反应性，是指旅行社随时愿意为旅游者提供快捷有效的服务。旅行社是否能够及时地满足旅游者的各种合理要求，表明旅行社是否具备了以服务为导向的经营观念，即是否将旅游者的利益放在了第一位。

（4）保证性因素。旅行社服务的保证性是指旅行社服务人员具有友好的态度和胜任工作的能力，具体包括服务人员完成任务的能力、对旅游者的礼貌和尊敬、与旅游者有效地沟通和将旅游者最关心的事放在心上的态度。保证性因素影响到旅游者对旅行社服务质量的信心和安全感及其对旅行社服务质量的判断。

（5）移情性因素。旅行社服务的移情性是指旅行社的服务人员设身处地地为旅游者着想和对旅游者给予特别关怀。这要求服务人员具有接近旅游者的能力和敏锐的洞察力，能够有效地理解旅游者的需要。

2. 服务质量的客观评价标准

（1）旅行社所提供的旅游计划中，旅游线路安排合理，旅游项目丰富多彩，劳逸程度适当，能够满足旅游者在旅游过程中游览和生活的需要。

（2）旅行社应保证制定的旅游线路和日程能顺利实施，不耽误或删减顾客的游程。

（3）旅行社应按质按量地提供计划预定的各项服务，如保证饭店档次、餐饮质量、车辆规格、导游水平、文娱节目、风味餐等。

（4）旅行社应保证旅游者在旅游过程中的人身及财产安全，保证其合法活动不受干预和个人生活不被骚扰。

（5）旅行社及旅游活动所涉及的相关旅游服务企业的服务人员不仅要有合格的文化素养和服务技能，还要有高尚的职业道德、强烈的服务意识和良好的服务态度，能够创造一种宾至如归的旅游氛围。

3. 旅游者的主观评价标准

（1）预期质量与感知质量的比较。旅游者通过将预期质量与感知质量进行比较，对旅行社产品的质量进行评价。当旅游者的感知质量大于或等于其预期质量时，旅游者就会认为旅行社产品的质量优秀，对旅行社的服务感到满意。当旅游者对旅行社产品的感知质量低于预期质量时，旅游者就会认为旅行社产品的质量低劣，并且对旅行社产生不满情绪。

（2）过程质量与结果质量的比较。旅游者评判旅行社产品的另一个标准是过程质量与结果质量的差距。旅游者在评价旅行社产品的质量时，要考虑旅行社通过消费该产品所产生的结果，如是否获得了希望得到的旅游信息，是否购买到了计划中的旅游产品。

【导入案例】

质量为先，信誉无价

多年来，西安中旅旅行社始终坚守着一个承诺："团队大小一个样、赚多赚少一个样、亏本服务不走样。"公司宁愿少赚、不赚，甚至是亏本也要把客人的利益放在第一位，把客人的满意放在第一位，把企业的诚信和荣誉放在第一位。

2012年3月，西安中旅与多家旅行社企业联手启动了香港-西安的包机旅游线路。包机初期，由于航班班次安排较为密集（每周3班），因此在运营过程中，难免出现收客不满的现象，一旦座位空缺太多，就面临着亏损的危险，但西安中旅却从未因此原因推迟或取消过一次航班。

6月中旬，一班包机仅收到了25位客人，如果继续执行飞行计划，亏损数额巨大。中旅公司内部有的工作人员说："客人团费区区几万块，可飞机飞一趟的费用可是十几二十万啊，数目太大，亏得太厉害了，还是找个理由，取消航班吧。"对此毫不知情的25位客人都已办好了通行证，准备好了行李，兴冲冲地等待着集合出发呢。

怎么办？飞，损失惨重；不飞，失信于客。最后，为了不失信于人，为了维护西安中旅多年来精心培育和树立起来的宝贵的诚信企业形象，经过斟酌，西安中旅公司毅然决定该班包机仍按原计划正常执行。直到登上飞机，这25位客人才知道了真相，不禁对随行的工作人员树起了大拇指，由衷称赞道："如此讲诚信，重信誉，西安中旅真是好样的！"

"金山有路诚为径，旅海无涯信作舟。"正是源于诚信经营、优质服务，西安中旅业已成长为西安市旅游行业的排头兵，公司先后连续多年荣获各类荣誉称号。

二、旅行社质量管理的实施

（一）产品质量管理

1. 产品设计质量管理。旅行社的产品质量，一般是指旅游线路和旅游节目设计安排的质量。产品设计的质量管理应侧重于：旅游线路安排是否合理；产品内容是否符合旅游者的需要；交通工具能否得到切实保障；游览项目有无雷同。

2. 产品销售质量管理。产品销售质量管理是为了避免在日后的接待过程中旅游者因对旅行社产品价格产生疑义而造成投诉。旅行社管理者在产品销售质量管理方面应着重了解产品的销售价格是否合理，有无价实不符的情况。如果发现旅行社产品价格与实际服务内容之间存在较大的偏离时，应设法予以适当的调整。

3. 产品促销质量管理。产品促销质量管理是指对旅行社的广告等宣传促销内容的管理。

旅行社必须实事求是地促销，如实地向旅游者介绍产品的内容。尽管一些旅行社采用夸大其辞的广告宣传等促销手段招徕旅游者，但是旅游者在旅游过程中往往能够轻而易举地发现受骗上当，并对旅行社产生强烈的不信任感。因此，旅行社管理者如发现本旅行社的促销中存在任何与事实不符的宣传内容，应坚决予以剔除。

（二）采购质量管理

1. 服务设施的采购质量管理。旅行社管理者应经常到一些主要的旅游服务供应单位实地考察，了解它们的设施设备情况。如果发现某个旅游服务供应单位的设施设备不具备接待旅游者的条件，则应坚决将其从旅游服务采购名单中删除，不能向其采购任何旅游服务项目，以保证旅游接待质量。

2. 服务质量的采购质量管理。旅行社管理者应通过导游员、旅游者的反馈意见和实地考察，检查各个旅游服务供应单位的服务质量。对于那些服务质量好的单位，旅行社应该加强与它们的合作，建立长期的供销关系；对于那些服务质量存在一定差距的单位，应向其指出其服务上的差距，并提出改进的要求。经过一段时间的考察，发现确实改正，服务质量明显提高并已达到有关标准的，旅行社可以同其建立合作关系；对于那些服务质量较差，经指出后仍不改正或改进程度较小，无法达到有关标准和不能满足旅游者要求的单位，旅行社应断绝同它们的合作关系，不再从那些单位采购服务产品。

（三）接待质量管理

1. 接待服务态度的管理。旅行社接待质量管理应首先从端正接待人员尤其是导游人员服务态度入手。旅行社管理者应通过现场抽查、向旅游者调查等方式考察和了解接待人员的服务态度。对于那些服务态度热情，受到广大旅游者喜爱的接待人员应予以适当的表扬和奖励，鼓励他们继续努力为旅游者提供热情周到的服务；对于那些服务态度较差的接待人员，应向他们提出严肃的批评，要求他们立即改正；对于少数服务态度恶劣，屡教不改的接待人员，则应坚决将其撤离接待岗位。

2. 导游讲解水平的管理。导游讲解是旅游接待业务的核心，其水平高低直接影响旅游者对旅行社服务质量的评价。旅行社管理者通常采取现场抽查的方式检查导游员的导游讲解水平。旅行社通过对导游人员的导游讲解水平的监督和管理，发现其中可能存在的不足并加以纠正，以确保旅游者享受到高质量的旅游接待服务。

3. 接待业务能力的管理。旅游接待人员的业务能力包括独立实施日常旅游接待的能力和处理各种突发事件的能力，是旅游接待业务顺利完成的重要保证。旅行社管理者应通过日常的观察和定期考核，检验接待人员的业务能力，并做出适当的评价，以便量才使用，对业务能力强的人员授予比较重要和比较复杂的接待任务，而将比较容易的接待任务交给那些业务能力相对比较弱的人员。同时，旅行社管理者还应注意不断对具有不同业务能力的人员进行具有针对性的业务培训，使业务能力较强的人得到进一步的提高，并使那些业务能力相对较弱的人经过一段时间的培训和锻炼，逐步胜任更加复杂和重要的接待任务。

（四）环境质量管理

1. 制定规定和标准。旅行社对自己直接能控制的环节，即旅行社内部相关部门的工作质量，应根据国家标准或行业标准，结合本企业的实际情况，制定质量标准、操作规程与岗位责任，并通过与奖罚制度相结合使之得以贯彻。

2. 实行合同管理。旅行社对于不能直接控制的环节，即旅游供应单位所提供的旅游服务产品的质量,应采取签订合同的办法来保证其所提供产品的服务质量。旅行社应严格选择旅游服务供应商,并通过双方所签订的合同,约束对方供应优质服务及其他优质产品。在合同中,应明确规定有关服务的质量标准,以及达不到标准的惩罚办法。

3. 主动规避风险。旅行社应对企业无法控制而又可能经常发生的质量问题早做预防,并尽力避开。如某景区(点)交通运力紧张、客房供应不足、传染病流行、气候恶劣等,旅行社应早做准备,要么提前做好交通工具和客房预订准备工作,要么避开,不安排旅游者到这些地区,以减少不必要的质量事故的发生。

三、旅游投诉的管理

【导入案例】

张家界的游客被"烧"惨了

黄金周期间,成都市民魏永利、王吉吉、李晓虎等11人参加了成都天府国际旅行社组织的标准团"张家界欢乐快车游",没想到地接社安排他们住宿名为"舒适酒店"的家庭旅游宾馆,饱受"黑店"之苦。

据魏永利、王吉吉等人称,他们飞抵张家界后,地接社张家界东升旅行社将成都客人带到一灯箱上书"舒适酒店"字样的家庭旅游宾馆。然而游客们却发现,该酒店无相关证照,并且紧邻垃圾中转站,苍蝇乱飞。该酒店与相邻建筑物距离不到0.5米,卧室通气的唯一窗户正对着厨房排气扇,而厕所与隔壁厕所上方相通,无任何遮拦,成人既可随意窥探,也可随意穿过。旅客们强烈要求换房,但随团工作人员全宏萍置之不理。在这人地生疏的偏僻小巷,旅客们担心生命、财产安全,担惊受怕地坐了一个通宵。

魏永利还告诉记者,东升旅行社派来的导游熊文新没有出示导游资格证,后经旅客一再要求,他才出示"永定区旅游咨询接待证"。整个旅游过程中,熊文新都用地方话解说,游人半天不知所云,一到景点,他就吆喝大家各自游玩。整个游程,大家只能随其他旅游团的导游东听一下,西听一下,完全未享受到合同约定的服务。游客们认为此次旅游被"烧"惨了,要求旅行社当面致歉,并赔付每人500元。

5月21日,记者前往天府国旅了解情况。旅游部经理高长春提起此事,一脸无奈地表示,我们也是受害者,张家界那边太过分了,我们绝对要讨个说法。高长春称,东升旅行社在张家界是数一数二的知名旅行社,但没想到竟出了这件丑事,他们为此要追究该旅行社的违约责任。

地接社张家界东升旅行社总经理王旭东却认为,四川游客的住宿地就是合同上指定的"舒适酒店"。因为该酒店有热水等设施,达到了"舒适"的标准,至于导游,熊文新是去年考上导游的,只是导游证还没有办下来。

张家界市永定区旅游局的答复称,根据"五一"、"十一"黄金周情况,为了游客不能在街头露宿,政府批准张家界家庭旅游宾馆可以接待客人。东升旅行社已完全达到接待标准,至于游客反映的证照,据查正在申请办理之中。

5月21日下午,天府国旅高长春和游客代表到成都市旅游执法大队协调解决此事。执法人员认为,所签合同中的"舒适"标准缺乏相关依据,目前还无"舒适"这个规定,只有星级标准。从游客提供的相关投诉材料证据看,旅行社确实存在问题。按《旅游投诉暂行规定》有关"退一赔一"的原则,组团社应该先退赔游客240元,然后向地接社追偿。

(一)旅游投诉产生的原因

1. 旅游服务部门的原因

(1) 交通服务方面的原因,如交通工具抵离时间不准时,交通途中服务质量低劣,忽视安全因素,等等。

(2) 住宿服务方面的原因,如下榻宾馆设施设备条件差,服务技能差,服务态度差,卫生条件差,等等。

(3) 餐饮服务方面的原因,如菜肴质量低劣。造成菜肴质量差的原因主要有三种:一是厨师没有按照菜谱上规定的主、副料配比进行烹调,造成菜肴的质量下降;二是厨师的烹饪技术差,做出的菜肴口味与规定不符;三是菜肴的分量不足,引起旅游者的不满。还有就餐环境恶劣、服务态度差、服务技能差,等等。

(4) 其他服务方面的原因,除了上述部门或企业因其服务欠佳造成旅游者投诉外,其他一些旅游服务部门如游览景点、娱乐场所、购物商店等也会因服务质量低下造成旅游者向旅行社提出投诉。

2. 旅行社自身的原因

(1) 活动日程安排不当。如活动内容重复、活动日程过紧或过松、购物时间过多等。

(2) 接待人员工作失误。如擅自改变活动日程、不提供导游服务、造成各种责任事故、服务态度恶劣等。

(二)旅游投诉的处理

1. 了解旅游者投诉的心理

(1) 要求尊重的心理

有些旅游者向旅行社提出投诉是因为他们认为没有受到旅游接待人员或其他旅游服务人员的尊重或尊重不够,所以向旅行社管理者提出投诉以维护其尊严。具有要求尊重心理的旅游者在投诉时的目的主要是通过投诉获得其所希望得到的尊重,而对于经济补偿则不大重视,也不关心旅行社管理者是否会严肃处理被投诉的有关人员。旅行社管理者应针对这种旅游投诉者的心理特征,在处理其投诉时主动表示对其遭遇的同情,并对其表示较大的敬意,使其感到旅行社确实尊重他(她)们,以平息他(她)们的怨气。

(2) 要求发泄的心理

具有要求发泄心理的旅游者提出投诉的主要目的是向旅行社管理者发泄其胸中的不满和怨气。当他(她)们的怨气发泄完毕,并得到某种安慰后,往往会感到心理上的满足,而不再提起赔偿的要求。有些旅游者甚至还会对其在投诉时使用的激烈语言感到后悔和歉意。旅行社管理者在接待这种旅游投诉者时,应针对其心理特点,耐心地倾听其投诉,不要急于安抚对方,也不要为了急于弄清事情的真相而打断对方。当投诉者将所要说的话全部讲完后,旅行社管理者应给予适当的安慰。一般情况下,旅游者会对这种处理方法感到比较满意。

(3) 要求补偿的心理

还有一些旅游者,其提出投诉的主要动机是要求得到一定的补偿。这种要求补偿的心理可能是物质性的,如希望旅行社向其退还部分旅游费用,也可能是精神性的,如希望旅行社管理者向其表示道歉。

旅行社管理者在处理这类投诉时,应根据对其投诉心理的分析和掌握,加以适当的处理。如果确实因旅行社接待服务的失误给旅游者造成经济损失或精神损失的,可以适当给予一定的经济补偿或赔礼道歉。如果旅游者因误会而向旅行社投诉的，则可以婉转地加以解释，以消除误会。同时，旅行社还可以向其赠送一些小礼品，以满足其要求补偿的心理。

2. 旅游投诉的处理程序

（1）倾听投诉

旅游投诉分书面投诉和口头投诉两种形式。旅行社管理者在接到旅游者的书面投诉时，应仔细阅读其来信，总结出投诉的要点。在接待提出口头投诉的旅游者时，管理者应耐心倾听旅游者讲述的意见。倾听旅游者投诉时，应做到：端正态度、认真倾听、头脑冷静。

（2）询问情况

旅行社管理者在倾听旅游者的投诉后，应首先表示对其遭遇的同情，使旅游者感到管理者通情达理，愿意解决其所投诉的问题，得到心理上的安慰。然后，管理者应就旅游者投诉中尚未讲清楚的关键情节进行询问，以便了解旅游者投诉的事实。最后，管理者应就旅游者能够坦诚地向旅行社反映情况表示感谢，指出这是对旅行社的信任和爱护，并答应尽快对旅游者所提出投诉的事实进行调查和处理，并将处理结果反馈给旅游者。

（3）调查事实

旅行社管理者应立即着手对旅游者投诉所涉及的人员和事情经过进行调查核实。在弄清事实的基础上，采取适当的方法进行处理。

（4）进行处理

旅行社管理者在对旅游者投诉的事实调查清楚的基础上，应根据具体情况对旅游投诉进行妥善处理。

（5）答复处理结果

旅行社管理者在完成对旅游投诉的处理之后，应及时将处理结果以口头或书面形式通知旅游者。在答复时应诚恳地向旅游者表示歉意，希望能够得到其谅解，并愿意继续为其提供优质服务。

（6）记录存档

旅行社应将旅游投诉的内容和处理经过做详细真实的记录，并存入档案，以备将来必要时核对。

第四节　旅行社安全管理

【导入案例】

"我是导游，让我的游客先上急救车！"

2012年2月15日，湖南海联国际旅行社有限公司导游谭莎承接了一个宁乡灰汤温泉1日游的散拼团。在返回长沙的路上，由于雨天路滑，载有28名游客的旅游客车在避让前方急停的一辆面包车时，发生了侧翻。事故造成谭莎左侧头部撞开了约5厘米的大洞，头部血流如注，还曾短暂昏迷。她苏醒后，不顾自己伤口的剧痛，在第一时间拨打120急救电话求救，并向公司汇报情况。当时事故现场一片狼藉，车内外尽是受伤的游客，谭莎见此情景，一边协助抢救伤者，一边安抚客人等待急救车辆到来。急救车到后，谭莎向医护人员说："我是导游，请先让我的游客上急救车！"，并且十分坚强地协助120医护人员和路人把所有的受伤人员都送到车上，前往医院救治。所有受伤游客都被送上车后，血流满面的谭莎才去医院接受了救治。

这次事故造成包括谭莎在内的 18 人不同程度受伤，谭莎头部缝了 20 几针，面部缝了 10 几针。在整个突发事件的处置中，谭莎尽职尽业，一心只想到游客的安全，把自己的伤情置之度外，感动了公司所有员工，也感动了在现场救人的干警、医护人员、参与救援的路人和受伤的游客……在医院，当记者问起谭莎为什么这么勇敢，她微笑着，朴实的说："不为什么，就因为我是导游，他们是我的游客，这是我应该做的！"

（来源：国家旅游局监督管理司）

一、旅游安全事故

（一）旅游安全事故的类型

1. 旅游交通事故

旅游交通事故是指旅行过程中因交通工具故障、驾驶员操作失误或旅游者个人行为不当造成旅游者受伤或死亡的事故。

2. 旅游治安事故

旅游治安事故是指在旅游过程中发生，对旅游者的生命或财产构成威胁或造成损害的各种治安事故。

3. 饭店火灾事故

作为旅游安全事故之一的饭店火灾事故是指旅游者下榻的饭店因防火意识薄弱、消防管理疏漏、工作人员操作失误、自然灾害引发或犯罪分子纵火等原因造成的饭店失火。

4. 食物中毒事故

食物中毒是指旅游者在旅游过程中因食用变质或不卫生食物造成的中毒事故。食物中毒事故往往对旅游者的身体健康造成损害，轻者导致旅游者呕吐、腹泻，重者可造成旅游者致残或死亡。旅游安全事故类型如表 8-1 所示。

表 8-1 旅游安全事故类型

事故类型	造成事故的原因	事故的种类	对旅游者造成的危害
交通事故	交通工具故障；驾驶员操作失误；旅游者行为不当	飞机失事；火车失事；轮船失事；汽车相撞、翻车	旅游者被过往车辆撞伤（死）造成旅游者受伤、致残或死亡；旅游者财产蒙受严重损失；旅游活动受到严重影响
治安事故	各种犯罪分子作案	偷窃；诈骗；骚扰；抢劫；凶杀	旅游者财产蒙受损失；旅游活动受到干扰；旅游者生命受到威胁
火灾事故	有关人员疏忽大意；犯罪分子作案	饭店或旅馆失火；餐馆失火；游览景点失火；娱乐场所失火；购物商店失火	旅游者生命受到威胁；旅游者财产蒙受损失；旅游活动受到影响
食物中毒事故	食物变质；食物不卫生；犯罪分子作案	轻度食物中毒；重度食物中毒	旅游者身心健康受到影响；旅游者生命受到威胁；旅游活动受到影响

资料来源：梁智，《旅行社运行与管理》，大连：东北财经大学出版社，1999 年。

(二)旅游安全事故的等级

根据事故造成的影响不同,可将旅游安全事故分为如下 4 个等级,如表 8-2 所示。

表 8-2　旅游安全事故等级分类

旅游安全事故等级	对旅游者人身造成伤害的程度	对旅游者财产造成伤害的程度
轻微事故	旅游者轻伤	经济损失在 1 万元人民币以下
一般事故	旅游者重伤	经济损失在 1 万元~10 万元（含 1 万元）元之间
重大事故	旅游者重伤致残或死亡	经济损失在 10 万元~100 万元（含 10 万元）元之间
特大事故	多名旅游者死亡	经济损失在 100 万元以上,或性质特别严重,产生重大影响

资料来源：根据国家旅游局《旅游安全事故管理暂行办法实施细则》整理。

二、旅游安全事故的处理

(一)旅游交通事故的处理

1. 立即组织现场人员进行抢救,特别是重伤旅游者,要对其止血、包扎,施行初步处理；
2. 设法打电话呼叫救护车或拦车将受伤人员送往最近的医院抢救；
3. 指定专人保护现场,尽快通知公安交通管理部门派人调查处理；
4. 在公安交通管理部门人员未到之前,如因组织抢救工作需要移动物证时,应做出标记；
5. 公安交通管理部门人员对事故进行调查时,接待人员与驾驶员应实事求是地介绍事故发生的情况,不得隐瞒和推卸责任；
6. 将受伤人员送往医院后,接待人员要迅速向旅行社领导报告事故与人员受伤情况,听其指示,要求派车将未受伤和轻伤旅游者接回饭店或继续旅游活动,同时做好旅游者的安定工作；
7. 旅行社管理者与接待人员要前往医院看望住院治疗的旅游者,表示慰问；
8. 对事故中死亡的旅游者,应按有关死亡事故处理程序妥善处理；
9. 事故处理后,接待人员要写出书面报告,内容包括事故情况、原因、处理经过,旅游者的反映等,报告要求详细、实事求是。

(二)旅游治安事故的处理

1. 当犯罪分子向旅游者行凶、偷盗或抢劫旅游者钱物时,在场的接待人员应毫不犹豫挺身而出,保护旅游者,迅速将旅游者转移到安全地点,并积极配合当地公安人员和在场群众缉拿罪犯,追回赃物、赃款；
2. 如果旅游者在事故中不幸受伤,应立即组织抢救,及时送往医院治疗；
3. 如果罪犯在作案后脱逃,接待人员应立即向当地公安部门报告案件发生的时间、地点、经过；作案人的特征（性别、年龄、体型、长相、衣着等）；受害旅游者的姓名、性别、年龄、国籍、伤势；损失物品的名称、件数、大小、型号以及特征等,努力协助公安人员迅速破案；
4. 尽快向旅行社主管领导汇报事故发生的情况,包括出事地点、时间、旅游者姓名、性别、年龄、受害情况；现在何处、现状如何；受理案件的部门名称、地点、电话号码及办案人姓名等，请领导指示；

5. 接待人员应迅速写出事故情况报告。报告的内容应包括受害者姓名、性别、年龄；受害者情况；脱险情况；在场其他旅游者的反映；采取了哪些紧急措施；报案及公安部门侦破情况；作案人的基本情况；受害者及其他旅游者的目前情况；有何反映和要求等。

（三）饭店火灾事故的处理

1. 发现火情后，应立即将饭店失火的消息通知所接待的全体旅游者；
2. 听从饭店人员的统一指挥，有条不紊地引导旅游者迅速疏散；
3. 告诫住在不同房间里的旅游者用手触摸房门。如果房门很热，不要将其打开，应躲在房间里等待救援；
4. 如果某个旅游者的房间里出现火情，而旅游者一时又无法逃离房间时，可引导旅游者自救，如将脸贴近墙壁，用湿毛巾捂住口鼻，用厚重衣物压灭火苗，泼水降温等，保住性命，等待救援；
5. 如果某个旅游者的房间被大火封门，无法逃生时，可通过电话告诉他（她）用浸湿的被褥、衣物等堵塞门缝，泼水降温，呼救待援；
6. 看到旅游者身上着火时。应提醒他（她）就地打滚压灭火苗，或用厚重衣物覆盖其身上将火苗扑灭；
7. 当旅游者撤离房间后，应迅速带领他们通过安全出口疏散，千万不能搭乘电梯或随意跳楼；
8. 在撤离过程中，如果必须穿过浓烟逃生时，应指导旅游者用浸湿的衣物披裹身体，捂住口鼻，贴近地面；
9. 旅游者脱离火场后，应立即组织抢救受伤者，对重伤者要迅速送往医院；
10. 将受伤旅游者安顿好后，应采取各种措施稳定其他旅游者的情绪，帮助他（她）们解决因火灾造成的生活上的困难，并继续组织好旅游活动；
11. 协助领导处理善后事宜并写出详细的书面报告。

（四）食物中毒事故的处理

1. 立即用车将食物中毒的旅游者送医院抢救；
2. 如果一时无法找到车辆，可打电话请120急救中心派救护车前来抢救；
3. 在赴医院途中，应当让中毒者多喝水，以加速排泄，缓解毒性；
4. 当食物中毒的旅游者经治疗脱离危险后，接待人员应陪同旅行社有关领导到医院看望，表示慰问；
5. 及时写出书面报告，如实记述事故发生的全部经过。

三、旅游保险

【导入案例】

出国旅游途中被摔伤　游客状告旅行社获赔

出国旅游途中受伤，旅行社未及时救治，致使游客回国住院30天，双方经多次协商未果，游客王女士将旅行社及保险公司诉至法院，要求赔偿残疾赔偿金、精神抚慰金、护理费等共计7万余元。近日，北京市海淀区人民法院审结了此案。

原告王女士诉称，2009年10月30日，原告与被告签订了《北京市出境旅游合同》，合同约定由被告组织原告等24名游客前往新加坡、吉隆坡、曼谷等地旅游。2009年11月14日，原告与其他23名游客在被告组织下出境旅游。2010年11月22月，原告所在旅游团在前往马来西亚云顶途中，因客车司机过减速带时未减速，致使坐在最后排的原告被高高颠起，原告随即感到腰部疼痛难忍，原告要求立即住院检查，被告称在国外就医麻烦，未给原告办理住院手续，后原告回国后经医院诊断为："腰椎体压缩骨折"。原告住院治疗30天，出院后原告经多次与被告协商未果。

庭审中，被告中旅体育旅行社辩称，原告陈述受伤情况与事实不符，当时去云顶途中客车已做了减速处理，有颠簸在所难免。当时车内还有其他乘客，仅有原告一人受伤不符合情理。事发时原告并未告知被告方导游。另原告腰椎有原始疾病，原告诊断的腰椎体压缩骨折，是病理性骨折，与原告自身身体状况有关。被告认为原告已享受了旅行服务，故请求法院依法驳回原告所有诉讼请求。

第三人中华联合财产保险公司北京分公司述称，其公司从被告处了解了本次事故，去云顶途中确实发生颠簸，但导游已预先做了安全告知，提醒游客注意事项等。当时原告是躺在座椅上的，没有听从导游的劝导。另原告事发当天并未告知其身体发生不适，原告存在治疗不及时的问题。故不同意原告的诉讼请求。

法院经审理后认为，公民享有生命健康权。旅游经营者未尽到安全保障义务，致使旅游者人身损害，旅游者有权要求旅游经营者承担责任。本案中，王女士与中旅体育旅行社签订北京市出境旅游合同，在中旅体育旅行社组织下到境外旅游，双方成立旅游服务合同关系。王女士在前往景点途中因乘坐车辆过减速带时发生颠簸，致其腰椎体压缩骨折，中旅体育旅行社未尽到安全保障义务，故应当承担对应的赔偿责任。经法院委托鉴定机构进行鉴定，王女士构成10级伤残，王女士之腰椎体压缩骨折与车辆过减速带时颠簸存在因果关系，参与度为70%~80%。故导致王女士10级伤残中旅体育旅行社负有主要责任。中旅体育旅行社称王女士在乘坐车辆时有非正常乘坐车辆行为，未提供相应证据，对此法院不予采信。王女士受伤后虽继续随团，但考虑其伤情造成客观上旅行目的不能实现，故中旅体育旅行社应退回部分旅行费用，具体数额法院根据旅游路线及王女士受伤前已旅游地点酌情认定。就王女士要求中旅体育旅行社赔偿其精神抚慰金的诉讼请求，因其依据合同关系提起诉讼，精神抚慰金不属于该类诉讼赔偿内容，故法院不予支持。最后，法院判决中旅体育旅行社赔偿残疾赔偿金和住院伙食补助费共计4万余元，并退还王女士旅游费。

（一）旅游保险的概念和意义

所谓旅游保险，是指旅游企业或旅游者与保险公司订立契约并根据标准缴纳保险金，以使旅游企业和旅游者在整个旅游活动的组织和参与过程中遭遇各种意外和危险时能够得到经济补偿。

目前世界旅游发达国家和地区的旅游保险已经极为发达，而且名目繁多，如国际旅游汽车保险、旅游天气保险等。我国的旅游保险起步较晚，1990年起才开始对来华的旅游者在华旅游期间统一实行旅游保险。1997年《旅行社办理旅游意外保险暂行规定》要求旅行社在组织团队旅游时必须为游客办理旅游保险。2001年《旅行社投保旅行社责任保险规定》第三条规定"旅行社责任保险是指旅行社根据保险合同的约定，向保险公司支付保险费，保险公司对旅行社在从事旅游业务经营活动中，致使旅游者人身、财产遭受损害应由旅行社承担的责任，承担赔偿保险金责任的行为。"

《中华人民共和国旅游法》第五章第六十一条规定："旅行社应当提示参加团队旅游的旅游者按照规定投保人身意外伤害保险。"此乃旅行社的强制义务，不得免除。

旅游保险的责任范围包括人身伤亡、急性病引起的赔偿；受伤和急性病治疗支出的医疗费；死亡处理或遗体遭返所需费用；旅游者携带的行李物品丢失、损坏或被盗所需的赔偿；第三方责任引起的赔偿。

旅游保险有利于保护旅行社和旅游者的合法权益，有利于旅行社减少因安全事故造成的损失，而且旅行社还可以通过代办旅游保险而获得一定数额的服务费。

另外，《中华人民共和国旅游法》第二章第十五条规定："旅游者购买、接受旅游服务时，应当向旅游经营者如实告知与旅游活动相关的个人健康信息，遵守旅游活动中的安全警示规定。"本条对旅游者而言，主要体现"诚信原则"，若不告知，那么在一些特殊项目中受到损害，应承担相应的过错责任，比如隐瞒心脏病而参与"过山车"等刺激性活动。

（二）旅游保险的种类

1. 旅行社责任保险

国家旅游局自 2011 年 2 月 1 日起施行的《旅行社责任保险管理办法》第二条规定，"在中华人民共和国境内依法设立的旅行社，应当依照《旅行社条例》和本办法的规定，投保旅行社责任保险。本办法所称旅行社责任保险，是指以旅行社因其组织的旅游活动对旅游者和受其委派并为旅游者提供服务的导游或者领队人员依法应当承担的赔偿责任为保险标的的保险。" 旅行社投保责任保险的意义在于，提高旅行社的抗御风险能力，减少意外事故造成的损失，维护旅游者的合法权益，促进旅游业的健康发展。

旅行社责任保险的保险责任，应当包括旅行社在组织旅游活动中依法对旅游者的人身伤亡、财产损失承担的赔偿责任和依法对受旅行社委派并为旅游者提供服务的导游或者领队人员的人身伤亡承担的赔偿责任。具体包括下列情形：（1）因旅行社疏忽或过失应当承担赔偿责任的；（2）因发生意外事故旅行社应当承担赔偿责任的；（3）国家旅游局会同中国保险监督管理委员会（以下简称中国保监会）规定的其他情形。

旅行社责任险按年投保，一次性投保，保险期限 1 年。保险金额是"三个限额"的最低投保额度，即每人责任赔偿限额（国内游 8 万元/人，入境出境游 16 万元/人）、每次事故责任赔偿限额（国内社 200 万元、国际社 400 万元）和每年累计责任赔偿限额（国内社 200 万元、国际社 400 万元），三者必须同时满足。旅行社可根据以往经验、各自的组团接待量、管理水平、抗风险能力等选择合适的投保额度。

2. 旅游意外保险

旅游意外险是指被保险人在保险期限内，在出差或旅游的途中因意外事故导致死亡或伤残，或保障范围内其他的保障项目，保险人应承担的保险责任。旅游意外险是人身保险，是自愿的，投保与否以及投保多少，应由游客自定，可由旅行社代为投保。旅游意外险由人寿保险公司承保，对财产责任是不承保的。保障时间长的可达 1 年，短的也有几天。旅游意外险大多时效性较强，一般与出行时间对应。

3. 航空旅客意外伤害保险

航空旅客意外伤害保险是航空旅客人身意外伤害保险，简称"航意险"，是保险公司为航空旅客专门设计的一种针对性很强的商业险种。保险期限从被保险乘客踏入保单上载明的航班班机的舱门开始到飞抵目的港走出舱门为止。它的保险责任是被保险乘客在登机、飞机滑行、飞行、着陆过程中，即在保险期限内因飞机意外事故遭到人身伤害导致身故或残疾时，由保险公司按照保险条款所载明的保险金额给付身故保险金，或按身体残疾所对应的给付比例给付残疾保险金。

在航空保险中，航空意外险是离普通乘客最近的险种，最高保额为 200 万元。保险金额按份计算，保费每份 20 元，每份保额 20 万元。同一投保人最多可以买 10 份，即最高保险金额为 200 万元。保障时间是从意外伤害发生之日起 180 天以内。

4. 中国境外旅行救援意外伤害保险

境外救援保险指国民在中国境外旅行途中遭受意外事故或者患突发性疾病时，保险公司境外授权机构根据合作协议对客户实行紧急援助服务的一种保险。如果被保险人在境外旅行时不幸遭受意外伤害或突发急性病，保险公司将通过授权的境外救援机构按照下列约定承担救援服务责任及由此产生的费用：（1）24 小时援助热线电话；（2）安排就医并承担医疗费用；（3）转院治疗；（4）转运回国；（5）安排子女回国；（6）遗体或骨灰运送回国和安葬；（7）行政援助事宜（如挂失并补办重要文件或法律援助等，因行政援助事宜而产生的费用由被保险人自行承担）。

（三）旅游保险的办理程序

1. 选择保险公司投保

旅行社应当选择保险业务信誉良好、服务网络面广、无不良经营记录的保险公司投保。

2. 办理保险手续

（1）旅行社责任保险。旅行社必须在境内经营责任保险的保险公司投保，并且按照《中华人民共和国保险法》规定的保险合同内容，与承保的保险公司签订书面合同。旅行社投保旅行社责任保险采取按年度投保的方式，向保险公司办理本年度的投保手续。

（2）旅游意外保险。旅游意外保险为选择性保险险种，旅行社在销售其产品时，不得将旅游意外保险直接纳入其产品价格中，实行捆绑式销售。但是，旅行社可以在旅游者购买旅游产品时，向旅游者推荐旅游意外保险。在旅游者同意购买的情况下，旅行社可以为其代办旅游意外保险的投保手续，与相关的保险公司签订旅游意外保险合同。旅游意外保险合同由保险凭证及所附条款、批注、附贴批单、投保单、与保险合同有关的投保文件、声明、其他书面协议构成。

（3）航空旅客意外伤害保险。旅游者可以持乘坐客运航班班机的有效机票向保险公司投保，旅行社也可以在旅游者同意的条件下，为其代办保险。

（4）中国境外旅行救援意外伤害保险。本保险系选择性保险的险种，旅行社在旅游者同意的前提下，可以为其代办保险。旅游者（被保险人，下同）须为拥有中华人民共和国国籍并在中华人民共和国境内有正式居住场所、年龄在 2 周岁（含）至 70 周岁（含）之间的人，且必须在旅游者出境前投保，其中旅游者为未成年人，须由其父母代为其投保。中国境外旅行意外伤害保险的保险合同附加于保险公司的人身保险合同（以下简称主保险合同），在主保险合同订立时，由投保人申请，经保险公司同意而附加于主保险合同。

3. 赔付程序

（1）提供有关资料。旅游事故发生后，旅行社或者旅游者及其家属作为被保险人，应该在申请赔偿时，向相关的保险公司提交与旅游保险赔偿有关的资料。由于保险的险种和保内容不尽相同，所以，所须提交的材料也不一样。

（2）办理索赔手续。旅行社或者旅游者及其受益人在提交了全部有关资料后，应立即根据保险合同的约定，向保险公司申请保险赔偿。

4. 保险公司的赔偿

保险公司收到申请人的保险金给付申请书及相关证明和资料后，对确定属于保险责任的，在与申请人达成有关给付保险金数额的协议后 10 日内，履行给付保险金义务。对不属于保险责任的，向申请人发出拒绝给付保险金通知书。

保险公司自收到申请人的保险金给付申请书及相关证明和资料之日起 60 日内，对属于保险责任而给付保险金的数额不能确定的，根据已有证明和资料，按可以确定的最低数额先予以支付，保险公司最终确定给付保险金的数额后，给付相应的差额。

5. 赔偿权利的消失

根据《中华人民共和国保险法》的规定，被保险人（指旅行社、旅游者或其受益人）请求赔偿的权利，自其知道或应当知道事故发生之日起 2 年不行使而消失。

思考与练习

1. 简述旅行社的人力资源管理。
2. 旅行社的企业文化有什么重要作用？
3. 旅行社的售后服务方式有哪些？
4. 旅行社的安全事故有几种？应如何防范？

参考文献

1. 杜江. 旅行社经营管理. 北京：旅游教育出版社，1999
2. 梁智. 旅行社运行与管理. 大连：东北财经大学出版社，1999
3. 张利华. 旅游信息管理. 大连：东北财经大学出版社，1999
4. 冯若梅，黄文波. 旅游业营销. 北京：企业管理出版社，1999
5. 黎洁，赵文红. 旅游企业经营战略管理. 北京：中国旅游出版社，2000
6. 崔卫华. 现代旅行社实务. 沈阳：辽宁科学技术出版社，2000
7. 杜江，戴斌. 旅行社管理比较研究. 北京：旅游教育出版社，2000
8. 张红，李天顺. 旅行社经营管理实例评析. 天津：南开大学出版社，2000
9. 侯志强. 导游服务实训教程. 福州：福建人民出版社，2003
10. 张广瑞. 2003~2005 中国出境旅游现状分析与趋势预测. 北京：社会科学文献出版社，2005
11. 梁智，刘春梅，张杰. 旅行社经营管理精选案例解析. 北京：旅游教育出版社，2007
12. 马广钦，周红军. 旅行社经营与管理. 郑州：河南科学技术出版社，2009
13. 孙江虹，周红军. 旅行社经营管理. 郑州：郑州大学出版社，2012
14. 国家旅游局官方网站：www.cnta.com